我
思

敢于运用你的理智

湖北省公益学术著作
Hubei Special Funds 出版专项资金
for Academic and Public-interest
Publications

现象学的始基

胡塞尔《逻辑研究》释要（内外编）

倪梁康　著

长江出版传媒｜崇文书局

图书在版编目（CIP）数据

现象学的始基：胡塞尔《逻辑研究》释要：内外编 /
倪梁康著. -- 武汉：崇文书局，2023.7
（崇文学术文库·西方哲学）
ISBN 978-7-5403-7301-6

Ⅰ. ①现… Ⅱ. ①倪… Ⅲ. ①胡塞尔（Husserl, Edmund 1859-1938）—逻辑学—研究 Ⅳ. ① B516.52 ② B81

中国国家版本馆 CIP 数据核字（2023）第 063434 号

2023 年度湖北省公益学术著作出版专项资金项目

现 象 学 的 始 基
XIANXIANGXUE DE SHIJI

出 版 人	韩 敏
出　品	崇文书局人文学术编辑部·我思
策 划 人	梅文辉（mwh902@163.com）
责任编辑	梅文辉
装帧设计	甘淑媛
出版发行	长江出版传媒 崇 文 书 局
地　址	武汉市雄楚大街 268 号 C 座 11 层
电　话	(027)87677133　邮政编码　430070
印　刷	湖北新华印务有限公司
开　本	880mm×1230mm　1/32
印　张	12
字　数	266 千
版　次	2023 年 7 月第 1 版
印　次	2023 年 7 月第 1 次印刷
定　价	98.00 元

（读者服务电话：027-87679738）

我
思

敢于运用你的理智

ISBN 978-7-5403-7301-6

9 787540 373016 >

初版绪言

　　德国哲学家埃德蒙德·胡塞尔于 1900/1901 年发表的《逻辑研究》两卷本，是一个"长达十年之久的努力的结果"。胡塞尔本人在四分之一个世纪过去后曾对这个努力言简意赅地回顾说："这个努力的目标在于：通过向在逻辑意识中、在逻辑思维的体验联系中进行的意义给予或认识成就的回复，澄清纯粹的逻辑学观念。"[①]

　　当我们在一个世纪之后的今天来考察胡塞尔的这个努力及其结果时，我们可以确定，《逻辑研究》具有两个公认的特点。首先是它被普遍视作现象学或现象学运动的"突破性著作"。不仅胡塞尔本人如此说，其他的当代重要思想家如 M. 海德格尔、M. 舍勒、M. 梅洛－庞蒂、P. 利科、E. 莱维纳斯、J. 德里达和 M. 福柯也都持这样的看法。在这个意义上，他们都是从胡塞尔现象学的源泉中溢出之泉水的饮客，即使他们最终并没有停留在胡塞尔在《逻辑研究》中首次得到指明的那个

[①] 倪梁康选编:《胡塞尔选集》上卷，上海：上海三联书店，1997 年，第 301 页。

现象学领域中。思想史的记录一再表明，《逻辑研究》是一个巨大的思想宝库，它的影响几乎是无法界定的。可以说它提供了理解 20 世纪西方哲学与西方思维的一个基本前提。无论是十多年前出版的海德格尔《存在与时间》中文本，还是新近出版的德里达《声音与现象》的中文本，都已经为下述事实提供了具体的例证：当代一些重要思想家的问题意识在许多方面是在与胡塞尔《逻辑研究》的对话和论辩中形成的。

　　同时，《逻辑研究》也被公认为一部难以理解的书。连现象学的第二位重要人物马丁·海德格尔在初读时也未能幸免。多年后他回忆说："尽管我一直迷恋于胡塞尔的这部著作，以至于在随后的几年里，我总是反复地阅读它，然而仍未能充分地洞悉到书中那种迷住我的东西。"①而在当时所做的讲座中，海德格尔还曾把《逻辑研究》称之为"一部带有七个封印的书"②。这里的"带有七个封印的书"的说法，最初源自《旧约圣经》中的《以赛亚书》："所有异象的意义［即天启］都对你们隐藏起来，像一本密封的书"③，以及《新约圣经》中的《启示录》："我看见坐在宝座上的那位，右手拿着

---

① 参见海德格尔：《面向思的事情》，陈小文、孙周兴译，北京：商务印书馆，1999 年，第 91 页。

② 原文是„ein Buch mit sieben Siegln"。参见：M. Heidegger, *Grundprobleme der Phänomenologie* (1919/1920). Hrsg. von H. -H. Gander. GA58. Frankfurt a. M. 1993, S.16。

③《旧约圣经·以赛亚书》，20.11－12。

书卷；这书卷的两面都写满了字，用七个印封着。"①以后人们大都用这个说法来形容一本书或一个人和一件事的神秘难解。②但海德格尔的话极有可能还带有另一层含义：《逻辑研究》的第一卷"纯粹逻辑学导引"加上第二卷的六项"逻辑研究"，事实上正好构成了这本书的"七个封印"，每个封印都意味着一个难解的谜。

《逻辑研究》的这两个基本特点，即重要性与难解性，是促使笔者撰写这部带有导读性质的研究著作的主要动因。这里的文字，将根据以下七个方面来重点展开对《逻辑研究》基本内涵和意义的阐释分析：

1. 心理主义的问题与理论哲学的观念。（第一卷）

2. 现象学如何理解符号与含义？（第二卷，第一研究）

3. 现象学如何分析观念对象和观念直观？（第二卷，第二研究）

4. 什么叫"观念整体"和"观念部分"？（第二卷，第三研究）

5. 纯粹语法学的法则如何作用于独立的和不独立的含义？（第二卷，第四研究）

6. 感受现象学究竟意味着什么？（第二卷，第五研究）

---

① 《新约圣经·启示录》，5.1。

② 例如歌德在《浮士德》中曾说过，"我的朋友，过去的时代对我们来说就像是一本带有七个封印的书"（J. W. Goethe, *Faust*, Berlin und Weimar 1984, S. 85）。

7. 现象学如何对意识进行动态描述分析？（第二卷，第六研究）

《逻辑研究》本身已经是两卷三册，中文近一百万字。如果这里的研究想要面面俱到，它就至少要比《逻辑研究》已有篇幅大出一倍以上。这暂且是不可能的，也暂且是无意义的。因此，笔者在这里只能或者以概论的方式论述《逻辑研究》各项研究的内容，或者仅仅从中挑选出一些部分做范例性的分析。

需要强调的是：这里发表的带有导读性质的文字，并不奢望能为读者指明进入《逻辑研究》巨大思想宝库的入门途径或者提供类似"芝麻开门"的密语口令。事实上，对一部书的理解从来都是因人而异的，没有一个完全客观的拐杖可供使用。这里的所论所述，充其量也只是笔者在对《逻辑研究》的多年接触、阅读、研究、翻译过程中积累下来的一些心得体会，其中有些属自然而成，有些则属勉强攫取。这次将它们发表出来，主要是为了与现象学研究的同道者交流。

尤其还需要补充说明一点：由于笔者在此之前已经在拙著《现象学及其效应》（北京：三联书店，1994年）和《胡塞尔现象学概念通释》（北京：三联书店，1999年）中对胡塞尔的相关思想做了概要的介绍，因此这篇带有导读性质的文字所表达的内容，总体上没有重复上述论述，而是直接奠基于它们之上。这也就意味着，读者要想理解这里的论述，最好能够具备对胡塞尔基本思想的基础知识，能够熟悉他的现象学基本概念和基本思路，特别是能够了解他早期使用的一批术语，如"质性""质料""素材""立义""意向本质"，如此等等。

此外，这里所做的研究想要关注的另一个方向还在于，通过对胡塞尔《逻辑研究》努力的展示，能够不仅使哲学—现象学的研究者，而且还使其他两个领域的研究者有所收获：一方面是心理学研究者，另一方面是逻辑学研究者。他们可以通过《逻辑研究》，通过它所提倡的对观念对象的直观把握和认识论证明，较为明确地看到，被视为客观的逻辑学究竟是否有可能奠基于一门被视为主观的认识行为的现象学中。这也是海德格尔本人曾对自己提出的问题："如果现象学既不是逻辑学又不是心理学的话，那么，它的特点又在哪里呢？在这里会出现一种全新的哲学学科，甚至是一种具有自己的地位和优点的哲学学科吗？"①而在胡塞尔看来，这门新兴的哲学学科的可能性是不言而喻的，因为"全部现象学的真正课题"就在于："纯粹逻辑领域的观念对象与作为构造行为的主体心理体验之间的这种特殊联系"，它在此之前始终是"一个巨大的、但从未被认真看待和从事的任务"。②这个可能性以后在 M. 舍勒的哲学中又一次得到具体的实现，并且被视为"现象学的最高原理"，这个原理意味着，"在对象的本质和意向体验的本质之间存在着一个联系。而且是一个我们在一个这样

---

① 海德格尔：《面向思的事情》，第98页。
② 《胡塞尔选集》上卷，第306 – 307页。

的体验的每个随意事例上都可以把握到的联系。"①

　　除了这里提到的舍勒以外，在后面对《逻辑研究》的阐释中还会一再地涉及到海德格尔和德里达的相关思想。这里的分析将会附带地证明前面的说法：这几位重要思想家的基本思路历程，都是在与胡塞尔《逻辑研究》的对话和交锋中起步的。但是，将这些相关的思想家纳入这里的讨论，目的主要还是在于对《逻辑研究》的解读，具体地说，把《逻辑研究》放在各种批判的目光中来解读。

＊　　＊　　＊

　　这项研究工作的进行和出版得到了两方面的支持：国家社会科学基金为此项研究的顺利进行提供了研究经费；广东优秀哲学社会科学著作出版资助基金为此项研究的最终发表提供了出版资助；在此特致衷心谢意！

倪梁康
2004 年 4 月于中山大学

---

① M. Scheler, *Der Formalismus in der Ethik und die materiale Wertethik*, Bern und München 1980, S. 270.

修订版绪言

自本书初版发表以来，尤其是在翻译完《内时间意识现象学》和《文章与讲演（1911－1921年）》之后，笔者在与《逻辑研究》有关方向上的总体理解与思考有了一定进展。因而此次在应中国人民大学出版社之邀而计划再版本书之际，决定对其结构做一个现在看来更为合理的调整。

修订版分为内、外编。内编分为七章，以对导引和六项研究的理解与思考为主，相对集中于《逻辑研究》本身的内容。外编由五章组成，则涉及《逻辑研究》的整个作用圈。因而本书的内容也可以概括为"《逻辑研究》及其效应"。

与初版相比，修订版将第三章和第十章挪至外编，抽出第八章，剩下的七章构成内篇。除了原先的第三章和第十章之外，加入新的三章，组合成外编。外编的内容是对内编各项研究的直接扩展，主要论述《逻辑研究》在胡塞尔时代与后胡塞尔时代所产生的效应。这个效应并不单纯是正面的，也是负面的。"正面"在这里是指由《逻辑研究》所开启的对相关问题域的讨论，以及在这方面的丰富展开；"负面"则是指在此期间所产生的对《逻辑研究》的抵御、反驳和背离，以及由此而形成的全新探讨趋向。《逻辑研究》之所以成为20世纪的经典，就是因为无论赞同它还是反对它的人，都或多或少处在它的影响圈中，无法回避它所提出的问题。

笔者曾将现象学定位在心理学与逻辑学之间、形而上学与实证主义之间、思辨哲学与诗化哲学之间、现象主义与本体主义之间。就内容而言，《逻辑研究》最典型地代表了第一个"之间"：整部著作都是在对现象学与心理学和逻辑学之间关系的讨论中展开。但这并不意味着《逻辑研究》就与存在论、语言哲学、实践哲学等等领域无关，外编中的问题讨论会证明这一点。

笔者相信，对本书的这个调整会使它显得较为完整，成为一部相对独立的专题论著，即独立于笔者在此期间完成的其他相关研究，如关于伦理现象学、时间——空间现象学、唯识现象学、语言现象学等方面的研究。它们将会单独结集发表。

* * *

值此机会要感谢广东省社科界对本书初版的肯定与鼓励，使它在2007年获得广东省哲学社会科学优秀成果奖著作一等奖。同样也要感谢余纪元教授的推荐和李艳辉编辑的邀请，使得本书以此方式的再版得以可能。

交出书稿之后，书的命运就不在作者手中，而是转给了读者。唯愿它在读者手中有个好运：如果《逻辑研究》是一个巨大的宝藏库，那么本书不太可能提供类似芝麻开门的口令，但或许可以成为宝藏寻找者手中的一根探棍或一支蜡烛！

倪梁康
2008 年 10 月于台北文山

目　录

内　编

第一章 《逻辑研究》第一卷：
心理主义的问题与理论哲学的观念

一、引论

于 1900 年发表的《逻辑研究》第一卷被胡塞尔命名为"纯粹逻辑学导引"。它完全可以被看作是一本独立的书。胡塞尔自己说，这一卷"就其基本内容来看仅仅是对 1896 年夏秋在哈勒所做的两个相互补充的讲座系列的加工"①。所谓的"逻辑研

---

① 胡塞尔：《逻辑研究》I, BXII。——按照国际现象学界的引用惯例，这里给出的罗马数字 I 或 II 分别是《逻辑研究》的第一卷或第二卷。紧随在 II 后面的/1 或/2 是指第二卷的第一部分或第二部分。最后的页码由例如 A1 或 B1 组成，A 代表第一版的页码，B 代表第二版的页码，例如这里的 BV 代表原著第二版前言中的页码 V。以下皆同。

《逻辑研究》两卷本原著为德文，由德国 Max Niemeyer 出版社出版，1900/1901 年初版，1913/1921 年修改后再版，1975/1984 年由荷兰 Martinus Nijhoff Publishers 出版该书的考证版，作为《胡塞尔全集》的第十八、十九卷。

这里引用的中译文由笔者根据考证版译出，由上海译文出版社于 1994/1998/1999 年出版，现根据由商务印书馆于 2015（"现象学文库"简装版）/2017（"胡塞尔文集"精装版）年出版的修订第三版做了修改。

究"，实际上是从 1901 年出版的第二卷才开始的，共分六项研究，因此，《逻辑研究》中的"研究"是复数（Logische Untersuchungen, Logical Investigations）。但是，第二卷的标题又叫作"现象学研究与认识论"，而且它们的最重要特点与其说是在于逻辑学，不如说是在于现象学。就此而论，第二卷更应当题为"现象学研究"。

因此，真正的逻辑学研究还是在第一卷中进行的。实际上纯粹逻辑学的观念也是在这里被提出来的。但是，通常在谈及《逻辑研究》第一卷时，人们所想到的首先是胡塞尔对心理主义的有力批判，尽管在今天的现象学家看来，这个批判只是现象学主旋律的一个前奏曲而已。胡塞尔自己在二十五年后回顾说，"在《逻辑研究》中首先完成了一项重要的准备工作。这项工作在于：对具有这一［观念对象和观念真理］特征的意义构型本身进行了纯粹的把握"，而后他才提到第一卷的另一项工作："对所有经验主义或心理主义将思维行为的心理学内涵与逻辑概念和公理混为一谈的做法进行了斗争。"①

《逻辑研究》第一卷之所以给人留下难以忘怀的反心理主义的印记，这首先是因为，心理主义在当时占有统治地位，其代表人物都是当时赫赫有名的哲学家、逻辑学家和心理学家，而胡塞尔当时还是默默无闻的私人讲师，甚至连出版他这部书的出版社也冒了很大的风险。②但事实很快就表明，胡塞尔在这里所提出

---

① 参见《胡塞尔选集》两卷本，上卷，第 302 页。

② 参见海德格尔：《面向思的事情》，第 98 页："这家［马克斯·尼迈耶］出版社在本世纪初，承担起出版一个几乎还是默默无闻的讲师的大部头论著的风险。"

的对心理主义的批判是如此成功，以至于他的这卷书至今仍然被视为"使他在同时代人那里受到最大尊敬的一部书"[①]。

这一卷的影响显然是巨大的，甚至超过了篇幅占四分之三的第二卷。十多年后胡塞尔本人便已经发现，并且在第二版前言中指出："自这部著作发表以来，有几位我视为是心理主义代表人物的著述者从根本上改变了他们的立场。"[②]这个成功，一方面是由于风格方面的因素所致：在胡塞尔的著作中，《逻辑研究》第一卷的文字算是比较容易把握的，如胡塞尔自己所说，"其中的阐述较为生动，有助于效果"，并且"在思想上一气呵成"（《逻辑研究》I, BXII）。另一方面，胡塞尔在第一卷中所讨论的问题是当时的热点争论问题，容易为参与者所理解和接受；它不像第二卷中的阐述每每另辟蹊径，开启出一个个全新的、因而也是陌生的视域，从而需要读者花时间来熟悉和习惯那里的论题。

但是，撇开以上这些不论，第一卷得以成功的最为重要原因还是在于，胡塞尔的阐述和论证在逻辑理路上是清楚明白的——笛卡尔意义上的清楚和明白："清楚"是指在对公理的直观方面的清楚，"明白"意味着在推理的过程方面的明白。因此这些阐

---

① 参见：R. Bernet/I. Kern/E. Marbach, *Edmund Husserl: Darstellung seines Denkens*, Hamburg 1989, S. 135。

② 胡塞尔：《逻辑研究》I, BXIII。还可以参考卢卡西维茨在半个世纪后（1951 年）的说法："逻辑中的思维'心理主义'乃是逻辑在现代哲学中衰败的标志。"（卢卡西维茨：《亚里士多德的三段论》，李真、李先焜译，北京：商务印书馆，1991 年，第 22 页）此外，卢卡西维茨在书中对逻辑学的习常定义的否定与胡塞尔对心理主义的逻辑学定义的批判也是基本一致的。我们在后面讨论第一逻辑研究时还会回到这个定义上来。

述和论证不仅为当时的心理学家、也为当时的逻辑学家所接受和认可。当然，这种清楚明白的直观和论证还需要一个在今天的人们看来并非不言自明的前提：对理论科学主宰地位的共同认可。胡塞尔在《逻辑研究》第一卷中所获得的成功，乃是建立在这个当时的、如今不复存在的时代共识之上。因此，在对心理主义的批判和对理论科学作为第一科学的确立之间存在着内在的联系。下面的论述便会证明这一点。笔者试图通过对胡塞尔在《逻辑研究》第一卷中所阐述的思想的再构，重现百年来时代精神的变化，并且重提理论理性的地位问题。

二、心理主义作为问题

关于心理主义问题的争论可以还原为这样的一个简单的问题：心理学是否为科学认识论（当然也包括逻辑学）提供了根本的基础？在逻辑学中，这个问题干脆就叫作：心理学是否构成逻辑学的基础？或者，对逻辑学的哲学阐明是否必须寄希望于心理学？对这个问题持肯定态度的，是心理主义者，虽然他们自己并不这样称呼自己。而对此问题持反对态度的，是反心理主义者。

胡塞尔在第一卷中将这个问题进一步分解为几个问题：

1. 逻辑学究竟是一门理论学科还是一门实践学科（一门"工艺论"）。

2. 它是否是一门独立于其他科学，尤其是独立于心理学或形而上学的科学。

3. 它是否是一门形式学科，或者像人们习惯于说的，它是否仅仅关系"认识的形式"，它是否也须顾及认识的"质料"。

4. 它究竟是具有先天的和演证的学科的特征，还是具有经验的和归纳的学科的特征。(《逻辑研究》I, A7/B7)

胡塞尔认为，"所有这些问题都紧密相关，以至于对一个问题的态度至少在某种程度上一同制约着或实际影响着对其他问题的态度。事实上只存在着两个派别。一个派别的判断是：逻辑学是一门理论的、独立于心理学的并且同时是形式的和演证的学科。在另一个派别看来，逻辑学却是一门依赖于心理学的工艺论，这样，它本身便不可能具有那种形式的和演证的特征，即它不可能具有算术——前一派将它看作是形式的和演证的学科的范例——所具备的那些特征。"(《逻辑研究》I, A7 – 8/B7) 在这里，前一派是由反心理主义所代表的，后一派则是心理主义的基本立场。

在胡塞尔加入这场心理主义与反心理主义的问题争论之前，心理主义的观点在学术界显然占有优势。胡塞尔曾这样来描述这场争论："不可否认，反心理主义者们带着这些和类似的论据［在与心理主义的对抗中］显得处于下风。有不少人认为这场争论无疑已见分晓，他们认为心理主义学派的反驳是强有力的。毕竟这里有一点还会引起哲学的惊异：这样的争论居然会存在过并且居然还在延续着。"(《逻辑研究》I, A58/B58)

胡塞尔本人在撰写《逻辑研究》第一卷之前也曾是心理主义的追随者。他曾主张（例如在他 1891 年发表的《算术哲学——心理学的和逻辑学的研究》第一卷中），逻辑概念和逻辑规律是心理的构成物。这个观点在当时几乎是不言而喻的，因为，正如胡塞尔所描述的那样，"只要随时看一眼逻辑学文献的内涵，上述说法就可以得到证实。这些文献所讨论的始终是些什么呢？讨论的是概念、判断、推理、演绎、归纳、定义、分类等等——所有这些都是心理学，只是根据规范的和实践的观点进行了选择和整理而已。无论对纯粹逻辑学做如何狭窄的划界，人们都无法把心理学的东西从它之中排除出去。"（《逻辑研究》I, A52/B52）用心理主义者的话来说，"逻辑规律是论证的规律。论证只不过是人的特殊思维过程而已，在这种过程中，作为终端环节的判断带有必然结果的特征。这种特征本身是一种心理特征，是一种心态，仅此而已。"（《逻辑研究》I, A64/B64）这些心理主义的证据在当时看来是十分可信的。

但胡塞尔对心理主义观点的论证结果却始终不尽满意。这主要是由于胡塞尔在这里无法向自己充分地解释和说明，逻辑法则为何能够具有客观的强制性。他曾举毕达戈拉斯定律为例，"'我知道，毕达戈拉斯定律是真实的——我可以证明这个定律'；后一句话当然也可能是这样的：——'但我忘了如何证明它'。"（《逻辑研究》I, A13/B13）在这里，证明是主观的活动，但定律则是客观的规律。换言之，心理活动是主观的，逻辑规律是客观的；前者的主观性如何可能导向后者的客观性？胡塞尔为此问题殚思竭虑："思维的心理联系如何过渡到思维内容的逻辑统一（理论的统一）上去，在这个问题上我却无法获得足够的连贯性和清晰性。此外，数学的客观性以及所有科学一般的客观性如何去俯就心理学对逻辑的论证，这个原则性的怀疑就更使我感到不安了。"（《逻辑研究》I, AVII/BVII）

具有数学和逻辑学知识背景的胡塞尔，在其哲学研究的一开始便坚信哲学是严格的科学。因此，在无法获得进一步的明见性之后，胡塞尔便开始扩展他的关注视域，把目光延伸到数学—逻辑学的范围之外，不仅探讨逻辑学的本质，而且也着重对认识活动的主观性与认识内容的客观性之间的本质关系进行普遍批判的反思。正是对这个被他以后称作意向活动—意向相关项之本质关系的关注，赋予了胡塞尔的现象学以一种不同于心理学和逻辑学的特殊地位，以至于海德格尔在几十年后还可以重提这样的问题："如果现象学既不是逻辑学又不是心理学的话，那么，它的特点又在哪里呢？在这里会出现一种全新的哲学学科，甚至是一种具有自己的地位和优点的哲学学科吗？"[①]

当然，现象学的建立，乃是《逻辑研究》第二卷的基本任务。在第一卷中，胡塞尔首先要清算心理主义的问题。所以胡塞尔在《逻辑研究》的前言中曾引用歌德的话来形容他对心理主义的批判："没有什么能比对已犯过的错误的批评更严厉了。"（《逻辑研究》I, AVIII/BVIII）

三、心理主义论点的最终归宿

要想清算心理主义的问题，就必须指出心理主义的最后归宿，亦即它的必然结局。胡塞尔为此在第一卷中花费了许多笔墨。即便不去顾及零散的分析批判，在第一卷的十一章中，仍有六章（第三章至第八章）是专门讨论心理主义论点的，占了全卷篇幅的一半以上。在这些对心理主义的分析批判中，有些具体的问题和讨论内容如今已经不再吸引我们。但这些争论的方式、思

---

① 海德格尔：《面向思的事情》，第98页。

考问题的方式仍然对我们具有启示的力量。

胡塞尔在对心理学和逻辑学之间关系的观察中所发现的心理主义观点的第一个破绽或漏洞在于：就其实际的发生而言，逻辑学这门学科的发展并不依据心理学的研究结果，甚至独立于心理学的研究。胡塞尔说："心理学参与了对逻辑学的奠基，但它们没有说明：心理学单独参与了，甚或主要参与了奠基；它们没有说明：心理学为逻辑学提供在我们所规定的（第16节）意义上的本质基础。"（《逻辑研究》I, A59/B59）究其原因，胡塞尔认为，从心理学立场出发，只能获得经验主义的结论。因为心理学在双重意义上从事经验的研究：一方面，心理学是一门事实科学，即一门来源于经验的科学。其次，心理学研究的是人类的心理，人类本身是一个事实性的种族。对心理的研究始终与人类存在的事实相关，并依赖于人类存在的事实。对于这两点，心理学家和心理主义者也不会否认。

在这个基础上，胡塞尔提出质疑：心理学无法提供精确的规律，而逻辑学却能够提供这样的规律；心理学无法提供先天有效的规律，而逻辑学却能够提供这样的规律。由此可见，心理学不可能是、也不可能成为逻辑学的基础。这个观点以后也一直为胡塞尔所坚持，并且成为他以后提出的各种现象学还原方法的基本动因。胡塞尔始终认为，事实科学所探讨的只能是事实可靠的真理，即断然的（assertorisch）真理，而本质科学所探讨的是本质可靠的真理，即绝然的（apodiktisch）真理。正是由于这个缘故，我们无法从事实科学中推导出本质科学，但反过来，本质科学却对事实科学具有奠基的作用。只有带有理论科学奠基特征的科学才是真正的科学，譬如物理学。而一门没有经过本质科学奠基的科学则是一门尚不成熟的科学——这也就是当时心理学研究的现状（甚至可以说，它仍然是今天的整个心理学研究的现状）。

当然，在胡塞尔对心理主义的这一批评中，还有一个证明有待在下一节中补上，即逻辑学的本质科学或理论科学特性，这一点并非是不言自明的。但在这里我们先要关注另一个方面，即胡塞尔在这里不止是要说明心理学无法为逻辑学奠基，而且在于对心理主义的基本结论的指明。

胡塞尔对心理主义的最重要的指责就在于指明心理主义最终是一种怀疑论的相对主义。这个指责是严厉的。与今天不同，当某些教义和论点被挂上怀疑论相对主义的标签时，它们会坦然得多。这不只因为如今的时代精神已经有所变化，而且更多是因为，当时参与心理主义争论的都是一些严肃的科学家，主要是逻辑学家和有科学背景的哲学家，他们从自己的科学立场出发，要求自己的理论和学说具有严格的合理性，对他们的怀疑主义和相对主义的指责，无异于对他们作为科学理论提出者的合适资格的否定。

首先是怀疑论的问题，胡塞尔对怀疑论的定义是："在怀疑论理论的标题下包含着所有如下的理论，这些理论或是明确地陈述着、或是自身分析地包含着这样的命题，即：理论可能性的逻辑条件或意识行为条件完全是错误的。"（《逻辑研究》I，A112/B112）也就是说，在怀疑主义的理论命题的意义中包含着背谬性。①

---

① 即使怀疑主义的基本命题以后被证明在逻辑形式上是可能的，但例如

胡塞尔把这些怀疑论明确地划分为客体方面的怀疑论和主体方面的怀疑论：逻辑的怀疑主义和意识活动的怀疑主义。至于另外一种怀疑主义、即形而上学的怀疑主义（这里暗指的是康德的怀疑主义），在胡塞尔看来与真正的怀疑主义无关，因而也与他讨论的问题无关。但胡塞尔认为，怀疑主义的确切概念是与经验主义相符合的，无论是极端的还是温和的经验主义。从这里可以看出胡塞尔在《逻辑研究》时期的一个基本哲学取向：他对经验主义持反对的态度，对形而上学持搁置的态度。

至于相对主义，胡塞尔认为，心理主义最终都会归结到相对主义上："心理主义连同其所有变种和个别扩展形态都无非就是相对主义，只是一种未被始终认识到的和未被明确承认的相对主义而已。无论心理主义是以'超越论心理学'为依据，并相信自己能作为形式的观念论来拯救认识的客观性，还是以经验心理学为依据，并把相对主义作为不可避免的事实接受下来，其结果都是完全相同的。"（《逻辑研究》I, A124/B124）胡塞尔特别指出了两种最基本的相对主义，它们都与心理主义有关：个体的相对

罗素仍然强调："我们一般都认为科学知识大体上是可以承认的。尽管怀疑主义在逻辑上无懈可击，从心理学的观点来讲它却不能成立，因为每一种自称相信怀疑主义的哲学都带有轻率不真诚的成分。进一步说，如果怀疑主义想在理论上站得住，那它就必须否认一切从经验到的事物中得出的推论；一种不彻底的怀疑主义，例如否认无人经验过的物理事件的存在，或者那种承认在我的将来或记忆不到的过去有事件存在的唯我主义，都没有逻辑上的合理根据，因为它必须承认那些导致它所否认的信念的推论原理。"（参见罗素：《人类的知识——其范围与限度》，张金言译，北京：商务印书馆，1983 年，第3页）

主义和种类的相对主义。前者意味着一种学说，它主张真实的东西是相对于一定的主体而言，这种观点也被胡塞尔称作"主体主义"；后者则主张，真实的东西乃是根据某种生物如人类的思维规律才被认之为真，这种观点也被胡塞尔称作"人类主义"。

正是由于心理主义者把所有逻辑规律都标识为人的思维规律，所以他们的最终结局必定是逻辑学中的相对主义和怀疑主义。

四、反心理主义观点的基本缺陷

然而逻辑规律究竟是什么样的规律呢？如果反心理主义者不想仅仅扮演反对党的角色，那么他们如何能够来论证自己的观点呢？观念主义（Idealismus，或译：观念论）是一个可能的选择。即是说，可以对逻辑规律进行客观的论证，把逻辑规律看作是客观观念的规律。胡塞尔已经发现，"反心理主义者们首先看到的是观念规律，我们在前面将它们刻画为纯粹逻辑学规律，心理主义者们首先看到的却是方法论规则，我们将它们刻画为人类学规则。因此，两派不能相互理解。"（《逻辑研究》I, A164/B164）

对逻辑规律本质的不同理解，构成了心理主义和反心理主义争论的焦点。当我们说某个逻辑命题为真的时候，在逻辑规律与真理之间是否存在着内在的联系？如果答案是肯定的，那么进一步的问题当然还有，这个真理是什么意义上的真理？自在的（an sich）还是为我们的（für uns）？这显然不仅仅是逻辑学的问题，而且已经涉及到了认识论的问题。

胡塞尔认为，在对这些问题的回答中，心理主义的确占有上风，因为在反心理主义的具体论据中，有许多观点是可以被心理主义接受的，例如反心理主义也接受了传统的逻辑学定义，即逻辑学是一种工艺论，因此反心理主义者也把逻辑规律看作是认识的规则或思维的规则，即对思维进行规范的规则，如此等等。这方面的典型代表是康德和赫巴特，他们主张，"心理学对思维的考察在于研究：思维是怎样的；而逻辑学对思维的考察则在于研究：思维应当怎样。所以，心理学所研究的是思维的自然规律，逻辑学所研究的是思维的规范规律。"（《逻辑研究》I, A53/B53）反心理主义者进一步认为，逻辑学和伦理学一样具有规范的性质，因此，它们都无法从人类的自然生活和心理状况中推导出来。在此意义上，逻辑学不能从心理学中推导出来，不能以心理学为理论基础，这似乎与从实然中不能推导出应然是一个道理。

但这并不足以使心理主义陷入窘境。心理主义者会认为，心理学探讨的是思维的自然的、普遍的规律，逻辑学探讨的则是思维的正确判断的、特殊的规律。这样，逻辑学就依然还是心理学的一个特殊的组成部分。

在这样的争论中，胡塞尔认为关键的问题在于，不能把逻辑的基本规律看作是思维规律，因为这意味着，"这些规律的作用注定只是在于将思维规范化"，也就是说，"与思维规律有关的是实践的作用，是利用方式，而不是某种包含在它们自身内容之中的东西"。（《逻辑研究》I, A140/B140）如果思维规律仅仅是对人类思维本身起规范作用的规律，而不是自身具有客观效用的规律，那么在心理主义和反心理主义之间实际上便没有原则的矛盾存在。但这却并不符合反心理主义的立场，因为反心理主义恰恰主张，逻辑规律可以超出我们思维的界限而为我们获得一个在我们自身之外的立足点。

故而胡塞尔认为："我甚至觉得，真理的更重要方面是在反心理主义一方，只是它的关键性的思想没有得到适当的表述并且被某些不确切的东西所模糊了。"(《逻辑研究》I, A59/B59) 更具体地说，那些代表反心理主义的逻辑学派"尽管在对纯粹逻辑学的定义和构造方面不很成功，但是，它们在这一点上却接近了纯粹逻辑学，即：它们注意到了在传统逻辑学中理论上相互联系的真理的丰富性，这些真理既不能被归入心理学，也不能被归入其他具体科学，因此这些真理使人们猜想到一个特有的真理领域。而如果它们恰恰就是那些所有逻辑规则最终与之相联系的真理，并且因而就是那种在谈到逻辑真理时首先必须考虑的真理，那么人们就会把它们看作是整个逻辑学的本质并把它们的理论统一称之为'纯粹逻辑学'"(《逻辑研究》I, A60/B60)。

因此，在胡塞尔看来，逻辑学的基础既不在于心理学，也不在于作为工艺论的规范逻辑学。"始终存在着这样一种可能性：另一门科学而且也许是以无比重要的方式为逻辑学的奠基做出了贡献。"(《逻辑研究》I, A59/B59) 这便是胡塞尔在这一卷中所倡导和筹建的"纯粹逻辑学"。

正因为此，笔者《逻辑研究》第一卷的"译后记"中曾经提到："第十一章'纯粹逻辑学的观念'是联结《逻辑研究》第一卷和第二卷的关键。只要认真研究这一章，那种认为第一卷和第二卷相互矛盾的假象便会被消除。这种假象甚至连海德格尔在初读《逻辑研究》时也未能避免：'这部著作的第一卷发表于1900年，它证明关于思维和认识的学说不能建立在心理学的基础上，以此来反驳逻辑学中的心理主义。但在次年发表的、篇幅扩充了三倍的第二卷中，却含有对意识行为的描述，这些行为对于认识构成来说是根本性的。因而这里所说的还是心理学。……由此看来，随着他对意识现象所进行的现象学描述，胡塞尔又回到了恰恰是他原先所反驳的心理主义立场上去。'（海德格尔：《面向思的事情》，第 92 页）每一个初次接触胡塞尔思想的人，如果他不是特别关注第十一章的内容，恐怕都会得出这种印象。当然，胡塞尔在《逻辑研究》第一版发表时的思想还不十分成熟，这从第一版和第二版的差异中可以看出，因而他的阐述在某种程度上导致了这种假象的形成。"①

此外，需要说明的是，胡塞尔本人认为，要想避免上述"怪诞无稽的指责"和误解，即"我在本书的第一卷中尖锐地驳斥了心理主义，而在第二卷中又回落到心理主义之中"，读者主要应当仔细阅读关于第六研究的第八章"本真思维与非本真思维的先天规律"，它"为在理性理论中首先彻底克服心理主义至少提供了一个类型"（《逻辑研究》II/2, B₂V）。

这个注重第二卷第六研究第八章的说法与笔者强调第一卷第十一章的观点本质上并无二异，因为胡塞尔在第六研究的第八章也同样强调，"纯粹—语法规律不仅仅是人类理智的规律，而且是每一个理智一般的规律"（参见第六研究第 64 节的标题）。这实际上是对第一卷第十一章基本内容和要旨的重复。

---

① 倪梁康："译后记"，载《逻辑研究》第一卷，北京：商务印书馆，2017年，第 328 - 329 页。

五、理论哲学、具体哲学、实践哲学之间的关系

在完成了上述背景介绍之后，我们可以理解胡塞尔在第一卷中的这样一个说法："对逻辑学进行心理主义的论证还是客观的论证，在就此而进行的争论中，我采取一个中间立场。"（《逻辑研究》I, A164/B164）这乃是因为，胡塞尔对心理主义和反心理主义的争论双方都持有保留态度。当然，实际上胡塞尔并没有始终保持他中立的立场，而是很快便加入到客观论证的阵营中，只是这里的"客观"一词，已经不再是传统意义上的、例如柏拉图意义上的"客观"，而是被胡塞尔赋予了特别意义的"客观"。

胡塞尔意义上的"客观"，是指一个特有的真理领域，它显然在支配着我们的心理体验，如认识体验，但却可以脱离开我们的心理状况而继续有效。[①]用他自己的话来说，"很有可能、甚至就确实存在着一些并不建立在心理学之中的判断规则"（《逻辑研究》I, A158/B158）。这些规则并不是康德意义上的形而上学的物自体，而是仍然与认识活动有关的判断规律。也就是说，这些规律仍然与认识的主观条件相关，仍然可以说是主体认识的规

---

① 用胡塞尔自己的话来说，"这里所说的客观的联系观念地贯穿在科学思维之中，并且赋予科学思维并因此而赋予科学本身以'统一'，对这个客观的联系，我们可以做双重的理解：一方面是实事的联系，这些实事意向地关系到思维体验（现实的和可能的思维体验）；另一方面是真理的联系，在这种联系中，实事的统一本身获得其客观有效性。前者与后者是一起先天地被给予的，是相互不可分离的。没有什么事物的存在不受到这样或那样的规定；而一个事物受到这样或那样的规定，这恰恰便是自在真理，它构成自在存在的必然相关项"（《逻辑研究》I, A228/B228）。

律，并在此意义上是"主观的"。

它们之所以又被称作"客观的"，乃是因为在胡塞尔看来它们并不受制于我们的心理活动，但我们的心理活动却受制于它们。心理活动的规律与这些规律的关系是个别规律与普遍规律的关系。也就是说，这里的主体不是个别的人，也不是种类的人，而是主体一般。其他的主体只是这个可能主体一般的现实化。胡塞尔在以后的著述中也将它们称之为超越论的主体性，并认为这个意义上的主观性才是真正的客观性。因此他说："可以看出，可能性的主观条件在这里不应被理解为那种根植于个别判断主体或判断着的生物（如：人类）的不定种类之中的实在条件，而应被理解为一种根植于主体性一般之形式中以及根植于这种主体性与认识的关系之中的观念条件。为了有所区别，我们将这种主观条件也称为意向活动（noetischen）的条件。"（《逻辑研究》I,A111/B111）胡塞尔正是在这个意义上用"观念的"范畴取代了主体—客体的对立范畴。前面所说的"特有的真理领域"，就是指这个观念规律的领域。当然，在意向活动的条件（认识条件）与意向相关项的规律（认识内容）之间，起规定性作用的还是后者。胡塞尔认为："可能性的观念条件问题上，我们最终还要回溯到某些规律上去，这些规律纯粹地建基于认识的内容之中，或者说，纯粹地建基于认识内容所隶属的范畴概念之中，而且这些规律如此抽象，以至于它们不再包含任何作为一个认识主体的行为的认识。正是这些规律，或者说，正是构建在这些规律上的范畴概念，才构成了那些在客观—观念意义上可以理解为理论一般的可能性条件的东西。"（《逻辑研究》I, A240/B239－240）

由此可见，胡塞尔的基本思路在于：从主客体的对立关系回溯到意向活动的条件上去，然后再从意向活动的条件和规律推进到意向相关项的条件和规律上。这实际上是现象学思维的根本进路。无论胡塞尔本人是否意识到，它都从一开始便与康德的现象学理解完全一致。后者曾这样来描述现象学的基本特征："在现象学中，事情取决于对主体的关系，以便据此确定客体的关系。"①

在这一点上，以后有人批评胡塞尔把主—客体的构架换一种形式又挪移到了意识领域之中，即意向活动—意向相关项的形式。这在一定的意义上说明，认识论的思维是与主客两分的思维模式内在地、本质地结合在一起的。

在这个意义上，这个特有的真理领域并不包含在心理学的研究中，"心理学当然无法提供更多的东西。正因为如此，它也无法提供那种绝然明见的、从而是超经验的、绝对精确的规律，这些规律是逻辑学的核心"（《逻辑研究》I, A64/B64）。但显而易见，按照当时的发展水平，逻辑学也同样没有能够提供这样的规律。因此胡塞尔在《逻辑研究》的第一段文字中便确定说，"负有阐明现时科学之使命的当今逻辑学甚至尚未达到现时科学的水准"（《逻辑研究》I, AV/BV）。

逻辑学之所以没有能够做出它本来应当做出的进步，达到它本来应当达到的水准，乃是因为一些严肃的逻辑学家没有看到这个观念的规律领域。如前所述，他们总是拘泥于这样一种对心理学和逻辑学的划分："心理学对思维的考察在于研究：思维是怎样的；而逻辑学对思维的考察则在于研究：思维应当怎样。所

---

① 康德：《自然的形而上学基础》，邓晓芒译，上海：上海人民出版社，2003年，第183页注2。

以，心理学所研究的是思维的自然规律，逻辑学所研究的是思维的规范规律。"（《逻辑研究》I, A53/B53）这个划分仅仅指出了实然的东西与应然的东西之间的区别和界限，但更重要的是在实在之物与观念之物之间的区别。

胡塞尔的基本思路在于：逻辑学的性质，尤其是纯粹逻辑学的性质，既不在于它是经验的科学，也不在于它是规范的科学，而在于它是一门理论的科学。而理论科学在胡塞尔看来既构成经验科学的基础，也构成规范科学的基础。心理主义者"在较为狭窄的范围内仍然坚持从普遍人类事物中推导出真理，即从实在之物中推导出观念之物，更确切地说：从事实的偶然性中推导出规律的必然性"（《逻辑研究》I, A124/B124），这种做法在胡塞尔看来是不合理的。因为，一如从实然之物中无法推导出应然之物一样，我们从实在之物中也无法推导出观念之物。情况恰恰相反，我们可以从观念的可能性中推导出实在的现实性。对于理论科学和规范科学之间的一般关系，胡塞尔用了一整段文字来论述："现在很明显，规范科学命题中所包含的理论关系的逻辑场所如上所述必定是在某些理论科学之中。如果规范科学应当与自己的名称相符，如果它应当科学地研究在必须受到规范化的事态与基本规范两者之间的关系，那么它就必须探讨这种关系的理论核心内涵，并因此而进入有关理论科学的领域。易言之，每一门规范学科都要求有对一定的非规范性真理的认识；它或者是从一定的理论科学那里获取这种认识，或者它将那些从理论科学中获得的命题运用在各种受规范兴趣规定的境况上，以此来获取这种认识。这同样也适用于工艺论的特殊情况并且显然还适用于更大的范围。这里加入的理论认识必须为目的和手段的圆满实现提供基

础。"（《逻辑研究》I, A49/B49）

与这三种科学相对应的是在它们之中得到确定的三种规律：自然的规律（或实在的、经验的规律）、规范的规律和观念的规律。胡塞尔认为，"自然规律是一个受到经验论证的事实性存在或事实性事件的规则，它的对立面不是作为规定的规范规律，而是一种纯粹建立在概念（观念、纯粹概念本质）之中并因此而是非经验的规律意义上的观念规律。"（《逻辑研究》I, A165/B165）

六、逻辑学的性质

我们在前面第一节中已经指出，胡塞尔在《逻辑研究》第一卷中所要达到的主要目的并不是对心理主义的清算，而是对逻辑学的观念科学性质的确定。这一卷"引论"中的最后一段话已经明确地给出了胡塞尔在这一卷中所要表达的基本思路："我们的目的实际上并不在于参与这些传统的争论，而是在于澄清包含在这些争执中的原则差异，并且最终澄清一门纯粹逻辑学的根本目的。因此，我们必须走这样一条道路：我们以当前几乎受到公认的对逻辑学的规定为出发点，即以工艺论的规定为出发点，并且确定这个规定的意义和对它的证义。然后我们很自然地要提出关于这门学科的理论基础的问题，尤其是它与心理学的关系问题。从根本上看，这个问题与认识论的主要问题，即与认识的客观性有关的问题即使不是完全相合，也可说是在一个主要部分上相合。我们与此有关的研究所得出的结果是划分出一门新的、纯粹理论的科学，它构成任何一门关于科学认识的工艺论的最重要基础，并具有一门先天的和纯粹演证的科学的特征。它就是康德以及其他'形式的'和'纯粹的'逻辑学代表人物所企图建立的科学，但他们没有正确地把握和规定这门科学的内涵与范围。这里的思考所得出的最后一个成就在于获得了关于这门有争议的学科的本质内涵的一个清楚而明晰的观念，随着这个观念的得出，我们对上述争论的立场也就自然而然地得以明了。"（《逻辑研究》I, A8/B7－8）

据上所说，《逻辑研究》第一卷首先要讨论的是逻辑学的性质问题。即：逻辑学究竟是作为一门规范科学而与作为实在科学的心理学相对立，还是作为一门观念科学而与作为事实科学的心理学相对立。这里所说的观念科学，也可以被理解为理论科学，同时规范科学也可以被理解为实践科学。这两种学科的关系在胡塞尔看来是十分清楚的：理论科学是实践科学的基础。他认为："显而易见，任何一门规范学科，遑论任何一门实践学科，都预设了作为基础的一门或几门理论学科，即是说，任何一门规范学科都必定拥有某种可以从所有规范化做法中分离出来的理论内涵，这种理论内涵本身的自然立足点是在一门理论学科之中，无论这是一门业已界定了的理论学科，还是一门尚待建立的理论科学。"（《逻辑研究》I, A47－48/B47）这个观点与传统哲学的观点是一致的，具体地说，与柏拉图、亚里士多德、笛卡尔、康德等人对第一哲学和第二哲学之间关系的理解是一脉相承的。

但胡塞尔并不否认普遍逻辑学的规范特征。对逻辑学的传统定义便是建基于这个特征之上。以往的逻辑学家，包括亚里士多德，都曾强调过逻辑学的规范科学和工艺论的性质，而且在上世纪初，这也曾是"几乎受到公认的对逻辑学的规定"（《逻辑研究》I，A8/B7-8）。这些理解并非空穴来风。实际上，胡塞尔本人也不否认逻辑学的规范性质。他只是认为，构成逻辑学之中的理论基础的是纯粹逻辑学的部分，它作为抽象的、理论的学科论证着普通的、实践的意义上的逻辑学。也就是说，胡塞尔要求划分理论逻辑学和实践逻辑学，易言之，区分纯粹的逻辑学和方法的逻辑学。前者是科学论，后者是方法论。逻辑学既应当包含前者，也应当包含后者。前者代表了科学的本质，即"论证关系的统一，在这种关系中，随个别认识一同，各个论证本身也获得了一个系统的统一"（《逻辑研究》I，A15/B15）。后者则代表着工艺的本质，"它论证这样一些普遍定律：在这些普遍定律中给明了与规范性的基本尺度——例如一个观念或一个最高目的——相关的特点标记，一旦拥有这些标记，就意味着或者可以保证与这个尺度相适当，或者反过来为这种恰当性提供不可或缺的条件；同样，规范科学还论证与上述定律相似的定律：这些定律或者顾及到与基本尺度不适当的状况，或者说明这种状况不存在"（《逻辑研究》I，A27/B27）。胡塞尔也用医学和治疗术、纯粹数学与算术之间的关系来比喻纯粹逻辑学与方法逻辑学之间的关系。[1]简言之，"规范科学依赖于理论科学"，而且"规范科学从理论科学中获得所有那些使它们成为科学的东西"（《逻辑研究》I，A237/B236），尽管胡塞尔似乎最终也没有为纯粹逻辑学和规范逻辑学划定一条明确的界限。

---

[1] 胡塞尔在他以后的文字中始终坚持理论科学对实用科学的奠基性质，例如在《哲学作为严格的科学》等著述中。而在《欧洲科学的危机与超越论现象学》中，他还再次用医学和治疗术来比喻理论科学与实用技术之间的关系。

这些论证构成胡塞尔对心理主义的逻辑学定义之反驳的基本立足点，因此在第一卷的一开始（第一、二章）便被提出来了。

但第一卷所须面对的真正的、首要的问题还没有解决。这个问题在于：我们究竟如何理解纯粹逻辑学的可能性以及如何界定它的可能范围。这便是这一卷的最后一章（第十一章）的任务。

在胡塞尔看来，纯粹逻辑学的研究对象与纯粹数学一样，都是理论性的东西本身。所谓理论性的东西，乃是使所有科学（无论是规范科学，还是具体科学）、成为"学"（-logy）的东西，因为科学的统一正是由理论的统一来规定的。这种规定性赋予了理论科学以所有科学中最高的地位，即使理论科学并不是最有用的、亦即最有价值的科学。胡塞尔这样来描述理论和实践的关系："理论的兴趣并不是唯一的兴趣，也不是独自规定价值的兴趣。美学的、伦理的、最广泛词义上的实践的兴趣可以与个体之物相联结，并且赋予对它们的个别描述与说明以最高的价值。但只要纯粹理论的兴趣是决定性的，那么个体的个别之物和经验的联结便是自为地无效的，或者它们仅仅作为方法论的贯穿点而对普遍理论的构造有效。理论的自然研究者，或者说，纯粹理论思考和数学思考语境中的自然研究者，他们是用一种与地理学家或天文学家不同的眼光来观看地球和星球的；对于理论的自然研究者来说，地球和星球自身是无所谓的，它们只是一些受万有引力作用的事物的例子而已。"（《逻辑研究》I, A236/B236－237）

七、纯粹逻辑学的观念

这里几乎无须再次指出：这种对理论哲学与实践哲学之间的

奠基秩序的理解在胡塞尔之后、甚至在胡塞尔的同时代便已经受到了挑战，包括受到了如舍勒和海德格尔这样的现象学家的挑战。对此我们可以另择场合讨论。在这里我们只需注意，胡塞尔所设想的作为纯粹理论科学的纯粹逻辑学应当承担哪些基本的任务。

这些任务被胡塞尔归结为三个任务组：

第一，确定纯粹含义范畴、纯粹对象范畴以及它们之间有规律的复合。这里的基本目标在于概念的确定和澄清。进一步说，"确定或科学地澄清较重要的概念，并且主要是确定所有原始的概念，这些概念使客观联系之中的认识关系，特别是使理论关系'成为可能'。换言之，这里的目的在于那些构造了理论统一这个观念的概念，或者也在于那些与上述概念有着观念规律联系的概念。可以理解，这里已经出现了一些第二层次上的构造性概念，即：有关概念的概念以及其他观念统一的概念。已有的理论是一种对被给予的各种定律的演绎联结，而这些定律本身则是某种对被给予的各种概念的联结。如果这些被给予性尚不确定，理论所具有的'形式'的观念便得以产生，于是素朴的概念便为概念的概念以及其他观念的概念所取代。在它们之中已经包括这样的概念：概念、命题、真理等等"（《逻辑研究》I, A243－244/B243）。

第二，建立在这些范畴中的规律和理论。这里的基本目标在于对规律领域的寻找确定。所谓规律，在这里是指建立在前两组范畴概念之中的规律。胡塞尔认为，"这些规律不仅涉及这些概念的复合的可能形式以及通过这种复合而完成的对理论统一的变化改造的可能形式，而且更多地是涉及已形成的构成形式的客观有效性，即它们一方面涉及纯粹建立在范畴构成形式上的含义一般的真与假，另一方面（就它们的对象相关项而言）又涉及建立在它们的单纯范畴形式上的对象一般、事态一般等等的有与无。这些朝向含义与对象一般的逻辑—范畴普遍性，因而也是可想象的最高普遍性的规律，本身又在构造着理论。一方面，即在含义这方面，是推论的理论，例如三段论，但它只是一个推论的理论。另一方面，即在相关项这方面，纯粹多的学说（Vielheitslehre）建基于多的概念之中，纯粹数的学说（Anzahlenlehre）建基于数的概念之中，如此等等。——每一门学说都是一个自身封闭的理论。因此，所有与此有关的规律都导向在有限数量上的一批原始的或基本的规律，它们直接植根于范畴的概念之中，并且必然（借助于它们的同质性）论证着一门包罗万象的理论，这门理论将那些个别的理论作为相对封闭的组成部分包含在自身之中。"（《逻辑研究》I, A246/B245－246）

胡塞尔以后在《〈逻辑研究〉的任务与意义》的文章中还再次重复了这两个方面的任务："在《逻辑研究》第一卷中所做的系统批判的前考察中，实际上进行着两方面的艰苦斗争"：其一，"与逻辑心理主义正相反对地去获得如上所述的那种非实在性，然而却是对象性，获得这类对象的观念同一的存在，如概念、定律、推理、真理、真理明见性等等。"其二，"与上面所说的相关：属于观念对象性的还有纯粹观念的真理，这些真理不对世界、不对实在之物做陈述。"[①]

但胡塞尔在第一卷中还提出第三个任务，即：建立一门有关

[①]《胡塞尔选集》上卷，第 303 页。

可能的理论形式的理论。在完成以上两项任务之后，"一门与理论一般可能性条件有关的科学的观念便会得到充分的展示"（《逻辑研究》I，A247/B247）。胡塞尔也将这种理论称之为纯粹流形论。对于最后的纯粹流形论的观念，胡塞尔给出这样一个定义："一门流形论的最普遍观念就是一门这样的科学，它确定地组织各种可能理论（或领域）的本质类型并研究它们相互间的规律性关系。这样，所有现实的理论都是那些与它们相应的理论形式的殊相化，或者说，单项化，正如所有经过理论加工的认识领域都是个别的流形一样。如果在流形论中有关的形式理论果真得到实施，那么，为建立这种形式的所有现实理论而做的全部演绎性工作便也随之得到了完成。"（《逻辑研究》I，A249/B249）对这个定义，胡塞尔用了整整一节的篇幅给予说明。他认为，"这是一个具有最高方法论含义的着眼点，没有这个着眼点，对数学方法的理解便无从谈起。"（《逻辑研究》I，A250/B250）

纯粹流形论的概念对于一个非自然科学家、甚至对于一个非数学家来说都可能是相当陌生的。胡塞尔对这一概念的使用和理解与他的数学家知识背景有关。流形论在数学中具有类似于集合论的地位。当然，这里留存的一个问题是，如果纯粹逻辑学得到了充分的展开，成为一门包罗万象的理论的最高抽象，成为一门关于理论一般的理论新科学的最终目的和最高目的（参见《逻辑研究》I，A248/B248），那么哲学家和数学家之间的区别还是否仍然存在，易言之，"如果对所有真正理论的探讨都属于数学家的研究领域，那么留给哲学家的东西还有什么呢？"（《逻辑研究》I，A253/B253）所以胡塞尔在最后的第二节中特别谈到哲学家和数学家的分工问题。

除了通过具体的研究表明理论哲学家与理论数学家的不同领域之外，胡塞尔还一般地概括了哲学家和数学家的问题领域差异：与哲学家相比，数学家还"不是纯粹的理论家，而只是一个富于创造的技术师"。这一方面是因为科学家与哲学家相比更多地带有实践的目的，另一方面还因为科学家"不须要去最终明察自然的本质和自然规律的本质"，也"不须要最终地明察理论一般的本质以及决定着这些理论的概念和规律的本质"。①而哲学研究的目的则有所不同，"如果说科学为了系统地解决它的问题而建造起各种理论，那么哲学家则要询问，理论的本质是什么，是什么使理论得以可能，如此等等。只有哲学研究才为自然研究者和数学家的科学成就提供了补充，从而使纯粹的和真正的理论认识得以完善"（《逻辑研究》I, A254/B254）。在这里我们可以明显地看到康德的哲学—科学划界的思想影响痕迹。划分哲学研究和数学研究的关键不在于对观念的兴趣，而是在于对研究方向的选择：是直向的，还是反思的。胡塞尔在许多年后还解释说："人们作为数学家始终在经历着相关的数学活动，但人们对这些活动根本一无所知；对这些活动的了解只有通过反思。无论如何，数学活动不是数学家的科学课题。但如果人们将理论的兴趣转向主体行为的多样性，转向数学之物产生于其中的数学家的主体生活的全部联系，那么在相互关系方面的研究方向便形成了。"②这便是现象学的研究方向和研究领域。

---

① 在胡塞尔的时代，系统论的学说尚未提出，至少尚未成气候。因此与海德格尔不同，胡塞尔并没有去考虑各种类型的总体科学理论替代哲学的可能性。

② 《胡塞尔选集》上卷，第 307 页。

这样，胡塞尔在《逻辑研究》第一卷中便展示了一条从逻辑学到心理学、再到哲学的发展思想，这个思路与他此前的实际思想发展历程相衔接：从物理学到天文学、再到数学和逻辑学。这两条思路是向着一个方向延伸的，即向着最终的根据、最高的确然性延伸。

八、结束语

在修改了的第二版前言中，胡塞尔已经看到第一卷中的几个基本缺陷，包括某些根本性的缺陷："例如'自在真理'的概念过于片面地偏向于'理性真理'(vérités de raison)"(《逻辑研究》I，BXII – XIII)，但他为了不破坏此书的统一性而将它们保留了下来。因此，《逻辑研究》第一卷中的一些思想已经不再是以后的胡塞尔的立场。

但无论如何，心理主义一词本身在经历了胡塞尔的批判之后开始带有了贬义的色彩，尽管这一类的思想内容和思想方式始终还在世界思想舞台上扮演着自己的角色，有时甚至是主角。笔者在《逻辑研究》第一卷的"译后记"中曾经说到：胡塞尔的这些批判指出心理主义的最后归宿在于相对主义和怀疑主义，它在当时结束了被认为具有绝对科学依据的心理主义的统治，而且在今天，无论人们把逻辑定理看作是分析的还是综合的，这些批判仍然还保持着它们的有效性。可以说，随着这一卷的发表，心理主义这种形式的怀疑论连同有关心理主义的讨论在哲学史上最终被归入了档案。

但是，在这里还特别需要提醒注意的是，这场争论是在科学理性、理论理性的有效性前提下进行的。争论的双方都认可一个共同的标准或裁判。只要争论达到一定的清楚明白程度，胜负就可以得到裁定。一旦科学理性、理论理性的有效权威受到挑战、成为问题，也就是说，一旦共同的标准或裁判不复存在，那么类似的争论就随时有可能会重新开始，并且完全有可能以不同的裁定结果而告终。而当前在哲学领域中占有主宰地位的基本思想境况恰恰就是：对科学理性、理论理性的质疑、限定乃至终结的意向。

如果从今天的哲学立场和时代角度来重新审视一百年前的这场争论，我们几乎可以认为，早在 19、20 世纪之交，当时盛行的心理主义思潮便已经预告了思想界相对主义时代的到来。只是因为胡塞尔的努力，这个思潮在某种程度上受到了遏制，放慢了速度。但它的来临似乎是不可阻止的。

第二章　第一逻辑研究：
现象学如何理解符号与含义

一、引论：现象学方法的一般考察*

　　在《逻辑研究》第二卷的"引论"中，胡塞尔明确地将现

---

　　* 这里对胡塞尔现象学方法的一般考察是对《逻辑研究》第二卷的"引论"的一个导读性阐述。这个阐述对在第一版和第二版的"引论"之间的观点变化忽略不计。对于这个变化，胡塞尔本人在第二版的"前言"中已经对其中的差异做了说明："至于新版的第二卷，其中的'引论'得到了彻底的修改，原先的'引论'动摇不定，与这里实际阐述的各项研究所具有的意义和方法相距甚远。在第二卷出版之后我就立即发现了它的缺陷，并也很快便有机会（在《系统哲学文库》1903 年第十一卷 [此处为德文本错误，中译本勘误后改为第九卷] 发表的一篇评论的第 397–399 页）对我将现象学标示为描述心理学的误导做法提出异议。几个原则性的要点已经在那里得到了言简意赅的刻画：在内经验中进行的心理学描述显得与外在进行的对外部自然的描述相等同；另一方面它与现象学的描述相对立，现象学的描述排除任何对内在被给予性的超越解释，也排除那种作为实体自我的'心理行为和状态'的超越解释。这篇评论指明（第 399 页）：现象学的描述'不涉及经验个人的体验或体验层次；因为它对个人、对我的和其他人的体验既一无所知，也一无所测；它不提这类问题，它不做这类规定，它不设这类假说'。在这些年和随

象学定位在心理学和逻辑学之间，并且认为，现象学的分析既为心理学、也为逻辑学提供了认识批判的基础。他提出这样一个著名的说法："纯粹现象学展示了一个中立性研究的领域，在这个领域中有着各门科学的根。一方面，纯粹现象学服务于作为经验科学的心理学。它纯粹直观地——特别是作为思维和认识的现象学——在本质普遍性中分析和描述表象的、判断的和认识的体验，心理学将这些体验经验地理解为动物自然现实关系中的各种偶然实体事件，因而只对它们做经验科学的研究。另一方面，现象学打开了'涌现出'纯粹逻辑学的基本概念和观念规律的'泉源'，只有在把握住这些基本概念和观念规律的来历的情况下，我们才能赋予它们以'明晰性'，这是认识批判地理解纯粹逻辑学的前提。"（《逻辑研究》II/1, A4/B₁2 − 3）

当然，我们在这里还要对此做两方面的进一步的解释和说明：

首先，在心理方面、亦即在思维主体的方面，虽然现象学分析把思维的主体行为也纳入自己的观察范围，但是，正如胡塞尔本人所强调的那样，"在纯粹逻辑学家这里，关键并不在于具体的东西，而是在于与此有关的观念，在于在抽象中把握到普遍的东西，所以他看起来没有理由离开抽象的基础，摒弃观念而把具体体验作为他所感兴趣的研究目标。"（《逻辑研究》II/1, A6/B₁4）

后的几年中，我对现象学的本质获得了完整的反思明晰性，它逐渐地将我导向关于'现象学还原'的系统学说（参见《观念》第一卷，第二篇）；这种明晰性不仅在对'引论'的重新加工中，而且对后面的整个研究文字都发挥了效用，可以说，整个著作因此而达到了一个本质上更高的明晰性阶段。"（《逻辑研究》I, BXIII − XIV）

也就是说，现象学虽然在反思中关注主体的思维活动、意识行为，但它所要把握的并不是具体的、经验的心理体验，而是包含在这些体验中的本质因素和这些因素之间的本质联系。——这是区分现象学意识分析与心理学经验分析的一个基本点。下面我们还将回到这个问题上来。

其次，在逻辑方面、亦即在思维客体方面，对思维内容的现象学分析与逻辑学的基本任务是平行的。[①] 在《逻辑研究》中，胡塞尔的说法是，现象学分析的重大任务就在于"使逻辑的观念、概念和规律达到认识论上的清楚明白"（《逻辑研究》II/1，A7/B₁5）。而这与纯粹逻辑学的任务是一致的："确定并澄清那些赋予所有认识以客观意义的和理论统一的概念和规律"（《逻辑研究》II/1，A5/B₁3）。但是，现象学特别要求回到概念的直观经验源头上。胡塞尔说："作为有效的思维统一性的逻辑概念必定起源于直观；它们必定是在某些体验的基础上通过观念化的抽象而产生的，并且必定需要在新进行的抽象中一再地重新被验证，以及需要在与其自身的同一性中被把握。易言之：我们决不会仅仅满足于'单纯的语词'，亦即不会满足于'对语词单纯的象征性理解'，一如我们最初在反思纯粹逻辑学提出的那些关于'概念''判断''真理'等等连同其各种划分的规律之意义时所做的那样。那些产生于遥远、含糊和非本真直观中的含义对我们来说是远远不够的。我们要回到'实事本身'上去。我们要在充

---

① 当然，必须对这里的"逻辑学"一词做宽泛意义的理解，它可以被理解为胡塞尔《逻辑研究》中所说的"纯粹逻辑学"，但实际上更应当被理解为胡塞尔后期所说的"形式的逻辑学"与"超越论的逻辑学"之总和。

分发挥了的直观中获得这样的明见性。"（《逻辑研究》II/1，A7/B₁5－6)这个把逻辑概念回溯到直观经验上去的做法，胡塞尔在他以后的研究中也从未放弃过，它既表现在《形式的与超越论的逻辑学》中，也表现在《经验与判断》中。——这是区分超越论逻辑学研究与形式逻辑学研究的一个基本点。^①

胡塞尔在以后对《逻辑研究》的回顾中曾一再地举例说明现象学在心理学和逻辑学之间的这个中间位置。或是以数学思维活动为例："人们恰恰可以作为数学家来从事数学，而后课题便是纯粹自为的和在其观念的相互关系中的数学观念。人们作为数学家始终在经历着相关的数学活动，但人们对这些活动根本一无所知；对这些活动的了解只有通过反思。"或者是以一般思维判断行为为例："如果我做一个判断，譬如我认定，一条直线通过两个点而得到确定，那么这时我正体验着这个认定的体验或认定的行为；我以某种方式意识到这一点，但我在判断时并没有朝向这个认定的体验或行为。但是，不言而喻，我可以反观地特别注意这个体验或多或少并且对此做出反思的陈述。也就是说，我不去陈述：'一条直线通过两个点而得到确定'，而是陈述：'我判断，我确信，我刚才是在判断地思维：……'；不言而喻，我现在可以询问，这个判断体验看起来是怎样的，这个被动的已有之物的状况是怎样的，这个判断行为的进一步情况是怎样的。我们

---

① 在这里，"transzendentale Logik"一词与其译作"先验逻辑学"，不如译为"超越论逻辑学"，因为所谓"超越论的"，正是指"认识批判的"、并因此而将直向—超越的观点（在这里是先天形式的逻辑学）包含在自身之中的反思观点。对此可参见笔者：《TRANSZENDENTAL：含义与中译》，《南京大学学报》(哲学·人文科学·社会科学版)，2004年第3期，第72－77页。

在任何情况中都可以这样做。我们在这里必定可以探究思维体验的普遍类型，即在普遍的，然而却是纯粹直观的描述中探究这些类型。"[1]

可以看出，在这些举例说明中一再出现的"反思"概念，是我们理解胡塞尔所说的现象学与传统意义上的逻辑学区别的关节点。胡塞尔在以后对《逻辑研究》所做的回顾中特别强调"对现象学来说关键性的反思"，而且是"分阶段进行的反思"[2]。

这样我们便在胡塞尔现象学中首先发现两个基本特点或基本要素，即反思的基本考察方向以及本质直观的基本方法。前者使现象学有别于一般意义上的逻辑学，后者使现象学有别于一般意义上的心理学。

当然，胡塞尔一再指出，现象学是本质科学。这个说法还包含着双重的涵义：一方面，现象学研究意识现象以及在这些现象中表露出来的本质要素和本质规律。另一方面，现象学的研究本身是在对本质概念和本质规律的使用中进行的。对这两个方面，胡塞尔用一句话来概括说：纯粹现象学"用本质概念和规律性的本质陈述将那些在本质直观中直接被把握的本质和建立在这些本质中的本质联系描述性地、纯粹地表达出来。任何一个这样的本质陈述都是在最确切词义上的先天陈述。"(《逻辑研究》II/1, A4/B$_1$2)

这里所说的"在本质直观中的直接把握"，是胡塞尔《逻辑研究》一书为 20 世纪哲学思想库所提供的最重要贡献。胡塞尔

---

① 《胡塞尔选集》上卷，第 307、310 页。

② 《胡塞尔选集》上卷，第 309 页。

在该书第一卷中所做的最大努力正是在于：与心理主义正相反对地去获得一种"非实在性，然而却是对象性，获得这类对象的观念同一的存在，如概念、定律、推理、真理、真理明见性等等"。他认为，"虽然观念对象是在意识中被构造的，但却仍然有它自己的存在、自为的存在"①。而当时的（当然也是目前的）心理学大都建立在经验实证主义的基础上，它们始终没有能够发现现象学所发现的那个巨大的领域，即使在洛克、休谟这样的心理学研究的先驱已经指出了相关的方向之后也未能做到，其原因在胡塞尔看来就在于，"人们过分地急于追求心理学的解释性成就，即效法自然科学的解释楷模，因而他们很快地滑过了纯粹直观的领域，滑过了由内在经验构成的纯粹被给予性领域。"②

至此，通过其特有的反思性的考察方向和本质直观的考察方

---

① 《胡塞尔选集》上卷，第 303、305 页。

② 《胡塞尔选集》上卷，第 310-311 页。——还可以参见胡塞尔在后面的第 317 页上对流行心理学的进一步批评："以往在心理学中，并且如今仍然在所有以自然科学为导向的心理学中，对心灵生活的理解占统治地位，这种理解将心灵生活不言而喻地看作是一种与物理自然的发生相类似的东西，看作是不断变化着的各要素的复合。因此，人们认为，心理学的任务在于：将这个复合回归为各个要素以及回归为这些要素的基本联系形式。与此相反，现在表明，所有这些理解都是无意义的，意识的综合完全不同于中性要素的外在联合；意识生活的本质在于，它在自身之中所隐含着的不是那种空间性的相互外切、相互内含和相互交错状态以及空间性的整体，而是一种意向的交织状态、一种动机的被引发状态、一种意指的相互包含状态，并且这种隐含的方式在形式上和原则上都与物理之物中的隐含完全不相同。"——这也曾是当时的思想家如 K. 雅斯贝尔斯对 S. 弗洛伊德的精神分析学说所持的基本批判立场。

法，通过它在心理学与逻辑学之间的自身定位，现象学向世人展示出自己的独特面目。

以上这些对现象学的基本定位和方法特征的说明同样适用于第一逻辑研究的内容，即适用于现象学的语言分析，因为如胡塞尔所说，"语言阐释肯定属于为建造纯粹逻辑学而在哲学上不可或缺的准备工作之一"（《逻辑研究》II/1, A3 – 4/B₁2）。

二、语言在胡塞尔现象学中的特殊位置

语言表达在胡塞尔的意识现象学中占有一个特殊的位置。可以用胡塞尔的话将它称为一个"较高"的位置，因为在他看来，"没有语言的表达几乎就无法做出那些属于较高智性领域，尤其是属于科学领域的判断"（《逻辑研究》II/1, A5/B₁4）。"较高"在这里是相对于感知的认识行为和想象的认识行为而言。这也就是说，语言表达作为符号的认识行为是比直观认识行为（感知＋想象）更高的行为。这里存在着一个奠基的顺序：语言是"思维"的表达。而在最宽泛意义上的思维是构造着意义的体验。①

但这个意义上的"更高"实际上具有双重的含义：一方面，这个比较级表明，较高层次的理论研究、思维、判断都必须在语言符号和语言表达中进行，而且最终都要落实到语言的行为上；另一方面，较高层次的认识活动和语言行为是奠基于感知的认识行为和想象的认识行为之上的，并且因此也就依赖于感知和想象这

---

① 参见《胡塞尔全集》，第 XVII 卷，第 26 页。——《胡塞尔全集》的具体资料可以参见书后的文献索引。以下《胡塞尔全集》的引文出处将在正文中简称为《全集》，并标明卷数（罗马数字）和页码。

些直观性的意识行为。所谓"依赖"，即是指语言表达和判断行为只有建立在感知行为和想象行为上才是可能的。[①]

因此，虽然胡塞尔在《逻辑研究》的第一研究中便探讨"表达"与"含义"的问题，但现象学的意义理论和语言分析在他的哲学中只占有第二性的位置。这个立场在胡塞尔一生的研究中没有发生根本的变化。伽达默尔的批评便是立足于上述事实："在胡塞尔当初扩展现象学研究的时候，尽管他尽力转向生活世界，但语言却一直受到他的忽视。"[②]这一做法的主要原因在于：胡塞尔把认识成就的第一形式归属于感性的感知。而与意义相关的是语言陈述和判断，它是奠基于感知、想象等直观行为之上的意向活动，具体地说，它是非直观的符号行为。语言哲学因此在胡塞尔哲学中只具有在意识哲学之后的位置。也正是因为这个缘故，现象学在总体上具有不同于英美语言分析哲学的本质特征。

赋予语言的这个位置，在哲学史上向前回溯可以在柏拉图那里找到根据。柏拉图在《智者篇》中曾对语言与意识（当然也包括思维）的关系做过论述，他在那里把"思维"称作是"心灵

---

① 参见胡塞尔在《逻辑研究》II/2, A650/B$_2$178 上的论述："一个行为的被奠基状态并不意味着，它——无论在何种意义上——建立在其他行为之上，而是意味着，被奠基的行为根据其本性，即根据其种属而只可能作为这样一种行为存在，这种行为建立在奠基性行为属的行为上，因而被奠基行为的对象相关项具有一个普遍之物、一个形式，而以此形式，一个对象就只能直观地显现在这个种属的一个被奠基行为中。"还可以参见倪梁康：《胡塞尔现象学概念通释（增补版）》，北京：商务印书馆，2016 年，第 186－188 页。

② H.-G. Gadamer, *Wahrheit und Methode II. Ergänzungen*, II, Tübingen 1986, S. 361.

与它自己的无声对话"[①]。在这个意义上，意识要比语言更为宽泛。语言不过是有声的或有形的意识。更确切地说，语言是意识用来表达和交往的工具。如果把意识看作本体，那么语言只是可有可无的手段，因此就不可能是第一性的。从理论上说，意识可以离开语言而继续存在，但反之则不行。此后，这个观点也在 J. 塞尔那里找到知音。塞尔同样把心灵哲学视为语言哲学的基础，认为"语言哲学是心灵哲学的分支之一"[②]。

因此，当胡塞尔说，《逻辑研究》所从事的是"纯粹逻辑学"的研究，而它的第一研究所进行的是对现象学中语言问题的讨论时，人们就难免形成一个误解，似乎胡塞尔首先关心的是语言问题。但实际上，20 世纪初哲学论题的主导是心理学而非语言学，胡塞尔的现象学也处在这个基本趋向上。只有细心的读者才会看到，胡塞尔本人在《逻辑研究》第二版的前言中所说的"现象学关系中最重要的一项研究"（《逻辑研究》I, BXVI），乃是第六研究，即"现象学的认识启蒙之要素"。[③]

但所有这一切，并没有妨碍胡塞尔现象学的语言分析和意义

---

① 参见：Platon, *Sophistes*, 263e。根据施莱尔马赫的德文本译出。相关的全文是："因此思维与言语是一回事，只是心灵与它自己的内部对话，即那种无声地进行的对话，被称之为思维。"（Platon, *Sämtliche Werke*, übersetzt von F. Schleiermacher, Bd.4, Hamburg 1986, S. 239）

② 转引自高新民、储昭华编：《心灵哲学》前言，北京：商务印书馆，2002年，第 1 页。

③ 当然，以后的研究者对此还有不同的看法。例如 E. 斯特雷克便把第五逻辑研究看作是最重要的。但很少有人认为胡塞尔的现象学语言分析构成他的基本思想核心。

理论所产生的重大影响，它在很长一段时间里都是联结英美分析哲学和欧洲大陆现象学的一个关键桥梁。而且，尤其因为语言问题和意义问题自 20 世纪"语言学转向"以来受到特别的偏好，胡塞尔《逻辑研究》的第一研究始终受到特别的关注。以德里达为例，他在《声音与现象》中对胡塞尔现象学的分析与批评便是从语言符号入手。当然，他这样做也有其自己的理由："耐心阅读这方面内容比在其他地方能使我们在《逻辑研究》中更清楚地看到胡塞尔全部思想的萌芽结构。"①

三、现象学的语言分析特征

胡塞尔之所以在《逻辑研究》第二卷的起始处就探讨语言问题，乃是因为语言问题与他在第一卷中所阐述的逻辑学观念密切相关。因此他在第二卷中写下的第一句话便是："从逻辑工艺论的立场出发，人们往往会承认逻辑学以语言阐释为开端的必然性。"（《逻辑研究》II/1, A3/B$_1$1）如前所述，他认为，这已经涉及纯粹逻辑学的要点，"语言阐释肯定属于为建造纯粹逻辑学而在哲学上不可或缺的准备工作之一，因为只有借助于语言阐释才能清晰无误地把握住逻辑研究的真正客体以及这些客体的本质种类与差别。"（《逻辑研究》II/1, A4/B$_1$2）所以，第一逻辑研究所从事的语言阐释是与第一卷的纯粹逻辑学观念之提出紧密衔

---

① J. 德里达：《声音与现象——胡塞尔现象学中的符号问题导论》，杜小真译，香港：社会理论出版社，1994 年；德文本：*Die Stimme und das Phänomen. Ein Essay über das Problem des Zeichens in der Philosophie Husserls*, übersetzt von J. Hörisch, Frankfurt a. M. 1979。

接在一起的。

当然，现象学所要阐释的语言并不是语言学家所探讨的语言。胡塞尔说："这里所涉及的不是经验的、与某个历史上已有的语言相关的意义上的语法阐释，而是涉及最普遍种类的阐释，这些阐释属于一门客观的认识理论以及——与此最密切相关——思维体验与认识体验的纯粹现象学的更广泛领域。"（《逻辑研究》II/1, A4/B₁2）这首先意味着，现象学的语言研究和语言分析，是先天的而非经验的，是本质的而非事实的。在一定的意义上可以说，胡塞尔所要讨论的主要是理想语言（观念语言），亦即单义的、正常的、普遍有效的语言现象。

其次，它还意味着，现象学所讨论的语言现象不只是在历史中形成的各种特定的语言符号和语言表达形式，而且还包括与之相关的语言表达活动和语言理解行为。被胡塞尔称作"现象学的主导意向"的东西在这里仍然有效："从各种对象性出发回问主体的体验和一个意识到这些对象性的主体的行为构形"[1]。而在现象学的语言分析中，这就表现在：从作为客体的语言符号出发，回溯到作为主体的语言行为上。换言之，现象学的语言分析不仅包括作为语言符号、作为名词的语言现象，而且包括作为语言行为、作为动词的语言显现。据此我们可以理解胡塞尔的说法："纯粹逻辑学所要研究的那些客体起先是披着语法的外衣而被给予的。更确切地看，这些客体可以说是作为在具体心理体验中的嵌入物而被给予的，这些心理体验在行使含义意向或含义充实的作用时[在行使后一种作用时是作为形象化的、明见化的直

---

[1]《胡塞尔选集》上卷，第309页。

观]，隶属于一定的语言表达并与语言表达一起构成一种现象学的统一体。"（《逻辑研究》II/1, A5/B₁4）

现象学语言分析的这个基本特征使得现象学的语言分析在许多时候看起来都更像是意识分析。我们在后面的论述中还会一再地体会到这一点，这里便不再继续展开。在现象学语言分析的特征问题上最后还须提及的是：由于现象学的意义理论和语言分析——如前所述——在胡塞尔哲学中占有"较高的"、但也是第二性的位置，因此，《逻辑研究》中的现象学分析自第一研究中以语言为始，至第六逻辑研究的认识行为分析为止，基本上走的是一条"自上而下"的阐述路线，即从意识的上层建筑到意识的下部基础的阐述路线。这个阐述路线，与意识的奠基顺序恰好相反。

胡塞尔所理解的意识奠基顺序大致可以分为四个层次：(1) 最为基础的、可独立成立的意识行为是感知①；(2) 想象奠基于感知之上，感知与想象一同构成基础性的直观行为；(3) 直观行为是所有非直观行为（如图像意识、符号意识）的基础，并且同时与非直观行为一起构成表象性的行为的基础；(4) 表象性的行为、亦即客体化的行为、构造客体的行为，是所有非客体化行为的基础，即是说，它是所有不构造客体的行为，如爱、恨、狂喜、绝望等情感行为、意愿行为的基础。

语言符号和语言的表达活动属于这个奠基顺序中的第三层次，即符号和相关的符号行为。作为非直观行为，它必须以直观

① 偏重感知以及偏重直观被给予的躯体的趋向以后在 M. 梅洛－庞蒂那里也得到进一步的维续。具体论述可以参见梅洛－庞蒂：《感知的首要地位及其哲学结论》(*La Primat de la perception et ses consequences philosphiques*, 1946)，王东亮译，北京：商务印书馆，2002 年。

的行为为依托。同时，作为客体化的行为，它本身又构成非客体化行为的基础。

当然，这里提到的许多概念和范畴，要在第五逻辑研究中才会得到清晰的展示和说明。这里提出它们只是为了给读者一个预先的综观。在第一逻辑研究中所涉及的概念和范畴是另外的一些。

四、语言陈述活动的基本现象学划分

胡塞尔在第一逻辑研究中首先展示了对语言陈述活动的一个现象学的三重划分：(1) 物理的表达显现；(2) 意义给予的行为；(3) 意义充实的行为。——我们在这里将逐步说明这个划分。

在语言陈述活动中一般可以区分在交往行为中的语言陈述（如两人的谈话、告知）和孤独心灵生活中的语言陈述（如自言自语）。它们作为符号行为都具有被奠基的性质，亦即都奠基在直观行为上。具体地说，在交往行为中的语言陈述需要借助可感知到的符号，如声音、文字等等，而在孤独心灵生活中的语言陈述则只需要可想象的符号就可以了。而无论是可感知的符号还是可想象的符号，都是通过直观行为来提供的。

如果我们现在仅仅关注一般的语言陈述活动，即不去考虑上述特别的差异，那么我们首先可以区分出表达的以下两个方面："1. 就其物理方面而言的表达（感性符号、被清楚地发出的一组声音、纸张上文字符号，以及其他等等）；2. 某些与表达以联想的方式联结在一起的心理体验，它们使表达成为关于某物的表达。"(《逻辑研究》II/1, A31/B₁31)

　　胡塞尔本人并不满意这种对表达的心理体验—物理符号的划分，认为这种"用表达和被表达之物、名称和被指称之物、注意力从此物向彼物的转移等等这样一些说法来解释"的做法过于简单（《逻辑研究》II/1, A42/B₁42），因为他认为，一方面，表达的心理方面往往被理解为"意义"或"含义"，而这是一个错误；另一方面，这个区分还远远不能满足逻辑的目的。因此他提出了一个更为细致的划分："我们可以这样来规整'表达所表达之物'或'被表达的内容'这些说法的多层歧义，即：我们区分在主观意义上［在 A 版中还紧跟：（在现象学、描述心理学、经验实在的意义上）］的内容和在客观意义上［在 A 版中还紧跟：（在逻辑学、意向性、观念的意义上）］的内容。在客观意义上的内容方面，我们必须划分：

　　　　作为意指着意义的内容，或作为意义、绝然含义的内容，

　　　　作为充实着意义的内容，

　　　　以及，作为对象的内容。（《逻辑研究》II/1, A52/B₁52）

　　这个划分也被胡塞尔更为简洁明了地概括为对"物理的表达显现、意义给予的行为和意义充实的行为"的三重划分（参见《逻辑研究》II/1, A37/B₁37）。

　　当然，只有在这里出现的许多概念得到大致的说明之后，我们才能理解这个从双重划分向三重划分的进展，以及理解这个进展的意义。①

---

　　① 下面的说明引用了笔者《胡塞尔现象学概念通释（增补版）》中的部

五、对"表达"和"含义"这两个概念以及
几个相关概念的说明

首先，"表达"（Ausdruck, expression）指的是什么？它与"符号""含义""对象""行为"等等的关系是怎样的？

形式逻辑中的"表达"通常是指一门语言的基本符号序列，诸如被说出的语音符号，被写下的语词符号等等，也被译作"表达式"。胡塞尔首先确定，在"表达"与通常意义上的"符号"之间有以下差异："每个符号都是某种东西的符号，然而并非每个符号都具有一个'含义'、一个借助于符号而'表达'出来的'意义'。"（《逻辑研究》II/1, A23/B₁23）就这方面来看，"表达"是一个比"符号"更狭窄的概念，它仅仅意味着一些特定的"符号"，即"有含义的符号"（参见:《逻辑研究》II/1, A30－31/B₁30－31）；而一些"符号"则完全有可能不具有任何含义。

但从另一方面来看，"表达"概念的范围又可以比"符号"更宽泛；因为胡塞尔的分析表明，并不是所有"表达"都与"符号"有关。只有在告知的话语中，在"传诉"中，"表达"才与"符号"交织在一起，而在孤独的心灵生活中，"表达"则可以在独立于"符号"的情况下发挥含义的作用（《逻辑研究》II/1, A24/B₁24, A32－36/B₁32－36）。"表达"与通常意义上的"符号"的关系因而在胡塞尔看来并不是一种本质性的关系，它们只是相互交切的两个范围。

从"符号"方面来看则可以说，胡塞尔区分两种意义上的"符

分条目，并做了必要的改动和补充。

号"(Zeichen)：通常意义上的"符号"仅仅意味着一种"信号"(Anzeichen)，它包括"标号"(Kennzeichen)、"记号"(Merkzeichen) 等等。这个意义上的"符号"一般可以具有两种功能，一是指示的功能，二是意指的功能(《逻辑研究》II/1, A23/B$_1$23)。前者可以说是指示着什么。我们可以用海德格尔的例子来说，脸红意味着（指示着）发烧或害羞。但真正意义上的"符号"概念是指在"符号意识"中的"符号"。它是具有含义的"符号"，意味着一个"表达"所具有的物理方面，例如被说出的语音符号，被写下的语词符号等等，它们被赋予了特定的含义，被用来表达某些东西。意指 (bedueten) 就是给予意义 (Bedeutung geben)。胡塞尔认为，只有当"符号"具有含义、行使意指的功能时，它才进行表达；换言之，只有当"符号"具有含义时，它才可以被称作"表达"(《逻辑研究》II/1, A23/B$_1$23)。

与此相反，"表达"与"含义"的关系则具有本质性的意义。胡塞尔在《逻辑研究》中便已经认为，"表达这个概念中含有这样的意思，即：它具有一个含义。如前所述，正是这一点才将它与其他的符号区分开来。因此，确切地说，一个无含义的表达根本就不是表达"(《逻辑研究》II/1, A54/B$_1$54)。以后在《纯粹现象学与现象学哲学的观念》第一卷[①]中，胡塞尔还进一步强调，"逻辑含义是一个表达。语音之所以被称作表达，乃是因为语音表达出属于它的含义。表达原初是在含义之中。'表达'是一种奇特

---

① 以下将《纯粹现象学与现象学哲学的观念》简称为《观念》；其第一、二、三卷分别简称《观念》I、《观念》II、《观念》III。《观念》I 的页码为《胡塞尔全集》III/1 本的边码。

的形式，它可以适用于所有'意义'（意向相关项的'核'）并且将意义提升到'逻各斯'的王国之中，即提升到概念之物的王国之中，因而也提升到'普遍之物'的王国之中"（《观念》I，257）。据此也可以说，"含义"是"表达"得以成立的前提。

　　现在我们再来看前面提到的两个方面——"表达显现"与"含义意向"（连同"含义充实"）的划分："表达"是一种真正意义上的符号，因为它具有含义的指向，它意指着某种东西。"符号"与"含义"的关系因而也可以说是"标示"（"符号"，Zeichen）与"被标示之物"（"符号所标志之物"，Bezeichnetes）的关系，而"表达"则意味着一个"在符号和符号所标志之物间的体验统一中的描述性因素"（《逻辑研究》II/1，A40/B₁40）。所谓"体验统一"，在这里无非是指"符号意识"行为的统一。以一个文字符号 A 为例。我们看到这个符号 A，也就是说，我们具有对这个符号的外感知，它与其他的外感知并无两样。如果 A 作为"表达"、作为真正意义上的"符号"在起作用，那么对它的外感知的性质便会发生根本性的改变。这个改变在于，符号 A 对我们来说还是直观当下的，它还在显现给我们；但我们并不朝向它，并不朝向这个或是用墨水写出，或是用油墨印刷出来的文字符号本身。这个符号 A 本身虽然没有变化，它仍然那样地写在那里，没有增多，也没有减少，但它却已经不再是我们的意识活动的对象；我们的意向仅仅朝向在意义给予行为中被意指的实事，亦即通过这个符号 A 而被标志出来的东西，譬如一个特定的人。"纯粹现象学地说，这无非意味着：如果物理语词现象构造于其中的直观表象的对象愿意作为一个表达而有效，那么这个直观表象便经历了一次本质的、现象的变异。构成这个直观表象中对象现象的东西不发生变化，而体验的意向特征却改变了。无需借助于任何一个充实性的或描画性直观的出现，意指的行为就可以构造起自身，它是在语词表象的直观内涵中找到其依据的，但它与朝向语词本身的直观意向有着本质的差异"（《逻辑研究》II/1，A41/B$_1$41）。

在这个意义上，"表达"是一个处在"符号"与"含义"之间的因素，这是从意向相关项的角度来看；同时，"表达"也是一个使外感知行为向符号行为的过渡得以可能的因素，这是从意向活动的角度来看。

但第一逻辑研究既然被命名为"表达与含义"，那么在对"表达"概念做了简要的说明之后，我们还必须再来看一下胡塞尔的"含义"概念或"意义"概念[①]。它们构成胡塞尔含义理论的核心。这

---

① 从总体上看，与 G. 弗雷格的做法不同，"意义"（Sinn）概念与"含义"（Bedeutung）概念在胡塞尔那里显然是同义词。他曾多次说明："'含义'对我们来说是与'意义'同义的"；"'意义'——这个词一般与'含义'等值使用"（《逻辑研究》II/1，A53/B$_1$52；《观念》I，256）。虽然胡塞尔在研究手稿中也曾流露出区分"含义"与"意义"的想法（《全集》XXVI178），但那只是偶尔的一闪念，不足以代表胡塞尔的主导思想。这里忽略不计。

当然，仍需要注意的是，胡塞尔在对这两个概念的使用上始终各有偏重。由此而引出一个并非无关紧要的论点：在胡塞尔那里，含义概念更适用于语言逻辑分析，而意义概念则更适用于意识行为分析；与含义相关的是"表达"，而与意义相关的则是"行为"。这一确认的意义实际上已经超出了单纯概念定义的范围。因为，胡塞尔并不把语言逻辑分析看作是与意识行为分析相并列的研究课题，而是认为前者必然奠基于后者之中。由此可以得出，任何"含义"都是有意义的，但并不一定任何"意义"都具有含义。胡塞尔本人在《逻辑研究》中偏重使用"含义"概念，因为在那里首先要解决的是"逻

个理论主要包含在《逻辑研究》和《1908 年的含义理论讲座》中。它也是胡塞尔学说在英美学界最受关注的部分。

胡塞尔在他的意义（含义）理论中区分含义和含义指向，在符号行为中，含义是同一的，它背后的根据是种属的同一，具有客体的相关性。而含义指向是一个意向行为，它是个体的，与个别的主体行为相关联。意义理论要讨论的是在同一的含义与杂多的个体含义指向之间的复杂关系。在以后的《观念》I（1913 年）中，胡塞尔也将它们称作"意向活动"（Noesis）和"意向相关项"（Noema）。它们的确切意思是指：赋予意义的行为和由此而构成的一个行为的意义统一。

"意义"概念是胡塞尔意向分析中的中心概念。胡塞尔本人在《逻辑研究》中曾明确指出过这个概念的双重含义："1) 意义可以是指感知的完整内容，也就是说，意向对象连同其存在样式（设定）。2) 但'意义'也可以是指这样一个单纯的意向对象，人们能够从那些可能变化的存在样式中强调出这个单纯的意向对象"（《全集》XI, 352）。可以说，意义概念与对象概念在胡塞尔那里是密切相关的。每个对象都必须回归到构造出它们的超越论意识之上，就这点而言，对象就是意义。

辑"问题；在《观念》I 中，"含义"概念则退到后台，取而代之的是"意义"概念（参见：E. Tugendhat, *Der Wahrheitsbegriff bei Husserl und Heidegger*, Berlin 1970, S. 36, Anm. 44; E. W. Orth, *Bedeutung, Sinn, Gegenstand. Studien zur Sprachphilosophie E.Husserls und R.Hönigswalds*, Bonn 1967, S. 207)。

最后需要补充说明的是：胡塞尔本人在《逻辑研究》中便已经开始有意或无意地区分使用"含义"和"意义"概念：在讨论语言的第一研究中较多使用"含义"，在讨论"行为"的第五研究中较多使用"意义"概念。

根据以上的大致规定，"意义"这个概念所标识的应当就是意识行为的"意向相关项的核心"（《观念》I, 273）。

如果我们现在把"意义"与"表达"两个概念放在一起，那么就可以用得上胡塞尔在第五逻辑研究中做出的一个定义：它们是"在某些行为中展示给我们的两个客观统一"（《逻辑研究》II/1, A382/B$_1$407）。

六、符号意识的基本要素与结构

在图像意识的情况中我们知道，图像与图像所描绘的东西之间必须具有相似性，否则图像意识便无从谈起。与图像意识不同，在符号意识这里，符号与符号所标识的东西之间并不需要有相似性。a 既可以代表一个人，也可以代表一个化学元素或一个数字。甚至任何一个自然物体也可以被用作符号，例如用一块石头来代表一个城市。

因此，符号不同于图像，没有什么是不能成为符号的。这里的关键在于，一个物体之所以可以成为符号，乃是因为它与具有表达特征的含义意向发生联系。这也就是说，一个真正的符号必定是用来进行表达的符号。

就像在图像意识中不可缺少一个物理图像（图像事物）一样，在一个符号意识中，这样的符号或物理表达现象是必不可少的。对这个物理表达现象的立义（统摄）与我们对其他物理事物的立义（统摄）是一致的。胡塞尔说："它与任何其他的物理客体一样，是在同一个意义上'被给予'我们，即是说，它显现；而它显现，这里的意思就相当于：某个行为是体验，在其中这个和那个感觉体验以某种方式'被统摄'。与此相关的行为当然是感知表象或想象表象；在它们之中，表达在物理的意义上构造出自身。"（《逻辑研究》II/1, A382 – 383/B₁407）

当然，符号意识之所以有别于一个单纯的外感知，乃是因为它不仅仅是对物理表达现象的把握，例如对一个用粉笔写的"正"字的感知。① 符号意识的本质在于，它永远都必须是一个复合的行为、一个建基于直观行为之上的行为。这一点明确地表现在：我们在符号意识中所意指的东西并不是这个符号，而是由这个符号所标识的东西。胡塞尔在第一逻辑研究中对此的描述是：

"尽管语词（作为外在的个体）对我们来说还是直观当下的，它还显现着；但我们并不朝向它，在真正的意义上，它已经不再是我们'心理活动'的对象。我们的兴趣、我们的意向、我们的意指——对此有一系列适当的表达——仅仅朝向在意义给予行为中被意指的实事。纯粹现象学地说，这无非意味着：如果物理语词现象构造于其中的直观表象的对象愿意作为一个表达而有效，那么这个直观表象便经历了一次本质的、现象的变异。构

---

① 若果真如此，语词便失去了符号的功能。即是说，一旦我们的兴趣仅仅朝向感性之物，仅仅朝向单纯作为声响构成物的语词时，语词便不再是语词符号，而至多只是被胡塞尔称作"自在的符号"的东西，例如被书写的语词本身、被印刷出来的文字本身等等。在我们的例子中，那个"正"字便只是一个划痕，而不是一个语词。因此胡塞尔说："如果我们将兴趣首先转向自为的符号，例如转向被印出来的语词本身，那么在物理的符号显现和它的为它打上表达烙印的含义意向之间的描述性区别就会最清楚地表现出来。如果我们这样做，那么我们便具有一个与其他外感知并无二致的外感知（或者说，一个外在的、直观的表象），而这个外感知的对象失去了语词的特征。"（《逻辑研究》II/1, A40/B₁40）

成这个直观表象中对象现象的东西不发生变化,而体验的意向特征却改变了。无需借助于任何一个充实性的或描画性直观的出现,意指的行为就可以构造起自身,它是在语词表象的直观内涵中找到其依据的,但它与朝向语词本身的直观意向有着本质的差异。与这个意指行为特殊地融合在一起的常常是那些新的行为或行为复合体,它们被称作充实性的行为,并且,它们的对象显现为在意指中被意指的对象,或者说,借助于意指而被指称的对象。"(《逻辑研究》II/1, A40-41/B₁40-41)

他在第五逻辑研究中还再次对此描述说:"表达会被感知到,但'我们的兴趣并不生活在'这种感知之中;如果我们不分心的话,我们不会去注意标示(Zeichen),而毋宁会去注意被标示之物(das Bezeichnete);因而,起主导作用的主动性应当属于赋予意义的行为。"(《逻辑研究》II/1, A382/B₁406)

胡塞尔在这里提到的"体验的意向特征的改变"是指从单纯的感性感知,如对粉笔划痕的感知向符号意识的转变,在这个符号意识中,粉笔字"正"可以被理解为正确的"正",也可以被理解为正斜的"正",甚至还可以被理解为中文的计数符号"五"。在这里,感性的材料,即看到的粉笔划痕并没有发生本质的变化,但意指它的行为却发生了本质的变化。实际上可以说,这里发生了第二个立义,即粉笔划痕被理解为语词"正"或数目"五"。由此而产生出符号意识中的第二个被构造出来的东西,或者说,第二个对象。这个对象就是"含义"或"意义"。胡塞尔在上面所引的第一段描述中将这个称为"在意义给予行为中被意指的实事",在第二段描述中则称之为"被标示之物"。

正是在这个意义上,符号意识必定是一个复合行为。所谓复合行为，并不是说有两个行为外在地并列在一起，并且同时进行，而是说有两个构造活动、两个行为通过联结而产生出一个统一的整体行为。

当然，必须指出，在符号意识这个复合行为中，并不是并列地发生着两种构造活动，而是始终有主有次。符号意识之所以被称为符号意识，乃是因为我们的注意力在这里总是偏重于被标示的东西的显现，即意义给予的进行。用胡塞尔的话来说，"起主导作用的主动性应当属于赋予意义的行为"。

至此，胡塞尔可以说："有两样东西似乎会保留下来：一是表达本身，二是它所表达的作为其含义（其意义）的东西。"（《逻辑研究》II/1, A37/B₁37）但是，倘若胡塞尔止步于此，那么他的语言表达行为分析——或者更宽泛地说，符号意识分析——就还没有比其他的理论向前推进多少。至少我们可以接着胡塞尔说："在这里有许多关系交织在一起。"（《逻辑研究》II/1, A37/B₁37）

具体地说，符号之所以能够代表被标示之物，乃是因为符号被相应的行为赋予了含义。换言之，一个表达通过一个行为而被赋予意义，因此这个行为叫作"赋予含义的行为"，胡塞尔也将它简称为"含义意向"。这个含义意向有可能得不到充实，例如"10^{10}"便是一个几乎无法得到直观充实的含义，但许多的含义有可能在直观中得到充实，例如"一匹马"这个含义。而在得到充实的情况下，与这个赋予含义的行为相对的便是"含义充实的行为"，它被胡塞尔简称为"含义充实"。它是"在认识统一或充实统一中与含义赋予的行为相互融合的行为"（《逻辑研究》II/1, A38/B₁38）。

这便是在前面提到的胡塞尔对语言陈述活动的基本三重划分。但即便至此，胡塞尔的分析也还远远没有结束。胡塞尔在符号意识中还发掘出其他的本质要素。在符号意识中也像在图像意识中一样，还存在着第三个客体。[①]

七、表达和含义的客观性、观念性

在符号意识中出现的这第三个客体简单说来便是对象。胡塞尔认为，一个表达不仅具有其含义，而且也与某些对象发生联系，而对象永远不会与含义完全一致。（《逻辑研究》II/1, A46/B₁46）他说："如果我们通过对许多事例的比较而得以确信，多个表达可以具有同一个含义，但却具有不同的对象，并且，多个表达可以具有不同的含义，但却具有同一个对象，那么，区分含义（内容）和对象的必要性就显而易见了。"（《逻辑研究》II/1, A47/B₁47）胡塞尔提供的事例有："耶拿的胜利者"和"滑铁卢的失败者"是两个不同的含义，但却指称同一个对象：拿破仑；"等边三角形"和"等角三角形"也是如此，它们含义不同，指称的却是同一个几何形态。

由此可见，表达、含义和对象是不可混为一谈的。就表达而言，胡塞尔首先区分主观的表达和客观的表达。

---

① 关于"图像意识"的现象学分析，可以参阅笔者的论文《图像意识的现象学》，载于：许江（主编）:《人文视野》，杭州：中国美术出版社，2002年，第12-31页。——笔者在其中说明，胡塞尔在图像意识中区分出图像客体、图像事物（物理图像）和图像主题（精神图像）这样三个客体以及与之相关的三种立义。

先看客观的表达。胡塞尔说："我们将一个表达称之为客观的，如果它仅仅通过或能够仅仅通过它的声音显现内涵而与它的含义相联系并因此而被理解，同时无须必然地考虑做陈述的人以及陈述的状况。"（《逻辑研究》II/1, A80/B₁80）这样的表达，最典型地包含在理论表达中，例如，科学原理和定理、证明和理论等建立于其上的那些表达。胡塞尔举例说："现时话语的状况丝毫不会影响到例如一个数学表达意味着什么。我们读到它并且理解它，同时无须去思想某个说者。"（《逻辑研究》II/1, A81/B₁81）最简单的一个例子就是"$1+1=2$"。

再看主观的表达。胡塞尔的定义是："我们将这样一种表达称之为本质上主观的和机遇性的表达，或简称为本质上机遇性的表达，①这种表达含有一组具有概念统一的可能的含义，以至于这个表达的本质就在于，根据机遇、根据说者和他的境况来确定它的各个现时含义。只有在观看到实际的陈述状况时，在诸多互属的含义中才能有一个确定的含义构成给听者。因而，由于理解在正常的情况下随时都在进行自身调整，所以在对这些状况的表象中以及在它与表达本身的有规则的关系中便必定包含着对于每一个人来说都可把握到的而且是充分可靠的支撑点，这些支撑点能够将听者引导到在这个情况中被意指的含义上去。"（《逻辑研究》II/1, A81/B₁81）对此胡塞尔所举的例子是：在主观的表达

---

① 事实上，胡塞尔用"主观的"和"客观的"来区分"表达"，在术语上的选择并不是很幸运。因为它们很容易与后面所做的对"含义"的"主观"和"客观"的区分相混淆。因此，"机遇性的"和"非机遇性的""表达"应当是更为贴切的术语。感谢中山大学哲学系的任远先生向笔者指出这一点。

中包含着人称代词（"我"①"你"等等）、指示代词（"这个""那个"等等）、与主体有关的那些规定（"这里""那里"）以及部分带有这些表象或类似表象的表达（"这个皇帝""这盏灯"等等）。

关于主观表达和客观表达之间的关系，胡塞尔认为，"从观念上说，在同一地坚持其暂时具有的含义意向的情况下，每一个主观表达都可以通过客观表达来代替。"（《逻辑研究》II/1，A90/B₁90）这在胡塞尔看来也意味着"客观理性的无局限性"，更具体地说："所有存在着的东西都是'自在地'可认识的，它们的存在是在内容上被规定了的存在，它们在这些和那些'自在真理'中表明自己。所有存在着的东西都具有自在地确定不变的属性与关系，而且，如果它是在事物性自然意义上的实在存在，它便都具有它在空间和时间中确定不变的广延和位置，它的确定不变的保持方式和变化方式。"（《逻辑研究》II/1，A90/B₁90）但是，胡塞尔毕竟只是将用客观表达替代主观表达的想法视为一种理想，而且是"离我们还无限地遥远"（《逻辑研究》II/1，A90/B₁91）的理想。他最终认为必须承认，"这种可替代性不仅是因为实践要求的缘故而未得到实现，例如由于它的复杂性的缘故，而且这

---

① 胡塞尔：《逻辑研究》II/1，A82/B₁82。胡塞尔在这里对"我"这个人称代词的描述以后由于 J. 德里达在《声音与现象》中的引述而为人所熟知："每一个含有人称代词的表达都缺乏客观的意义。'我'这个词在不同的情况下指称一个不同的人，并且它是借助于不断更新的含义来进行指称的。它的含义每一次是什么，这只有从生动的话语中以及从它所包含的直观状况中才能得知。如果我们读了'我'这个词而不知道，写这个词的人是谁，那么这个词即使不是一个无含义的词，也至少是一个脱离了它的通常含义的词。"（《逻辑研究》II/1，A82/B₁82）。

种可替代性事实上在最广泛的程度上也是无法实现的，而且甚至永远无法实现。"（《逻辑研究》II/1, A90/B₁90）在用客观表达来完全取代主观表达的方面，"任何一种尝试显然都是徒劳的"（《逻辑研究》II/1, A91/B₁91）。

那么在含义方面或意义方面，情况又是如何呢？我们是否也可以将含义分为客观含义和主观含义、固定的含义和随机变化的含义呢？即是说，"一些含义以固定种类的方式体现了观念的统一，它们始终不为主观表象和思维的变化所动；而另一些含义则处在主观心理体验的变动之中并且作为暂时的事件时而在此，时而又不在此？"（《逻辑研究》II/1, A89/B₁89）

对此，胡塞尔的回答是肯定的："这一点是明白无疑的：就含义本身来看，在它们之间不存在本质区别。实际的语词含义是有偏差的，它们在同一个思想序列中常常会变动不居；并且就其本性来看，它们大部分是随机而定的。但是，确切地看，含义（Bedeutung）的偏差实际上是意指活动（Bedeuten）的偏差。这就是说，发生偏差的是那些赋予表达以含义的主观行为，并且，这些行为在这里不仅发生个体性的变化，而且它们尤其还根据那些包含着它们含义的种类特征而变化。但是，含义本身并没有变化。这种说法的确有些背谬，除非我们像在统义的和客观固定的表达那里一样，也在多义的和主观混浊的表达那里始终坚持将含义理解为观念的统一。而那种倾向于固定表达的通常说法认为，无论谁来说出同一个表达，含义都始终是同一个；这种关于同一含义的说法要求我们这样来理解含义，不仅如此，我们分析的主导目的首先也要求我们这样做。"（《逻辑研究》II/1, A91 –

92/B₁91）^①这也就是说，含义就是观念的统一，因而始终是同一的、观念的、统义的。当人们说含义有偏差时，偏差的往往是那些赋予表达以含义的主观行为。用胡塞尔以后的术语来说就应当是，意义或"意向相关项"是统一的、不变的，而意义给予的活动或"意向活动"的情况却恰恰相反。^②

至此，我们似乎已经可以说：主观的表达因为缺乏客观的含义而是主观的，客观的表达因为具有客观的含义而是客观的。

八、逻辑学的定义

这里所讨论的问题重又将我们带回到逻辑学的定义上来。虽然胡塞尔在上世纪初便令人信服地指出了心理主义的最终归宿，但在对逻辑学的定义上，逻辑学界至今仍然没有得出一致的结论。以波兰著名的逻辑学家卢卡西维茨为例，他在《逻辑研究》发表半个世纪（1951 年）之后仍然在审视"逻辑学的对象是什么"这样一个问题。他用一节的篇幅来回答"什么是形式逻辑？"，并认为，通常人们所理解的"形式逻辑是对思维形式的

---

① 需要注意的是，胡塞尔在《逻辑研究》第二版的"前言"中提到过"'含义'作为观念所具有的根本性的双重意义"，并认为自己"只是片面地强调了意识活动方面的含义概念，而在某些重要的地方实际上应当优先考察意向相关项方面的含义概念"。（《逻辑研究》I, BXV）这个自我批评涉及的内容较深，这里暂且置而不论。在"结语"中我们再对此做出分析。

② 当然，我们在这里无法进一步深究"意向相关项"的概念。关于这个概念，现象学研究界有过长期的争论。对此可以参考较有总结性和定论性特征的一篇文字，即 R. 贝耐特的《胡塞尔的 Noema 概念》，由笔者翻译发表在《论证》（赵汀阳编，沈阳：辽海出版社，1999 年）第一辑上。

研究"这个定义是从"逻辑学是思想规律的科学"这个逻辑学定义得来的，但这个定义是错误的，因为"研究我们实际上如何思维或我们应当如何思维并不是逻辑学的对象，第一个任务属于心理学，第二个任务类似于记忆术一类的实践技巧"。[1]在这点上，卢卡西维茨与胡塞尔对逻辑学的理解是一致的。

但卢卡西维茨并没有给出自己的逻辑学积极定义。他虽然指出，"斯多亚派主张逻辑是哲学的一部分，逍遥学派说它仅是哲学的一个工具，而柏拉图主义者的意见是逻辑既是哲学的一部分又是哲学的工具"[2]，然而他出于逻辑学家的立场，错误地认为这个"争论本身并没有多大趣味和重要性，因为争论问题的解决，看来大部分是一种约定"。[3]

胡塞尔所给出的逻辑学定义恰恰建立在上面所确定的客观的、观念的含义之上。这里的思路可以简单明了地概括为一个三段论式的推论："如果所有现有的理论统一按其本质都是含义统一，而且如果逻辑学是关于理论统一一般的科学，那么同时也就很明显，逻辑学就必定是关于含义本身的科学，是关于含义的本质种类和本质区别以及关于纯粹建立在含义之中的（即观念的）规律的科学。"（《逻辑研究》II/1, A93/$B_1$92）如果我们可以

---

① 卢卡西维茨：《亚里士多德的三段论》，第 21 - 22 页。

② 卢卡西维茨：《亚里士多德的三段论》，第 22 页。卢卡西维茨在后面还认为，"斯多亚派的逻辑是形式化的"（第 30 页）。

③ 卢卡西维茨：《亚里士多德的三段论》，第 22 页。实际上这也是当今众多逻辑学家的基本立场：他们或是认为这样的问题无关紧要，或者即使认为重要，他们也是用打包的方法将这个问题存而不论，抑或将它视为哲学家的任务。

把胡塞尔前面的论述视作对大前提和小前提的充分直观和把握，那么这里与逻辑学定义有关的结论就像胡塞尔所说是可以"很明显"得出的。

这样，胡塞尔就明确地将他所理解的逻辑学(纯粹逻辑学)与传统逻辑学区分开来。他批判传统逻辑学"用心理学的术语或用可做心理学解释的术语，如表象、判断、肯定、否定、前提、结论等等来进行操作"(《逻辑研究》II/1, A93/B₁93)，并把逻辑学的规律性等同于心理学的规律性。因此他认为，如果心理学打算从理论上、本质上澄清逻辑学，那么它首先还需要从理论的、客观的科学那里学会许多东西。所谓客观，乃是指科学的研究者"并不造出思想和思想联系的客观有效性，并不造出概念和真理的客观有效性，就好像这种客观有效性与他的精神或普遍人类精神的偶然性有关似的；相反，他是在明察、发现这种客观有效性。"(《逻辑研究》II/1, A95/B₁94–95)

逻辑学是关于含义本身以及含义规律的科学，而含义的统一本质上都是理论的统一，客观的、观念的统一。胡塞尔据此而将逻辑学的任务基本地规定为以下两个方面："一方面是那些不去顾及含义意向和含义充实之间的观念联系，即不去顾及含义的可能认识功能，而是与含义的单纯复合有关的规律，即复合为新的含义[无论是'实在的'，还是'虚象的'新含义]。另一方面则是在更确切意义上的逻辑规律，它们在含义的对象性和无对象性、含义的真与假、含义的一致性和背谬性方面与含义有关，只要它们受含义的单纯范畴形式所规定。与后一种规律相符合的是在等值的和相关的措辞中的对象一般的规律，只要它们被设想为是仅仅通过范畴而被规定的东西。所有那些能够在对各种认识质料的抽象中根据单纯含义形式而被提出的、关于存在和真理的有效陈述都包含在这些规律之中。"(《逻辑研究》II/1, A96/B₁96) 这样，逻辑学的客观科学性质便被初步确定下来。

九、结语：胡塞尔的自我批评

当然，对这个初步的确定还需要做进一步的说明，否则纯粹逻辑学就会是一门纯粹客观意义上的逻辑学，而不是现象学意义上的逻辑学，不是胡塞尔在《逻辑研究》中所说的"纯粹逻辑学"或在后期《形式的与超越论的逻辑学》中的"超越论逻辑学"，亦即超越论意义上的逻辑学。

这个进一步的说明在于：当胡塞尔在谈及"客观科学"时，他一方面指出逻辑学研究对象和研究内容的客观性质："这种客观有效性的观念存在不具有一种'在我们精神中的'心理'存在'的含义，因为用真理和观念之物的真正客观性可以扬弃所有实在的存在，其中也包括主观的存在。"在这个意义上，客观科学可以不涉及判断、表象和其他心理行为，而只讨论概念、定律和其他逻辑内涵。也就是说，客观科学仅仅指明表达的"客观含义"，或者说，客观科学的研究者"所感兴趣的不是理解，而是这个被他看作是观念的含义统一的概念以及这个本身由概念构成的真理"(《逻辑研究》II/1, A95/B₁95)。对这个方面的强调在《逻辑研究》中几乎处处可以看到。这可能是因为胡塞尔在当时的时代氛围中强烈地感受到将科学以及科学认识论心理主义化的趋向，并力图对此作出同样强烈的反应的缘故。

然而另一方面，胡塞尔也一再地谈到，科学研究者，尤其是纯粹逻辑学家,不应冒昧地将语言事物和符号事物与客观的思想事物和含义事物截然分离开来。尽管"在科学中具有根本决定性的东西是含义而不是意指,是概念和定理而不是表象和判断",尽管在科学中决定性的是客观的内涵而非主观的活动,但是,一门科学,哪怕是最客观的科学,仍然不得不涉及含义本身与含义意向和含义充实之间的观念联系,即与含义相关的可能认识功能。

正因为此,胡塞尔在《逻辑研究》中才带着一种几乎是抱怨的口气说:"要想正确地描述现象学的实事状态,麻烦是不会少的。只要人们明白,所有对象和对象关系对于我们来说只是通过那种与它们有本质差异的意指行为才成为它们本身所是,在这种意指行为中,对象和对象关系被表象给我们,它们作为被意指的统一与我们相对立,那么我们就会感到,这些麻烦实际上是不可避免的。"(《逻辑研究》II/1, A41−42/B₁41−42)事实上,逻辑学的真正的困难性并不在于客观内涵,而在于这些客观的内涵(如概念、定律)总是在与主观活动(表象、判断)的联系中被给予的,更确切地说,它们只能在主观的活动中被给予,否则我们谈论的和从事的便是纯粹的形而上学,而不是纯粹的逻辑学。如果我们永远不去顾及主观的意识活动层面,那么"'涌现出'纯粹逻辑学的基本概念和观念规律的'泉源'"(《逻辑研究》II/1, A4/B₁5)就对我们永远是封闭着的。

也可能是因为第一逻辑研究具有"纯准备工作的特征",所以胡塞尔没有在这里将这些问题充分展开。对此,在《逻辑研究》第二版时,胡塞尔曾对自己十多年前的工作做出批评性的回顾,指出第一逻辑研究所含有的两个问题或缺陷:

"第一项研究——'表达与含义'——在新版中也保留了其

'纯准备工作'的特征。它引起人们思考，它将现象学初学者的目光引向含义意识所含的最初的，然而却已十分困难的问题上，但它并不已经能够充分胜任对这些问题的处理。它对待那些机遇性（okkasionell）含义（确切地说，所有经验的直言判断都属于这些含义）的方式是强制性的——这是由于《导引》无法完全把握'自在真理'的本质而带来的必然结果。"

"这里必须指出这项研究所含的另一个缺陷，这个缺陷在这一卷的结尾处才能得以自明并受到纠正：它未能顾及到'意向活动'与'意向相关项'之间的区别和相应（这种区别和相应在所有意识领域中所具有的基础作用在《观念》中才得到完全揭示，但在这部旧著最后一项研究的许多个别阐述中，有关这些作用的说明已经达到了突破）。因此，'含义'作为观念所具有的根本性的双重意义未能得以突出。作者只是片面地强调了意向活动方面的含义概念，而在某些重要的地方实际上应当优先考虑意向相关项方面的含义概念。"（《逻辑研究》I, BXIV－XV）

究竟如何评价胡塞尔在此所确定的两个缺陷，这是需要考虑的问题，而且最好是对照 J. 德里达在《声音与现象》中对胡塞尔第一逻辑研究的批评来进行考虑。

第三章　第二逻辑研究：
现象学如何分析观念对象和观念直观

　　胡塞尔的第一逻辑研究已经在语言符号分析和语言符号意识分析的基础上提出：逻辑学是关于含义本身以及含义规律的科学，而含义的统一本质上都是理论的统一，客观的、观念的统一。因此，在随后进行的第二逻辑研究中，胡塞尔顺理成章地过渡到对观念统一及其相应直观方式的阐述上。他在《逻辑研究》第二版的前言中言简意赅地说："这项研究的目的仅在于：使人们学会在一个类型，如由'红'的观念所代表的类型中，看到观念，并学会说明这种'看'的本质。"（《逻辑研究》I, BXV）这意味着，对观念对象以及观念直观的描述分析[1]构成第二逻辑研究的主要任务。由于这是胡塞尔对范畴直观或本质直观方法的第一次详细论述，因此，对于理解胡塞尔现象学的方法基础乃至整个现象学哲学的方法基础，这些论述可以说是至关重要的。[2]

---

　　① 胡塞尔以后也将这个意义上的观念直观称作"观念化"（Ideation）、"本质直观"（Wesensschau, Wesensanschauung）等等，与此相关的概念还有"本质还原"（eidetische Reduktion）等。

　　② 关于胡塞尔的本质直观方法问题，笔者在许多地方已经做过阐述。这

除此之外，为了使这种观念直观的方法有别于近现代的抽象观念理论（主要是指英国经验主义传统中的抽象理论），第二逻辑研究还带有一个批判性的任务。因此，胡塞尔把第二逻辑研究定名为"种类的观念统一与现代抽象理论"。总的看来，在这一项研究中占据更多篇幅的是这后一项工作。胡塞尔基本上是在对英国经验主义的抽象理论的否定性批判中展开对自己的观念直观理论的肯定性论述。

一、普遍对象与普遍意识的权利

在标题中提到的普遍性（Allgemeinheit），我们也可以译作"共相"或"种类"。它的对立面是"殊相"或"个体"，或者也可以随翻译的不同而称之为"个体性""特殊性"等等。"共相"或"普遍性""种类"所代表的是观念统一。与此相反，"殊相""特殊"所代表的是"个体的杂多"。

这是一对贯穿在西方哲学史始终的范畴，尽管它们的表现方式不尽相同。例如，它们在柏拉图那里表现为理念世界和感性世界的对立；在亚里士多德那里表现为形式与质料的对立；在中世纪，它们引起唯名论还是实在论的争论；而在近现代，它们又以唯理论和经验论、观念论和实在论的对立出现。这条线索后来也延续到胡塞尔、舍勒、英伽登等人的现象学之中。

里的论述主要集中在对胡塞尔于《逻辑研究》中所初次表达的本质直观思想的再现上。要想了解这个思想日后在胡塞尔那里所经历的变化与发展，可以参见例如笔者《现象学及其效应——胡塞尔与当代德国哲学》（北京：三联书店，1994 年）中的第 5 节"'本质直观方法'及其形成与发展"。

　　胡塞尔在第二逻辑研究"引论"中所说的"观念"和"对观念的'看'"也就等同于他在这项研究第一章中所讨论的"普遍对象"和"普遍意识"。也可以说，普遍对象以及对关于普遍对象的意识。所谓普遍对象，既意味着它们是观念的，也意味着它们是非实在的。以往的和现代的唯名论者都把它们仅仅看作是一种名称。胡塞尔在这里想要指明的是，尽管普遍对象是非实在的、观念的，但仍然是对象，而不仅仅是名称。

　　要说明这一点，胡塞尔就必须揭示这类对象的观念同一的或统一的存在，即是说，他首先必须说明，"虽然观念对象是在意识中被构造的，但却仍然有它自己的存在、自为的存在"①，而且这些存在不是形而上学的臆构和揣测，而是通过特殊的观视而真实可把捉到的东西。这种对待观念对象的基本态度以及把捉方式，以后在现象学家中引起了广泛的共鸣。这或许是当时连接和贯通在现象学运动所有成员中的一条基本线索，即使不是唯一的，也至少是最主要的线索。现象学的伦理学家马克斯·舍勒和现象学的存在论者马丁·海德格尔都在不同的程度上提出或认同了这种把握观念的方法。在胡塞尔那里被称作"观念直观"的东西，在舍勒那里被用来进行对价值的伦常明察，在海德格尔那里则被用来进行对存在的存在理解。当然，由于对非实在对象的理解不同，用同一种方法所得出的结果也不尽相同。舍勒通过这种方法而为价值争取到对象性的权利，并把自己的伦理学称作质料的价值伦理学；海德格尔则通过这种方法而将存在非对象化，从而建立起他自己的存在论和形而上学。而胡塞尔则从中得

――――――――――

　　①《胡塞尔选集》上卷，第305页。

出，自己的现象学理论和纯粹逻辑学理论是特定意义上的观念主义（Idealismus，或译：唯心主义）。它们的一个主要目的在于："维护与个体对象并存的种类（或观念）对象的固有权利。"（《逻辑研究》II/1，A107/B₁107）

个体对象与种类对象是并存的。这意味着，撇开在存在方式上的差异不论，具体对象与抽象对象、实在对象与非实在对象都是存在的。①更确切地说，它们都作为对象而存在着，都以对象性的方式存在着。就此而论，胡塞尔可以说是站在唯名论的对立面。但是，如果仅仅强调对象性，而不进一步讨论它们之间在存在方式上的差异，以及与此相关的在对不同存在方式的不同把握方式上的差异，那么唯名论仍然可以接受胡塞尔的这个说法，因为，所谓唯名论，是指那种把普遍对象或普遍概念视为单纯语言名称、或者视为单纯主观意识构成物的一种主张。唯名论虽然认为在思维以外没有什么现实的东西与普遍对象或普遍概念相符合，因此普遍对象或普遍概念是"非现实的"或"不现实的"，但唯名论同样会坦然承认，在思维之内，普遍对象可以作为对象被我们思考。在这个意义上，名称也就是对象。因而，至此胡塞尔还没有离开唯名论很远。

胡塞尔必须采取一系列的步骤，才能将他的现象学的观念论与唯名论区别开来。不仅如此，他同时还需要在其他两个方面作

---

① 这里的中文"存在"一词，无法体现出存在方式的差异。在西文中，存在方式的差异大都可以通过动词来表明。例如 W. 詹姆斯在其著名论文《"意识"存在吗？》("Does 'Consciousness' Exist ?")中虽然质疑意识的"存在"，但仅仅是质疑意识作为实体（entity）的存在（实存），但并不否认意识作为功能（function）的存在。

战：一方面与各种传统的实在论，另一方面与一般意义上的观念论划清界限。以上这些，可以说是他在第二逻辑研究中所要做的基本工作。

二、在个体意指中的个体观念与在种类意指中的普遍观念

在唯名论看来，语言名称不算是真正意义上的对象，意向的真正对象是个体的。要想反驳唯名论的这个观点，就必须——用胡塞尔的话来说——在对这些表达的含义分析中表明，"它们的直观的和本真的意向明见地不是指向个体客体"，并且尤其是在这种分析中表明，"在这些表达中所包含的与某一个范围的个体客体的普遍性关系只是一种间接的关系，这种关系指向这样一些逻辑联系，这些逻辑联系的内容（意义）在新的思想中才得以展开，并且要求得到新的表达"（《逻辑研究》II/1, A110/B₁110）。简言之，现象学必须通过意向分析、表达的含义分析来指明，一个种类如何在认识中真实地成为对象。

在胡塞尔看来，无论是个体的东西、还是种类的东西（普遍之物），实际上都意味着一个统一的含义。换言之，它们都是观念对象。例如，"喜马拉雅山"是一个个体对象，它代表了一个含义的统一，代表了一个观念对象。不管这个词在何时、何地、由何人说出，它在不同的话语和意指中都具有同一个意义。与此相同，一个种类对象的情况也是如此，例如"山"，它在不同的话语和意指中也都具有同一个意义，它同样代表了一个含义的统一和观念对象。

当然，这里还要做一个必要的限制：在我们对个体的"喜马

拉雅山"或种类的"山"的各自不同的陈述和意指中，我们的陈述和意指本身仍然不会完全相同。这乃是因为，如胡塞尔在第一逻辑研究中已经指出的那样，即使在这里所涉及的含义"喜马拉雅山"是客观的，但主观的意指活动仍然会发生偏差。"这就是说，发生偏差的是那些赋予表达以含义的主观行为，并且，这些行为在这里不仅发生个体性的变化，而且它们尤其还根据那些包含着它们含义的种类特征而变化。"（《逻辑研究》II/1, A91/B₁91）但是，"喜马拉雅山"和"山"的含义却并不会因此而就成为变动不居的，相反，即使主观的陈述和意指是偶发的、变换的和杂多的，它们所关涉的含义本身却始终是同一的、稳定的。因此胡塞尔强调说："就我们的立场而言，我们需要指出，每一个在思想中的这样的含义无疑都可以被看作是统一，而且在一定的情况下，甚至可以对它做出明见的判断：它可以与其他的含义相比较并且与其他的含义相区别；它可以是一个对于许多谓语而言的同一主语，对于杂多关系而言的同一关系点；它可以与其他含义相加并且作为一个单位被计数；作为同一含义，它自己重又是一个与杂多新含义有关的对象"（《逻辑研究》II/1, A111/B₁111）。

这里的论述表明，从含义统一或观念统一的角度来看，决定着一个对象是否真实、是否合理的东西并不在于：这个对象是个体的（或曰现实的）还是普遍的（或曰名义的）；而是在于：在被陈述或被意指的过程中，对这个对象的意指性表达是否与这个对象本身的含义统一相符合。

但这还只是意指性表达与含义统一的关系问题的一个方面，即我们在前一项研究中所提及的那个方面。而我们在这里还要留意一个与此相平行的、在这里是更为重要的方面，即普遍对象相对于个别对象所具有的特殊地位和权利，以及与此相关：对普遍对象的意指相对于对个别对象的意指所具有的特殊地位和权利。

在这个问题上，胡塞尔认为，"含义与意指性表达之间的关系，或者说，含义与这个意指表达的含义着色（Bedeutungstinktion）之间的关系，就是一种与例如在红的种类与直观的红的对象之间的关系，或者说，就是一种在红的种类与在一个红的对象上显现出来的红的因素之间的关系。"（《逻辑研究》II/1，A106/B₁106）

以一个对红的事物，如红布的直观为例：我们看到的是同一块红布，具有相同的感觉材料。但我们可以意指这块具体的、个体的红布，也可以意指在这块红布上显现出来的红的种类本身。红布与红的种类的关系在这里可以说是一种分有与被分有的关系。这也就是说，"这一个相同的现象却承载着两种不同的行为"：一方面是一个个体意指行为的表象基础，另一方面又可以是一个种类化、普遍化的意指行为的表象基础。（《逻辑研究》II/1，A109/B₁109）我们在这块红布上既可以直观到个体的红布，也可以直观到种类的红本身。

对此，胡塞尔描述说："红的对象和在它身上被突出的红的因素是显现出来的，而我们所意指的却毋宁说是这同一个红，并且我们是以一种新的意识方式在意指这个红，这种新的意识方式使种类取代于个体而成为我们的对象。"（《逻辑研究》II/1，A107/B₁107）在胡塞尔看来，这两种直观都具有合理性，它们"都是用明见性来向我们担保的"（《逻辑研究》II/1，A108/B₁108）。

我们在这里甚至还可以更进一步：按照胡塞尔的分析，不仅个体对象和普遍对象都可以是真实的，都具有对真实性的要求，而且，实际上更为真实的对象还是普遍对象而非个体对象，更为合理的直观还是普遍直观而非个体直观。[①]但我们在这里不再对此进行详述，而是把它放在与第六逻辑研究相关的问题阐述中来讨论。

三、概念实在论的问题

当然，如前所述，胡塞尔所要倡导的是一种观念论立场。因此，在对待普遍之物或共相的态度上，他既反对唯名论，也反对概念实在论。[②]他认为，"在关于普遍对象学说的发展中，有两种错误解释占据了统治地位。第一种错误解释在于以形而上学的方式对普遍之物做实在设定，在于设想处于思维之外的一个实在的种类存在。第二种错误解释在于以心理学的方式对普遍之物做实在设定，在于设想处在思维之中的一个实在的种类存在。"（《逻辑研究》II/1，A121/B₁121）

---

① 当然，从奠基顺序上看，普遍化的意指行为必须奠基于个体的意指行为之上。也就是说，本质的直观必须奠基于个体的、感性的直观之上。

② 胡塞尔在这里所说的"概念实在论"，通常被纳入到宽泛意义上"唯名论"中。如前所述，所谓唯名论，是指那种把普遍对象或普遍概念视为单纯语言名称、或者视为单纯主观意识构成物的一种主张。严格意义上的"唯名论"是指把普遍对象或普遍概念视为单纯语言名称的主张，而"概念论"则是一种把普遍之物看作思维构成物、看作是心理实在的主张。胡塞尔将这种"概念论"划归到"实在论"的范畴下，即"心理学化的实在论"。因此，在第二逻辑研究中所谈的"唯名论"，是严格意义上的唯名论；而在这里所说的"实在论"，则是宽泛意义上的"实在论"，即包含了"概念论"在内的"实在论"。

胡塞尔在这里所说的两种错误都可以说是实在论的错误，即对普遍之物做实在设定的错误：前一种错误指的是柏拉图化的实在论（或曰"老实在论"），后一种错误指的是心理学化的实在论（也被称作"概念论"或"概念实在论"）。由于这两种实在论在近代以来受到了各方面的批评，因此，这两种实在论都在一定程度上得到了消解。但随着它们的消解，人们产生出另一种迷惑："如果种类不是实在之物，并且也不是思维中的东西，那么它们就什么也不是。"（《逻辑研究》II/1，A123/B₁123）也就是说，人们要么把普遍之物看作是与具体的感性现实相并列而存在的另一种实在，甚至是比感官世界更为真实的实在，这里最为典型的例子是柏拉图所描述的理念世界①；要么就是把普遍之物看作是仅仅存在于思想之中的实在，这里的最为典型的例子在胡塞尔看来是洛克的抽象观念学说②。它把普遍之物等同于心理学的体验；普遍与个别的区别因此在于：前者是意识之中的或内在于意识的，后者是意识之外的或超越于意识的。胡塞尔把这两种观点都视为实在论的观点。他在第一逻辑研究中着重分析和批评的是后一种实在论观点，因为，"我们可以将那种柏拉图化的实在论看作是早已完结了的东西置而不论。相反，那些似乎趋向于心理学化的实在论的思想动机在今天显然还有效用"（《逻辑研究》II/1，A122/B₁123）。

对英国经验主义抽象观念学说的分析批评在第二逻辑研究

---

① 在东方哲学中也有相应的主张，如在佛教中与"色界"相对应的"法界"，与"实际"相对应的"真际"，等等。

② 在佛教中可以与此相比附的是和"色法"相对应的"心法"。

中占有核心的位置。胡塞尔的批评主要针对洛克，同时也涉及休谟和贝克莱。

洛克关于普遍之物的学说，实际上是一种概念论的主张，即认为在实在现实中不存在普遍之物，只存在个体之物。普遍之物仅仅存在于我们的意识之中，是我们思维的构成物。因此胡塞尔也将它称作"心理学化的实在论"。

与对心理主义的批评相似，胡塞尔虽然承认，"只要我们谈论普遍之物，它就是一个被我们所思之物"；但他随即便指出，普遍之物"并不因此而就是一个在思维体验中的实在组成部分意义上的思维内容，它也不是一个在含义内涵意义上的思维内容，毋宁说，当我们谈论普遍之物时，它便是一个被思的对象。难道人们会看不出，一个对象，即使它是一个实在的和真实存在着的对象，也不能被理解为是一个思维着它的行为所具有的实在组成部分？而臆想之物和荒谬之物，只要我们谈论它们，也就是一个我们所思之物？"（《逻辑研究》II/1, A123/B₁124）

当然，胡塞尔在这里并不是想把观念之物的存在等同于臆想之物或背谬之物。恰恰相反，通过对这两者的比较，概念实在论的问题便会显露出来：如果按照概念实在论的说法，它们都是在思维之中存在的东西，都是思维的构成物，那么我们为何能够看清并明确地否认根本不存在的臆想和虚构，但在观念之物的存在上却会争论不休呢？胡塞尔认为，这恰恰说明，观念之物"不是一个单纯的臆想、不是一个'单纯的说法'、不是一个真正的虚无"，而是一个在思维行为之外、但同时也被思维行为明见地把握到并因此而与思维发生联系的东西。正是这一点，才使对观念之物的意指有别于对臆想和虚构之物的意指。因此，胡塞尔有理由说，"观念对象则真实地实存着"，因为"我们不仅可以明见无疑地谈论这些对象［……］并且可以想象它们是带有谓词的，而且我们还可以明晰地把握到与这些对象有关的某些范畴真理。如果这些真理有效，那么所有那些作为这种有效性之客观前提的东西也都必然有效。"（《逻辑研究》II/1，A124/B$_1$125）

这里的关键在于，当我们可以说一个事物（无论是普遍事物、还是个别事物）是真实存在的时候，这个事物不会仅仅是我们的意识中的实项的（reell）内容，更确切地说，不会只是随我们意识的产生、变化、消失而产生、变化、消失的感觉材料。所谓真实而非虚妄，通常都与意识的意向（intentional）内容有关。①它与实项内容相比具有一定的恒定性；而且，它虽然需要建基于实项内容之上，但自身包含着超越出实项内容的部分。这里的实项内容例如可以是在一个对红的事物的直观中的红的感觉，而意向内容则可以是这个红本身。实项内容与意向内容的关系也可以说是红这个特征的显现与显现出的红这个特征的关系。它们的关系与在语言层面上一个特征的显现与语词含义本身的关系相似。

正是在这一点上，胡塞尔批评"洛克思路中发生的错误混淆"，因为，"由于语词含义是根据这个标记的显现才充实自身的，因此他将语词含义和这种显现本身混为一谈"。（《逻辑研究》II/1，A131/B$_1$132）"所以，他提出的'普遍观念'实际上是一种对普遍之物的心理学实在设定，普遍之物变为实项的意识材

---

① 关于意识的实项内容和意向内容的区分在后一节还会提到。此外还可以进一步参见笔者《现象学及其效应——胡塞尔与当代德国哲学》，第 396 页上的附录二、表 1；以及笔者《胡塞尔现象学概念通释（增补版）》，第 267 (intentional) / 435－437 (reell) 页。

料。"(《逻辑研究》II/1, A132/B₁132)

当然，观念对象的存在不同于臆想和虚构之物的不存在或虚假存在，这是问题的一个方面。除此之外，这里还有另一方面需要强调，即观念对象的存在也不同于个体之物、具体对象的实在存在。对此胡塞尔说，"我们并不否认，而是强调这一点：由于在观念存在与实在存在之间存在着区别，因而我们要考虑到，在存在之物（或者也可以说：对象一般）的这个概念统一内部就存在着一个根本的范畴区别：作为种类的存在和作为个体的存在的区别。"(《逻辑研究》II/1, A124/B₁125) 这也就是我们在前面谈到的不同的意指对象的不同存在方式。①

四、极端唯名论的问题

洛克的概念实在论，在胡塞尔看来是致使极端唯名论产生的重要原因之一。他认为，"概念实在论的偏激所导致的结果在于，人们不仅否认了种类的实在性，而且也否认了种类的对象性。"(《逻辑研究》II/1, A110/B₁110) 他甚至把整个现代唯名论的起源都看作是对洛克关于普遍观念之学说的过分反应（参见《逻辑研究》II/1, A142/B₁143）。

从上面的分析来看，概念实在论的基本问题在于：它把普遍对象仅仅归结为意识的实项内容，更确切地说，归结为其中的第一性的非意向的体验部分，即感性材料。例如休谟把一切观念都

---

① 或者我们也可以说，不同的存在种类。在西方思想史上，"此在"(Dasein) 和 "如在"(Sosein)、"实存"(existence) 和 "质存"(essence) 等概念都是对这两种不同的存在方式的表达。

还原为印象的做法。而就极端唯名论而言，我们可以用胡塞尔的话来说，它的基本问题在于：把普遍对象同样归结为意识的实项内容，但与概念实在论不同，它是把普遍对象归结为意识实项内容中第二性的意向行为部分。例如 J. St. 穆勒把一切观念都还原为某种心理功能的做法。

对这里和前面所提到的"实项内容"和"意向内容"需要做一个补充说明：这是胡塞尔对意识体验结构因素的一个基本划分。"实项的内容"也被称为"描述的内容"或"现象学的内容"，它包括第一性的、非意向的体验部分（感性材料）和第二性的意向的体验部分（意向活动）。

如果说唯名论的问题仍然在于把普遍对象归结为实项内容，那么这是指：它把普遍对象仅仅归结为其中的第二性的意向体验部分。更具体地说，这就意味着，极端的唯名论仅仅把普遍对象看作是纯粹意识活动能力的结果，例如看作是注意力所具有的一种功能的产物。因此，唯名论的要害在于，把普遍对象等同于某种心理学的普遍功能。由此而得出的结论是明显可见的：一旦我们把一个对象视为单纯的意识构造的结果，那么这个对象对我们来说大致也就相当于一个臆造的或虚构的事物了。

胡塞尔要想说明唯名论的错误所在，就必须指明心理学功能的普遍性与含义内涵本身的普遍性的根本区别。他必须证明，"心理学作用的普遍性并不是属于逻辑体验本身的意向内容的普遍性；或者客观地和观念地说，不是属于含义和含义充实的普遍性。唯名论者已经完全丧失了后一种普遍性。"（《逻辑研究》II/1，A145/B₁146）

因此胡塞尔在第二逻辑研究的第 16 节中以三个并列的形式

"一个 A""所有 A"和"A 一般（种类）"为例，指出这些含义
形式具有不同的逻辑功能，它们无法最终还原为某种心理学的发
生：首先，在"一个 A"的陈述中所涉及的普遍性"属于谓语的
逻辑形式"；其次，在"所有 A"的陈述中所涉及的普遍性"属
于行为本身的形式"；最后，在"A 一般（种类）"的陈述中所涉
及的普遍性则"属于含义内涵本身"。无论是谓语的逻辑形式、
还是行为本身的形式、还是含义内涵本身的形式，它们都不能消
解在任何心理学—发生的考察中。例如，在"一个 A"的陈述中，我
们体验不到任何普遍性，因为它不属于在心理学上偶然的行为的
可能性；但在其中仍然存在着一个明见地隶属于含义意向或含义
充实的形式，即"一个"，它是"一个先天可明察的、属于作为
种类统一的含义"；再如，在"所有 A"的陈述中，我们无法直
接地表象"所有"，但"所有"这个词仍然表明一种特殊的含义；而
在"A 一般（种类）"的陈述中则"种类普遍性的意识必须被看
作是'表象'的一种本质上的新的方式，并且被看作是这样一种
方式，它不仅意味着一种对个体个别性的新的表象方式，而且还
使一种新的个别性被意识到，即种类的个别性"。（《逻辑研究》
II/1, A147－148/B₁148－149）

　　在对这些陈述的范例分析的基础上，胡塞尔最终指出唯名论
的基本错误所在，我们在这里可将这些错误分类为以下几点：

　　（1）唯名论"完全忽略了意识形式（意向形式和与它们相关
的充实形式）的不可还原特性"。

　　（2）"由于缺乏描述分析，它没有明察到，逻辑形式无非就
是这种被提高到统一意识的形式，即本身又被客体化为观念种类
的含义意向形式。而普遍性恰恰也属于这种形式。"（《逻辑研究》

II/1, A149/B₁150)

（3）唯名论"混淆了普遍性的各种概念，我们前面已对它们做过划分。唯名论单方面地偏好那种属于在谓语陈述作用中的各个概念的普遍性，它在这里是一种可能性，即通过谓语陈述而将这些概念与诸多主语联结在一起的可能性。但由于唯名论误识了这种可能性所具有的逻辑—观念的、根植于含义形式之中的特征，因此它把那些对于有关谓语的意义来说必然陌生的，甚至与这种意义不可比的心理学联系强加给这种可能性。"

（4）"由于唯名论同时声称在这些心理学分析中完全阐明了普遍含义的本质，因此它的混淆以尤为粗暴的方式涉及普遍之物的普遍性和种类表象的普遍性。我们已经认识到，这两种普遍性作为寓居于自为的个别行为之中的含义形式而属于这种行为的含义本质。在现象学上属于个别行为之内在本质的东西，现在看上去已经被解释成这样一些心理学事件的游戏，这些事件对于个别行为（而整个普遍性意识恰恰活跃于个别行为之中）不能做出任何言说，除非是以原因或结果的方式。"（《逻辑研究》II/1，A148－149/B₁150）

所有这些错误都可以归结为一点，即对一种特殊意识的视而不见。胡塞尔将这一基本错误理解为唯名论的本质。实际上它不仅意味着极端唯名论的本质，而且也意味着概念实在论的本质。也就是说，宽泛意义上的唯名论的本质在于：它带着澄清普遍之物的意义和理论功能的意图，完全忽略了一种特殊的意识，"这个意识一方面展示在生动地被感觉到的符号意义中，展示在对它们的现时的理解中，展示在可理解的陈述意义中；另一方面展示在那些构成对普遍之物的'本真'表象的相关性的充实行为中。换言之，展示在普遍之物于其中'自身'被给予我们的那种明晰的观念化（Ideation）中。"（《逻辑研究》II/1，A144/B₁ 144－145）

五、传统观念论的问题

这里所说的传统观念论，也就是胡塞尔所说的"传统观点意义上的柏拉图实在论"（《逻辑研究》II/1，A121/B₁122）。虽然胡塞尔的观念论在许多方面不同于柏拉图的观念论（理念论），但他们两人都主张某种意义的观念论，这是勿庸置疑的。这意味着，他们两人都承认观念对象的客观存在。因此，还在第二逻辑研究的引论中，胡塞尔便强调，"在这里有必要在一系列的引论性研究中立即来解决抽象问题，并且通过维护与个体对象并存的种类（或观念）对象的固有权利来确定纯粹逻辑学和认识论的主要基础。这里就是相对主义的和经验主义的心理主义与观念主义的分界点，观念主义才是一门自身一致的认识论的唯一可能性。"但胡塞尔随即便对"观念主义"这个概念做出了进一步的定义："观念主义这个说法在这里当然不是指一种形而上学的教条，而是指这样一种认识形式，它不是从心理主义的立场出发去排斥观念之物，而是承认观念之物是所有客观认识的可能性条件。"（《逻辑研究》II/1，A107－108/B₁107－108）

在上面这段论述中，胡塞尔本人所倡导的观念论一方面要求自己有别于"相对主义的和经验主义的心理主义"，另一方面又要求自己有别于形而上学的教条。在前面的两节中，我们大致再现的主要是前者，即与心理主义划清界限的要求：在许多方面，唯名论都是某种意义上的心理主义，因为它们把具有客观内涵的观念对象还原为意识的实项内容，无论是还原为第一性的非意向的体验部分，即感性材料（概念实在论），还是还原为第二性的意向行为部分（极端唯名论）。这两种做法都是对作为客观含义统一的观念对象的心理主义解释。

而这里还需要说明的是后者，即胡塞尔的观念论与作为形而上学教条的传统观念论划清界限的要求。这个要求同时意味着胡塞尔的观念论与柏拉图的理念论之间的根本差异。虽然胡塞尔本人在第二逻辑研究中没有为此花费许多笔墨，但他的主导意向在这里是明晰可见的。对于胡塞尔来说，在柏拉图的理念论中，观念对象被等同于单纯的意向内容。所谓"单纯的意向内容"，是指脱离开实项内容的抽象意识因素。这种意识内容只是在意识活动中被思考、被意指，但没有在直观中的充实，因而无法获得明见性和清晰性。胡塞尔也将这种意指称为"空乏的意指"，或者我们也可以说，"空乏的理念表象"，因为被意指的内容并不显现出来。这样我们便可以理解，为什么胡塞尔把柏拉图的理念论看作是一种"形而上学"。理念在柏拉图那里属于另一个世界，一个与我们日常所处的感性世界完全不同的世界。对这个理念世界的认识与其说是来自我们后天的经验直观，不如说是来自我们先天的回忆能力。因此，如果说唯名论（极端唯名论和概念实在论）是把观念对象心理学化了，那么柏拉图式的理念论（传统实在论）便是把观念对象形而上学化了。

在胡塞尔这里，观念对象不是某种形而上学设定的内容，而必须是在这样一些意识体验中显现出来的东西，"在这些行为中，对于我们来说，在杂多思维形式中被把握的对象是明见地作为如此被把握的而'被给予的'",换言之,"在这些行为中,概念意向得到充实,获得其明见性和清晰性"。(《逻辑研究》II/1,A221/B₁223)

在这个意义上我们还可以说,柏拉图式的理念论虽然维护了普遍对象的固有权利,但却没有伸张和维护普遍意识的固有权利。胡塞尔与柏拉图的观念论的差异并不体现在本体论上,而是体现在认识论上,或者更确切地说,体现在现象学上。

六、结束语

胡塞尔在第二逻辑研究中还对"抽象"和"具体"的概念进行了分析,从而引出对独立与不独立的内容以及对整体与部分的关系的思考,由此而过渡到第三逻辑研究"关于整体与部分的学说"上去。相对于在第二逻辑研究中所讨论的各种现代抽象理论,胡塞尔将自己的观念直观也称为"抽象",但却是"观念化的抽象和总体化的 (generalisierend) 抽象"(《逻辑研究》II/1,A221/B₁223)。

这种观念直观的抽象在第六逻辑研究中也作为范畴直观出现,并且在胡塞尔以后的著述中还被称作本质直观,以及如此等等。

现象学意义上的本质直观之所以仍然还可以被冠以"直观"的称号,乃是因为,正如我们在前面所指明的那样,它具有所有直观行为所具备的基本要素:第一性非意向体验和第二性意向体验的实项内容与作为被意指对象的意向内容。因此,胡塞尔有理由说:"如果所有那些存在着的东西都合理地被我们视为存在着，而且是我们在思维中借助于明见性而把握为存在着的那样存在着，那么我们就不可能去否认观念存在的特有权利。"（《逻辑研究》II/1, A125/B₁125）

当然，胡塞尔在第二逻辑研究中没有细致地论述观念对象在意识中的特殊被给予方式，没有细致地描述本质直观方法本身，因此他在第二版的前言中表达了某种遗憾："第二项关于'种类的观念统一与现代抽象理论'的研究具有某种封闭性，这是指其风格而言，但也指其局限性而言；这一点使作者觉得无法期望对它做彻底的改造，即便它也得到大量的个别修缮。'观念'的类型在这里仍然未得到阐释，需要对它们做出基本本质性的区分，与它们相应的'观念直观'（Ideation）当然也要得到基本本质性的区分。"（《逻辑研究》I, BXV）但尽管如此，就维护普遍对象和普遍意识的特有权利这个目标而论，第二逻辑研究基本完成了自己的任务。

正是因为第二逻辑研究的努力，以后的舍勒、海德格尔和一大批现象学家在其中看到了他们与胡塞尔之间存在的共同点。这批人的合作使得后来的现象学运动得以可能。也正是因为第二逻辑研究的努力，胡塞尔在《逻辑研究》第一版发表的七年之后才能够在《现象学的观念》的五次讲座中把"本质直观"定义为现象学的标志性方法："至少对于那些能够站在纯粹直观的角度并拒斥所有自然成见的人来说，这样一种认识是比较容易把握的，即：不仅个别性，而且普遍性、普遍对象和普遍实事状态都能够达到绝对的自身被给予性。这个认识对于现象学的可能性来说具有决定性的意义。因为现象学的特征恰恰在于，它是一种在纯粹直观的考察范围内、在绝对被给予性的范围内的本质分析和本质研究。这必然是它的特征；它想成为 门科学和一种方法，目的是阐明可能性、认识的可能性、评价的可能性，从它们的本质根据出发来阐明它们；因为存在着普遍怀疑的可能性，所以现象学的研究是普遍的本质研究。"①

---

① 胡塞尔:《现象学的观念》，倪梁康译，北京：商务印书馆，2017年，第62页。

第四章　第三逻辑研究：
什么是现象学所理解的
"观念整体"和"观念部分"

　　胡塞尔《逻辑研究》的第三研究题名为"关于整体与部分的学说"。之所以在这里提出"整体"与"部分"的问题，乃是因为在第二研究中已经涉及"抽象"内容与"具体"内容等概念对子①，包括"抽象"概念和"具体"概念、"抽象"表象和"具体"表象、"抽象对象"和"具体对象"等等。这对概念与胡塞尔在第二研究的第 40 节中所提及的"独立"与"不独立"内容的施通普夫式区分密切相关。因此胡塞尔在第三研究一开始便

---

　　① 胡塞尔在这里的论述中一再使用"内容"概念，因为"内容"一词比"对象"等概念要更为含糊一些，因此带来的误解也较少。例如，一个内容"红"不一定是一个实在的对象。胡塞尔自己解释说："通常在谈到对象时与在谈到部分时完全一样，人们会不自觉地想到独立对象。在这方面，内容这个术语所受的限制较少。人们也一般地谈及抽象内容。相反，关于内容的说法通常仅仅是在心理学的领域中活动，尽管我们在现在所须研究的这个区分上要提出一种限制，但我们不滞留在这个限制上。"(《逻辑研究》II/1，A225/B₁228 − 229)

说："'抽象'内容与'具体'内容之间的区别表明自身是与不独立内容与独立内容之间的施通普夫式区别相同一的,这个区别对于所有现象学研究来说都具有如此重要的意义,以致于看上去不可避免地要预先对它进行详尽的分析。"(《逻辑研究》II/1,A222/B₁225) 接下来,对"独立的"与"不独立的"内容的分析又会进一步引向"整体"与"部分"的关系问题,用胡塞尔自己的话来说,"对独立的和不独立的内容之间区别的更深入论证会如此直接地导向一门关于整体与部分的纯粹(属于形式本体论的)学说,以致于我们不得不对这些问题进行较为详尽的探讨。"(《逻辑研究》II/1,A223/B₁226)

这样,我们便可以看出从第二研究所讨论的"抽象"与"具体",到第三研究所讨论"独立"与"不独立"以及最后又到"整体"与"部分"的逻辑过渡。而这整个过渡都是在本体论的范围内进行的。所谓"本体论"(包括形式本体论和质料本体论),在胡塞尔那里就是指相应的"本质学"或"本质科学"①。因此,胡塞尔在这一研究中依然处在观念问题的讨论区域中,它与前一项

---

① 对此可以参阅笔者《胡塞尔现象学概念通释(增补版)》中"本体论""本质科学"和"本质学"的条目。关于"形式本体论"和"质料本体论",笔者尤其说明,"胡塞尔在《逻辑研究》和《纯粹现象学和现象学哲学的观念》第一卷中,主要探讨的是'形式本体论',它以'纯粹逻辑学''形式—语义的意识活动学(Noetik)''普遍意识活动学''意识功能学'等标题出现;'质料本体论'或'区域本体论'则是《纯粹现象学和现象学哲学的观念》第二卷的首要课题,它由'物质自然的构造'(关于物质自然的区域本体论)、'动物自然的构造'(关于动物自然的区域本体论)和'精神世界的构造'(关于精神世界的区域本体论)所组成,尽管胡塞尔生前并没有认为,这些研究已经成熟到可以发表的程度。"(第348页)

逻辑研究的课题密切相关。

一、与整体和部分相关的概念对子：复合与简单、独立与不独立、可分与不可分，如此等等

在这项研究中进行的分析初看起来像是语言分析。胡塞尔在这里首先排除了一种误解的可能性，他通过各种方式说明，"整体"并不等于无论大小都相对独立的内容，而"部分"则也并不意味着就是相对不独立的内容。如果不是这样，那么他的"整体与部分"学说就仅仅是对施通普夫"独立内容与不独立内容"学说的继承与展开了。

胡塞尔对"整体"与"部分"的说明，一开始是通过"复合"和"简单"这对概念来进行的。"复合"是指一个内容可以分离为许多部分，"简单"则意味着一个内容不可分离为两个和两个以上的部分。因此，"具有部分的"被定义为"复合的"，相反，"不具有部分的"被定义为"简单的"。胡塞尔本人这样说，"复合性——也恰恰与这个词的词源相近——指明这个整体的许多分离部分，以至于那些不能被'分解'为许多部分的东西，即那些不能被划分为至少是两个分离部分的东西，就必须被标示为是简单的。"（《逻辑研究》II/1, A223－224/B₁227）

显然，这两对概念并不相合。我们至多可以说，所有简单的内容都是整体，因为它们不可再分，自身也就不再含有部分。但我们接下来既不能说，所有复合的内容都是整体，因为一些内容的复合不一定构成一个整体；我们也不能说，所有复合的内容都是部分，因为各个复合的内容本身既可以作为部分而与其他内容

一同构成一个整体，又可以在独立的情况下自己是一个整体。

因此，一个内容的独立与不独立在这里起着至关重要的作用。就整体与部分的关系而言，胡塞尔认为，一个"整体"可以包含独立的"部分"，也可以包含不独立的"部分"。独立的部分也被他常常称作"块片"(Stück)，不独立的部分则大都可以叫作"因素"(Moment)。胡塞尔说，"我们将任何一个相对于整体 G 独立的部分称作'块片'，将任何一个相对于它不独立的部分称作这同一个整体 G 的'因素'（一个抽象部分）。在这里，这个整体本身——绝对地或相对于一个更高的整体来看——是否独立，这是无足轻重的。因此，抽象部分可以再具有块片，而块片也可以再具有抽象部分。"(《逻辑研究》II/1, A260/B$_1$266)

相对于整体而言，整体所具有的各个部分都是相互联结的，否则整体就无从谈起。但这里的联结有的是可分的、有的则不可分。胡塞尔举例说，红与颜色是不可分的，但红的色彩与覆盖它的广延则是可分的。这样，胡塞尔便同时也给出他的"部分"定义："我们在最宽泛的意义上理解'部分'的概念，这个最宽泛的意义允许我们将所有在一个对象'之中'可区分的部分，或者客观地说，所有在它之中'现存的'东西都称之为部分。对象——而且是自在和自为的对象，即从它交织于其中的所有联系中抽象出来的对象——在'实在的'意义上，或更确切地说，在实项的意义上所'具有'的一切，在一个现实地建造它的东西的意义上所'具有'的一切，都是部分。据此，每一个不相关的'实在'谓词都指向这个主体对象的一个部分，例如，'红的'和'圆的'，但不会是'存在着的'或'某物'。同样，每一个在同样意义上'实在的'联结形式，例如空间构形的因素，都应当被看作是整体的一个本己部分。"（《逻辑研究》II/1, A225/B₁228）在胡塞尔这个定义中，整体是最抽象的、也是最宽泛的概念，唯有"某物""存在着"这样的概念能够与它相合。但实际上，整体的概念始终是相对的，例如在红与颜色的关系中，颜色可以是整体，红则可以是部分，如此等等。

毫无疑问，这里所涉及的问题与"先天建基于对象的观念之中的关系种类"（《逻辑研究》II/1, A223/B₁226）有关，与对象的属、种、差的观念有关。一方面我们可以说，最大的整体（属）是独立的，因为它囊括一切，不可能再依赖其他的对象；另一方面我们也可以说，最小的部分（差）也是独立的，因为它无法再划分。①

胡塞尔在这里之所以讨论整体与部分、复合与简单、独立和不独立、可分与不可分这些概念对子，主要的目的是要继续维护观念对象的固有权利。或许这里的讨论可以回溯到对柏拉图的理念论的历史分析和批判上，胡塞尔的分析可以被视为再次从观念论的角度出发对观念对象的进一步维护的尝试，当然这是一种现象学式的维护。例如他否认贝克莱把独立与不独立内容等同于"能分开被表象的"与"不能分开被表象的"内容。

但这里的问题不再是：这些观念对象究竟是客观地、自在自为地存在着，还是仅仅以各种方式为我们所表象而已。现象学所要求的回答方式毋宁在于，不是对这个问题做出非此即彼的选择，而是对内容、对象等概念的含义做出进一步的区分，换言

---

① 应当说，这里的"独立"概念有双重含义：前一个"独立"的意义是"不依赖"，但它是可分的；后一个"独立"的意义是"自立"，它是不可分的。

之，"还需要对现象学的统一因素和客观的统一因素进行补充区分，前者赋予体验或体验部分本身（实项的现象学材料）以统一，后者则属于意向的、一般说来超越出体验领域的对象和对象部分"（《逻辑研究》II/1，B₁234-235）。

观念对象的固有权利表现在，它们不能完全被还原为主观的体验成分，这使它有别于贝克莱式的心理学；当然，观念对象也不能完全被还原为客观的体验内容，这使它有别于柏拉图式的理念论。当我们说独立的内容是独立的时，我们不仅仅是指它们"不能分开被表象"，而且还是指："这些因素可以彼此互不依赖地变更。颜色变更时，广延可以不变；在广延和形态随意变更时，颜色可以不变。但确切地说，这种不依赖的变更性仅仅涉及在它们的属（Gattungen）中的因素的种（Arten）。"（《逻辑研究》II/1，A228/B₁231）

与此相同，在现象学的意向活动和意向相关项的双重意义上，一方面，"可分性无非意味着，在共同联结的并且共同被给予的内容的无限的（任意的、不为任何建基于内容本质中的规律所妨碍的）变更中，我们可以在表象中同一地坚持这个内容；并且这也意味着，它始终不会受到对这些共同被给予的内容的任何一个随意组成的消除而受到影响"；另一方面，"在这里还明见地包含着：这个内容的存在就其自身、就其本质而言根本不取决于其他内容的存在，它就像它本身所是的那样，能够先天地、即按其本质而言存在，即使除它之外根本不存在任何东西，或者，即使在它周围的所有东西都发生随意的、即无规律的变化"（《逻辑研究》II/1，A232/B₁235-236）。

以这种方式，胡塞尔在整体与部分的关系上提出一种现象学的观点，这种观点与他在 1905－1907 年期间提出的构造的思想密切相关，对这种思想的最简单表达就是："对象的任何一种基本形式都具有一种必须为现象学所研究的特殊构造"①。这意味着，整体与部分作为对象，尤其是作为观念对象，也具有现象学所必须研究的特别构造。

二、奠基问题作为整体和部分之纯粹形式理论的核心

胡塞尔本人在《逻辑研究》的第二版中明确地把"关于整体与部分的纯粹学说"称作是"属于形式本体论的"（《逻辑研究》II/1，A223/B₁226）。这意味着，这里所讨论的是观念的整体和观念的部分，或者说，作为整体的观念和作为部分的观念。

构成这个纯粹形式理论之核心的概念是"奠基"（Fundierung）。整体与部分的形式本体论可以说就是围绕这个概念而展开的。当然，"奠基"概念在整个胡塞尔现象学中获得核心地位是在《逻辑研究》之后，而不是在它之中发生的事情。但实际上，胡塞尔在《逻辑研究》中就已经看到了奠基问题的重要性，以至于他这时就已经声言："所有真正进行统合的东西（Einigende）都是奠基关系。"（《逻辑研究》II/1，A272/B₁279）

在第三逻辑研究的第二章第 14 节"奠基概念与相关的原理"中，胡塞尔还只是提出若干基本定义和六个定律（命题）。概括起来说，胡塞尔对"奠基"概念的定义如下："如果一个 α 根据本质规律在其存在上需要一个 μ，以致于 α 只有在一种全面的

---

① 参见 W. 比梅尔："出版者导言"，载胡塞尔：《现象学的观念》，第 6 页。

统一性中与 μ 一起才能存在，那么 α 便是通过 μ 而被奠基。"[1]

如果我们回过来再看部分与整体、独立与不独立的关系，那么从这个意义上说，在独立的部分那里不存在奠基的问题，因为如前所述，"独立"意味着不需要其他内容也可以存在，或者说，不依赖于其他内容的变化。而不独立的部分则与奠基问题有关：一个不独立的内容必定是被奠基的。胡塞尔说："不独立性的意义是在依赖性的肯定思想中。这个内容按其本质来说与其他内容结合在一起，如果没有其他内容与它同时存在，它就不能存在。……所以，不独立的内容只能作为内容部分存在。"(《逻辑研究》II/1，A232/B₁226) 换言之，不独立的内容必定是作为部分而奠基在整体之中（也可以说，是通过整体而得到奠基的）。

在胡塞尔看来，观念整体和观念部分之间的关系就相当于纯粹观念的属、种、差之间的关系，而它们之间的观念规律（并列的或从属的）便处在上述这些奠基关系之中："那些对不独立性的某些等级作出定义的必然性或规律是建立在内容的本质特殊性的基础上，建立在它们的特性基础上；或者更确切地说，它们建立在纯粹的属、种、差的基础上，有关不独立的和补充的内容作为偶然的个别性便从属于它们。如果我们思考这些观念对象的总体，那么我们随之就会具有所有观念可能的个体个别性（存在）的纯粹'本质''实质'(Essenz) 的总体。与这些实质相符合的此外还有'含有实事的概念'，或者说，那些明确区分于'单

---

[1] 这是 P. 江森对《逻辑研究》中"奠基"定义的概括。对于胡塞尔"奠基"思想的扼要说明还可以参见笔者在论著《胡塞尔现象学概念通释（增补版）》中撰写的"奠基"条目（第187－188页）。也可参见胡塞尔本人在《逻辑研究》中所给出的几个定义（《逻辑研究》II/1，A255－256/B₁261－262）。

纯形式概念'的命题和不带有任何'含有实事的质料'的命题。"（《逻辑研究》II/1, A245－246/B₁252）可以说，不仅各个内容之间的联系是观念的、先天的、本质的，而且在它们之间的奠基关系也是如此。

具体说来，一个部分是不独立的，也就是说，它不能自为地存在。这里的本质奠基规律在于：这个内容的纯粹种的内容预设了某些从属的种的内容的存在。胡塞尔将它简单地表达为："不独立的对象是这样一些纯粹的类的对象，在这些对象方面存在着这样一个本质规律：只要它们实存，它们就只有作为某些从属的类的全面整体的一个部分存在。"实际上，这就是关于"部分"的一个分析命题，它并不告诉我们超出这个概念以外的东西。更简单地说，"它们是部分，这些部分仅只作为部分而存在，而不能被思维作某种自为存在的对象。"胡塞尔还以颜色为例，说明一张纸的色彩是这张纸的一个不独立的因素。它不仅事实上是一个部分，而且本质上，"就其纯粹的类而言注定是部分存在"。这是先天决定的，"因为一个色彩一般和色彩纯粹的自身只能作为因素实存于一个有色之物中"（《逻辑研究》II/1, A236/B₁240）。

与此相反的是独立的内容或对象，在它们那里不存在上述本质规律。如果在这里有规律存在，也只是可能性的规律，而不是必然性的规律，即：独立的部分"可以被纳入到全面的整体之中，但它们并不必须被纳入到全面的整体之中"（《逻辑研究》II/1, A236/B₁241）。

胡塞尔将这种不独立性的概念和规律看作是纯粹的，即是说，它们只要是部分，就受这些定义和联系的约束，无论它们的内容本身是什么以及于什么相混杂（参见《逻辑研究》II/1,

A245/B₁251)。从这些定义和命题展开去，我们便可以进入到一个纯粹本体论的领域中去。在这里不仅存在着在独立与不独立、整体与部分关系上的形式本体论和质料本体论，也存在着与此相关和相应的分析定律和综合定律，换言之，"分析——先天的规律和必然性"与"综合——先天的规律和必然性"（参见《逻辑研究》II/1, A246/B₁252)。

三、奠基关系的几种类型

奠基关系的规律属于上面所说的"纯粹形式的规律"，亦即"分析——先天的规律"，即是说，它们可以从相应的概念和定义中被推导出来。胡塞尔在第三研究的第 14 节中便提出对奠基的定义以及由此导出的六个定律或命题。但胡塞尔认为，更为重要的部分关系在于相互间的奠基和单方面的奠基以及间接奠基和直接奠基的问题。

就部分与整体的关系而言，不独立的部分必定奠基于整体之中，这也意味着，它必须在与它所属的整体的其他部分的全面统一中才能存在。在这种情况下还存在着多种可能性。胡塞尔在这里指出其中的几种：相互间的奠基和单方面的奠基、间接的奠基和直接的奠基。

如果我们来观看一个整体的任意一对部分，那么会有如下可能性存在：

1. 在这两个部分之间存在着一种奠基关系。

2. 不存在这种关系。在前一种情况中，奠基可以是：

a）一种相互间的奠基，b）一种单方面的奠基，它根据有关的规律性而是可逆的或不可逆的。（《逻辑研究》II/1, A258/B₁264-265）

对于前一种奠基，胡塞尔举例说：颜色和广延在一个统一直观中相互奠基，因为不带某种广延的颜色、不带某种颜色的广延是无法想象的。而对于后一种奠基，胡塞尔以判断和表象为例：一个判断特征是单方面奠基于作为基础的表象之中的，因为表象无须作为判断基础起作用。

这里的两个例子，一个涉及被体验的内容的类型，一个则涉到体验活动本身的类型。可以初步看出，奠基关系的种类是丰富多样的。我们在下一节还会讨论这个问题。这里我们再来看另一种奠基关系：

一个部分在另一个部分之中的奠基还可以是：

（α）一个直接的奠基，或者

（β）一个间接的奠基，这要取决于这两个部分是处在直接的联结之中，还是处在间接的联结之中。当然，这个关系与前一个关系一样，它并不束缚在个体现有的因素上，而是根据其本质组成与奠基关系有关。在这里起作用的法则是："如果 α₀ 直接地奠基于 β₀ 之中，但间接地奠基于 γ₀ 之中（因为 β₀ 直接地奠基于 γ₀ 之中），那么普遍的并且根据纯粹的本质来说有效的是：一个 α 直接地奠基于 β 之中，间接地奠基于 γ 之中。其原因在于：只要一个 α 与一个 β 联结在一起，它们就是直接地联结在一起，而且还有，只要一个 α 与一个 γ 联结在一

起。间接性和直接性的次序是在纯粹的属中得到规律
性论证的。”（《逻辑研究》II/1，A259/B$_1$265－266）

对于直接的奠基，我们无须再多做说明，上面所举的后一个
例子便属于直接奠基：一个判断必定单方面地奠基于一个表象之
中。关于间接奠基，实际上已经包含在前一个例子中：颜色与广
延是相互奠基的。但这种相互奠基更确切地说是一种间接奠
基。因为颜色（也包括亮度）并不直接与广延发生联系。与广延
的具体规定性相联系的毋宁说是属于颜色的一个差，例如
“红”“蓝”等等。也就是说，特定的颜色如“红”或“蓝”等等
与特定的广延规定性之间的相互奠基关系是直接的，而较高的种
属“颜色”和“广延”的相互奠基关系是间接的。在这两种奠基
关系中，前者即直接的奠基决定了后者即间接的奠基：“这些在
任何时候都是直接的联结和奠基决定了在‘颜色’因素或‘亮
度’因素和‘广延规定性’因素之间的间接联结和奠基。”（《逻
辑研究》II/1，B$_1$266）

四、续论：单方面的奠基关系

这里还有必要特别提及单方面奠基的问题。按照 P. 江森的
说法①，单方面奠基的概念是在胡塞尔后期才得到了更为广泛的
运用。他认为，一方面，这个概念涉及到构造阶段的秩序；另一
方面，它涉及到各种不同意向行为与它们的意向相关项之间的相
互关系。所有高层次的和复杂的行为与对象性都奠基于原初的和

────────────

① 参见笔者《胡塞尔现象学概念通释（增补版）》中江森所撰的“奠基”条
目（第186－187页）。

简单的基本行为与对象之中,例如范畴直观奠基于素朴感性直观之中,逻辑—述谓判断奠基于前述谓的经验明见性之中,所有评价和意愿行为最终都奠基于对素朴感性实体的经验（原信仰）之中，如此等等。

这个结果与胡塞尔在《逻辑研究》之后的超越论的转向有关。如果说在《逻辑研究》中，作为表象内涵或判断内涵的对象或内容的种、属问题还占有重要的位置，即是说，现象学还把自然科学的本质论视为自己的重要任务之一，那么在《逻辑研究》之后，更确切地说，在 1907 年的五次讲座《现象学的观念》之后，胡塞尔的主要注意力便回返地指向意向活动本身，即是说，指向超越论的层面。"超越论的"(transzendental) 在这里意味着一个对"超越是如何可能的"发问方向。意识的构造能力从此成为胡塞尔现象学的核心问题。

在与这里所说的奠基问题的联系中,胡塞尔要讨论的课题便是：这种构造是在何种奠基顺序中进行的?

这一点在《逻辑研究》的第六研究中已经得到初步的表露。胡塞尔在那里进一步给出意识行为的奠基的定义："一个行为的被奠基状态并不意味着，它——无论在何种意义上——建立在其他行为之上，而是意味着，被奠基的行为根据其本性，即根据其种属而只可能作为这样一种行为存在,这种行为建立在奠基性行为属的行为上。"(《逻辑研究》II/2, A650/B$_2$178) 图根特哈特认为，这个意义上的"奠基并不意味着论证［给出根据］,它仅仅意味着：被奠基的构成物如果不回溯到奠基性的构成物上去就无法自身被给予"。[1]

胡塞尔此后的意向分析至少揭示了以下几种奠基关系：

(1) 非客体化行为在客体化行为中的奠基(例如喜悦奠基于表象之中)；

(2) 一种客体化行为在另一种客体化行为中的奠基 (例如述谓陈述的行为奠基于称谓行为之中)；

(3) 符号行为在直观行为中的奠基；

(4) 想象在感知中的奠基；

(5) 非信仰行为在信仰行为中的奠基；

(6) 范畴直观行为在感性直观行为中的奠基；

(7) 被奠基的行为的质料在奠基性行为的质料中的奠基；

(8) 行为质性在行为质料中的奠基；

(9) 行为特征在外感性内容中的奠基；

(10) 述谓判断的明见性在前述谓判断明见性中的奠基；

(11) 意识的主动综合及其构成物在被动综合及其构成物中的奠基，以及其他等等。

所有这些奠基关系又可以从"静态现象学"方面和"发生现象学"方面得到划分，并且最终归结为"有效性的奠基"和"发生性的奠基"这样两个基本范畴，前者是超时间的，后者则与时间有关。[2]在这个意义上的奠基关系中，奠基性的环节也被称之

---

[1] E. Tugendhat, *Wahrheitsbegriff bei Husserl und Heidegger*, Berlin 1970, S. 182.

[2] 详见笔者在《胡塞尔现象学概念通释（增补版）》中所撰的"奠基／

为"起源"。

当然，胡塞尔后期对意识行为的奠基关系的确定并不等于他完全放弃了对意识对象方面奠基关系的确定。只能说，他后期越来越强调，从前一种关系中可以导出后一种关系，或者说，后一种关系可以回溯到前一种关系上。例如，范畴对象之所以奠基在感性对象中，乃是因为，范畴对象在其中自身被给予的范畴行为就是奠基在感性对象在其中自身被给予的感性行为之中。[①]

五、总结与评论

什么是现象学所理解的观念整体和观念部分？这个问题已经在本文的论述中逐步地得到了回答：它们指的应当是处在相互关系之中的形式先天和质料先天，对这个相互关系的最基本概括就是：本质的奠基关系次序；或者我们也可以说，是形式的或质料的属、类、种之间的本质关系。在许多方面，这些论述都会让我们联想到亚里士多德在两种实体的划分以及在形式与质料的划分方面的思考。胡塞尔似乎是在结合柏拉图的观念论与亚里士多德的观念论，并借此来构建一门更为精致的观念论学说。

这个方向的讨论以后在胡塞尔那里并没有成为主要的课题，如前所述，这主要是因为他的兴趣在《逻辑研究》之后便转向超越论的层面。我们虽然可以看到，胡塞尔在完成对第三研

奠基关系"条目，第 187－188 页。

[①] 实际上，这个观点在《逻辑研究》的第六研究中已经被提出来（参见《逻辑研究》II/2，A649/$B_2$177)，只是还没有放在"超越论现象学"的背景下面。

究的修改之后于 1913 年的第二版前言仍对这项研究表示满意，并且说："第三项'关于整体与部分的学说'的研究受到了彻底的改进，尽管在这里无须做出任何令人不满的妥协，无须进行任何补加的纠正或深化。这里须做的是：更好地帮助发挥这项研究的真正意义以及在我看来它所获得的重要结果的效用，消除这里的阐述中所含有的多方面的不完善性。我有这个印象：这项研究被读得太少。对我自己来说，它曾提供过极大的帮助，而且它是充分理解以后各项研究的一个根本前提。"（《逻辑研究》I，BXV）

然而同时也可以注意到的是，胡塞尔本人在修改后的第三研究中仍然将关于整体与部分的纯粹形式学说谦虚地称为一种"先天理论的假设"，而且认为"这个思想只想并且只能被看作是未来对整体与部分之学说的探讨的一个大致阐释"。虽然他在接下来的论述中表明一种信念："在这一章中初现端倪的这些纯粹形式探讨已经表明，这个目的是伸手可及的。无论如何，在这里和在任何地方一样，从模糊的概念构成和理论向数学精确的概念构成和理论的进步是对先天联系之充分明察的前提条件和无可避免的科学要求。""要想对我们所看到的这种纯粹理论加以现实的实施，就必须以数学的精确性来定义所有概念，并且通过形式论证（argumenta in forma），即以数学的方式来演绎这些定理。这样便会产生出一个对在整体与部分的形式中先天可能的复合体的规律性的全面概观（Übersicht），以及对在这个领域中的可能关系的一种精确认识。"（《逻辑研究》II/1，A280/B₁287－288）但是，胡塞尔始终没有将这些设想付诸实施。这门先天理论的大部分仍然只停留在"假设"和"暗示"阶段。得到具体实施的只是在本文第 4 节中得到大致说明的意向活动之构造的奠基秩序,也就是说,只是这门先天理论的超越论部分。

第五章　第四逻辑研究：
如何看待纯粹的含义学、
语法学与逻辑学的关系

在《逻辑研究》的第三研究处理了整体与部分、独立与不独立的内容或对象的关系之后，胡塞尔在第四研究中开始转向独立与不独立的含义问题以及或隐或明地支配着它们的纯粹语法学问题。这里显然存在着一个需要说明的逻辑过渡，否则，胡塞尔就不可能声言"这部著作具有一条系统联结各项研究的纽带"（《逻辑研究》I, BXI）。

第四研究的引论用来概述这个过渡。这个过渡本身含有两个层次：首先是从独立的与不独立的对象到独立的与不独立的含义的过渡。这个层次是比较好理解的，因为我们很容易注意到，与第三研究一样，第四研究也是在第一节中就讨论简单与复合的问题。这是因为第四研究仍然停留在第三研究的总体论域中，即是说，仍然在以整体与部分、独立与不独立、复合与简单等概念为论题。但第四研究又不能被看作仅仅是第三研究的延续，因为在第四研究中，这些概念开始涉及到含义的问题。更确切地说，这里讨论的是独立的与不独立的、复合的与简单的、完备的与不完备的、自义的与合义的含义。因此，胡塞尔实际上是把在第三研究中对独立和不独立对象的一般划分运用于含义领域，"以至于在这项研究中所探讨的这个区别可以被描述为独立与不独立含义的区别"（《逻辑研究》II/1, A286/B$_1$294）。

接下来，对这个过渡的第二个层次的解释就比较困难一些，这个层次是指从独立与不独立含义的区别到纯粹语法学的观念的过渡。因为，第四研究既然被命名为"独立的与不独立的含义的区别以及纯粹语法学的观念"，也就意味着这个过渡的第二个层次构成了整个第四研究的核心内涵。就是说，这个过渡的第二层次实际上就是本文所要论述的中心问题。

一、含义规律、语法规律、逻辑规律的提出

从独立与不独立的含义到纯粹语法学的过渡本身又包含几个必要的步骤。首先可以确定的一个步骤是：对独立与不独立的含义的区分可以"为确定本质性的含义范畴提供……必要的基础，而那些先天的、不考虑含义客观有效性（实在的或现实的真理或对象性）的含义规律便植根于这些含义范畴之中"（《逻辑研究》II/1, A286/B$_1$294）。

这里提到的"含义规律"（Bedeutungsgesetz）在胡塞尔看来并不等同于一般意义上的"逻辑规律"。由于胡塞尔在第一逻辑研究中已经提出：逻辑学就是关于含义本身以及含义规律的科学，因此，对"含义规律"与"逻辑规律"的区分初看起来会令人感到费解。这种费解也会扩展到对后面的含义形式论与纯粹语

法学的区分上去。

那么什么是含义规律呢？或者更准确地说，什么是含义复合体的规律？胡塞尔认为，它们是一些在含义的复合体中起支配作用并且具有将含义复合体的意义与无意义区分开来的功能。但它们还不是确切意义上的"逻辑规律"。胡塞尔将这两种规律的区别概括为，含义复合体的规律"赋予纯粹逻辑学以可能的含义形式，即复合的、具有统一意义的含义的先天形式，这些形式的'形式'真理或'对象性'才是由确切意义上的'逻辑规律'来制约的。前一种规律所抵御的是无意义（Unsinn），而后一种规律所抵御的则是形式的或分析的背谬（Widersinn）、形式的荒谬性。如果后一种纯粹逻辑规律所陈述的是对象的可能统一根据纯粹的形式所先天要求的东西，那么前一种含义复合体规律所规定的则是意义的单纯统一所要求的东西，即：根据哪些先天形式而将不同含义范畴的含义联合为一个含义，而不是制作出一个杂乱的无意义。"（《逻辑研究》II/1, A287/B$_1$294－295）对此，实际上用第一逻辑研究中所举的例子来说明就可以使事态变得更清楚些：当我们用"金山"这个词时，由此产生的含义复合体显然是有意义的，尽管没有一个现实的、经验的对象能够与它相符，即是说，"金山"是有意义的，但却是无对象的。而当我们说"圆的方"和"木的铁"时，由此产生的含义复合体则是无意义的，因为这个含义复合体中的两个基本含义明见地不相容，或者说，先天地不相容。在这两个例子里，确定一个含义复合体是否有意义的既不是现实经验，也不是确切意义上的逻辑规律，而是含义规律，或者说，含义复合体的规律。当然，我们也会说，后一个例子也是不合逻辑的，亦即违背"逻辑规律"的。但胡塞尔之所以一再强调

"确切意义上的逻辑规律"，乃是因为他对"纯粹逻辑学"的定义有宽窄两种。后面我们会看到，广义上的"逻辑规律"把含义规律、语法规律都包含在自身之中，而狭义上的"逻辑规律"则不会去关心"圆的方"是否有意义的问题。

这里还需要说明的是，胡塞尔一方面强调含义规律有别于纯粹逻辑学的规律，另一方面也强调它们不同于经验心理学的规律："人们认为，现代语法学必须建立在心理学和其他经验科学的基础之上。与此相反，我们在这里却明察到，普遍的、尤其是先天的语法学的旧观念通过我们对先天的、规定着可能含义形式之规律的指明就可以获得一个无疑的基础，并且至少可以获得一个经验确定范围的有效性领域。"（《逻辑研究》II/1, A287/$B_1$295）但在这里必须避免一个可能的误解：含义形式论本身是一个处在经验心理学与纯粹逻辑学之间的学科。实际上它是一门从属于广义的纯粹逻辑学的学科。我们还必须对这些学科的界定问题做进一步的说明。尤其是胡塞尔在这里还提到另一种逻辑规律，即纯粹逻辑语法学的规律。它们同样不是确切意义上的逻辑规律，却又属于纯粹逻辑学的领域。[①]这几种规律以及它们分属的领域必须得到进一步的厘清。事实上，第四研究的很大一部分内容都在于论述各个学科之分界的复杂问题。[②]

[①] 胡塞尔的原话是："在纯粹逻辑学之内存在着一个不考虑所有对象性的规律的领域，这些规律不同于在通常的和确切的意义上的逻辑规律，它们有充分的理由可以被称之为纯粹逻辑语法学的规律。"（《逻辑研究》II/1, A287/$B_1$295）

[②] 仅从胡塞尔所使用的各种学科术语命名上便可以窥见这种复杂性之一斑：纯粹逻辑学、纯粹含义学、纯粹逻辑语法学、纯粹含义逻辑学、纯粹逻辑

二、纯粹含义逻辑学的观念

可以注意到，对纯粹逻辑学的定义并不是在作为《逻辑研究》第一卷的"纯粹逻辑学导引"中给出的，而更多是在第二卷的第四研究中。这是因为纯粹逻辑学的内涵在这里得到了较为具体充实的给定。在思考这些具体内涵之前，我们还可以回忆一下胡塞尔本人在《逻辑研究》的出版告示中对"纯粹逻辑学"的界定：在说明纯粹逻辑学"无非是一种对传统形式逻辑学的改造而已，或者也是对康德或赫巴特学派的纯粹逻辑学的改造"之后，胡塞尔说："纯粹逻辑学是观念规律和理论的科学系统，这些规律和理论纯粹建基于观念含义范畴的意义之中，也就是说，建基于基本概念之中，这些概念是所有科学的共有财富，因为它们以最一般的方式规定着那些使科学在客观方面得以成为科学的东西，即理论的统一性。在这个意义上，纯粹逻辑学是关于观念的'可能性条件'的科学，是关于科学一般的科学，或者，是关于理论观念的观念构成物的科学。"[1] 实际上，如我们在前面已经提到的那样，"逻辑学"一词在这里受到了非常宽泛意义的理解，它可以被理解为胡塞尔《逻辑研究》中所说的"纯粹逻辑学"，但实际上更应当被理解胡塞尔后期所说的"形式的逻辑学"与"超越论的逻辑学"之总和。

学的含义形式论、纯粹语法学、纯粹有效性的学说、纯粹含义有效性的学说，如此等等。

[1] 胡塞尔，"作者本人告示"，载于：中文版《逻辑研究》第一卷，第289页。

在如此理解的纯粹逻辑学的定义中包含着丰富的内涵。正如胡塞尔在第一卷中所设想的那样，如果纯粹逻辑学得到了充分的展开，就会成为一门包罗万象的理论的最高抽象，成为一门关于理论一般的理论新科学的最终目的和最高目的（参见《逻辑研究》I, A248/B248），简言之，成为理论科学一般的代名词。

但是，无论纯粹逻辑学的范围扩展得有多远，它都必须建基于观念含义范畴的意义之上，并且因此必须是一门与含义本身以及含义规律有关的科学。就此而论，观念含义范畴或概念构成逻辑学的基础。但如前所述，胡塞尔常常在宽窄两个意义上使用"逻辑"概念，因此，他虽然将"含义规律"区别于一般意义上"逻辑规律"，但却将"纯粹含义形式论"等同于较狭窄意义上的"纯粹逻辑学"，或者说，纯粹逻辑学的含义形式论、纯粹形式论，如此等等（《逻辑研究》II/1, A320/B$_1$341）。严格地说，前一个逻辑概念是狭义的，后一个则是广义的。当然这里还需要做进一步说明。

胡塞尔在这里主要强调两个方面：首先，"含义规律"更确切地说是含义复合体的规律。胡塞尔认为这些规律是客观的。"客观"在这里的意思是指：不以主体的意志和能力为转移。他对此有十分详细的说明："我们在含义与含义的联结中是不自由的，并且因此在有意义地被给予的联结统一中不能对各个因素进行随意的混合。各个含义只能以某种事先确定的方式相互搭配，并且重新构造出有意义的统一含义。联结的不可能性（Unmöglichkeit）是一个本质规律性的不可能性，这首先是指，它不仅仅是一种主观的不可能性，我们无法进行统一的原因并不仅仅在于我们的事实无能（Unfähigkeit）（不仅仅在于我们'精神组织'的压迫）。在我们于此所看到的情况中，这种不可能性更多地是一种客观的、观念的、奠基于含义领域的'本性'和纯粹本质之中的不可能性，并且它本身应当通过绝然的明见性来把握。更确切地说，这种不可能性并不附着在须统一的含义的单个特殊性上，但却附着在它们所属的本质的属上，即附着在含义范畴上。"（《逻辑研究》II/1, A308/B₁318)

其次，胡塞尔强调，探讨和把握含义的原始形态、含义结构以及在此基础上进行的含义的复合、变更的规律是一门纯粹含义科学所需完成的工作。他在这项研究的后面曾概括说："一门已实施的含义科学的任务现在便在于，研究含义的本质规律构造以及建基于其中的含义联结和含义变异的规律，并且将它们回归为最小数目的独立的原素规律。为此显然需要首先探究原始的含义形态及其内部结构，并且与此相关地确定那些在规律中划定了不确定之物的（或者在一个与数学完全相似的意义上：变项的）意义和范围的纯粹含义范畴。"（《逻辑研究》II/1, A314/B₁328)

这里所要阐述的划界问题最初都基于这两个论点之上。我们将这个对纯粹含义学的划界思考过程分为几步：

1. 在一门纯粹含义学中，首先被确定的是客观有效的含义，首先被探讨和把握的是含义的原始形态、它们的本质结构，当然也包括它们的独立性和不独立性以及在独立含义与不独立含义之间的本质区别。在这个意义上，纯粹含义学是对含义的研究。

2. 含义学还要研究与此密切相关的含义规律，更具体地说，含义复合、含义联结和含义变化的先天规律。这些规律表明哪些含义是无意义的、哪些是有意义的。因此它们不同于一般意义上的"逻辑规律"。

3. 正是因为这些含义规律与一般逻辑规律的不同，在含义学与逻辑学之间也存在着一种独特的相互关系：一种几乎可以说是对立的关系。大致说来，胡塞尔把含义学与逻辑学的差异归结为以下几点：其一，含义学不考虑对象性的规律的领域，逻辑学则相反；其二，含义学的规律所抵御的是所谓的"无意义"(Unsinn)它们具有"划分'意义'与'没有意义'的功能"，①而逻辑学的规律所抵御的则是所谓"背谬"(Widersinn)，换言之，逻辑学规律所具有的"划分'意义'和'违背意义'的功能"；其三，含义学所涉及的先天不相容性是一种对象的不相容性，逻辑学所涉及的先天不相容性则是表象的不相容性。

4. 正是因为这些因素，胡塞尔在术语上表现出犹豫：他一方面说，"这些含义规律在宽泛的词义上当然必须被看作是形式逻辑的规律。"另一方面他紧接着又说，"自然，在谈到逻辑规律时，人们所想到的绝不会是这些规律，而是仅仅会想到完全不同的规律，想到那些与我们实际的认识兴趣无比切近的规律，这些规律局限在那些与对象可能性和真理有关的有意义含义上。"(《逻辑研究》II/1, A317/B₁334)

通过上述努力，胡塞尔把含义规律初步地区分于一般逻辑规律。但他立即又提出逻辑学与语法学的划界问题。含义学、逻辑学、语法学的相互关系进入到更为复杂的层面。

---

① 胡塞尔说："那些属于本质含义形式的先天规律并不决定，在这些形式中所应构造的含义是'对象性的'，还是'无对象的'，它们（如果事关命题形式）是否产生可能的真理。根据以上所说，这些规律仅只具有划分意义与无意义的功能。"(《逻辑研究》II/1, A317/B₁334)

三、纯粹逻辑语法学的观念

与在第一逻辑研究中的情况相似，对含义的讨论在第四研究中很快也导向对表达的讨论。这主要是因为，在表达与含义之间存在着一种内在的联系：表达是有含义的符号。我们在这里可以回忆一下胡塞尔的说明："表达这个概念中含有这样的意思，即：它具有一个含义。如前所述，正是这一点才将它与其他的符号区分开来。因此，确切地说，一个无含义的表达根本就不是表达"（《逻辑研究》II/1, A54/B₁54）。与此相关，独立和不独立的含义是与完整和不完整的表达相对应的，而含义的复合与变更也是与表达的复合与变更相对应的。胡塞尔在这里从含义学问题向语法学问题的过渡显然与此相关。他认为，含义学所把握的在独立含义与不独立含义之间的本质区别以及与此密切相关的含义联结和含义变化的先天规律，"必然会在语法的形式论中以及在一个从属的语法不相容性的种类中或多或少地显示出来。"（《逻辑研究》II/1, A313/B₁328）

但胡塞尔在这里和在含义学那里一样强调，语法学同样有别于逻辑学。他甚至认为，"没有什么比对逻辑学和语法学这两个逻辑领域的混淆给关于逻辑学与语法学之间的正确关系的问题讨论所带来的混乱更大了；我们将逻辑学领域和语法学领域明确地区分为较低层的和较高层的领域，并且通过它们的否定性对立面——无意义领域和形式背谬的领域——而描述了这两个领域。"（《逻辑研究》II/1, A321/B₁341）就此而论，有一点可以肯定：含义学与语法学所要把握的都是"具有划分意义与无意义的功能"的规律。因此胡塞尔说，"一堆语词，如'国王但是或者类似并且'，是无法受到统一理解的；每一个语词自身都具有一个意义，但并非每一个复合词都具有一个意义。意义的这些规律，规范地说，须避免的无意义的这些规律将普遍可能的含义形式归之于逻辑学，只有逻辑学才能首先规定它们的客观价值。而逻辑学是以这样一种方式来进行规定，即：它提出完全不同类的规律，这些规律将形式一致的意义与形式不一致的意义、形式的背谬划分开来。"（《逻辑研究》II/1, A317－318/B₁334）

而且我们进一步可以说，在划分含义学与逻辑学时有效的东西，在这里同样对语法学和逻辑学的划分有效。例如，语法学与含义学一样，也不考虑对象性的规律的领域，而逻辑学则相反。还在第四研究的引论中，胡塞尔就已经指出："在纯粹逻辑学之内存在着一个不考虑所有对象性的规律的领域，这些规律不同于在通常的和确切的意义上的逻辑规律，它们有充分的理由可以被称之为纯粹逻辑语法学的规律。"（《逻辑研究》II/1, A287/B₁295）

所有的迹象都表明，胡塞尔把纯粹含义学和纯粹语法学视为两门并列的、在某种意义上与纯粹逻辑学相对立的学科。在这个意义上的"并列"并不意味着互不相干、各行其道，而只是指它们都与逻辑学相对而立。

至于在纯粹含义学与纯粹语法学彼此之间，从胡塞尔的各种说法来看，仍然存在着一种奠基关系，即使他在这里并没有明确地谈及。胡塞尔从一开始就认为，纯粹含义学不能涵盖纯粹语法学的全部领域，"我们绝不能主张，纯粹含义形式论包容了整个普遍—语法学的先天——例如，在那些在语法上极有影响的心理主体之间相互理解的关系中还包含着一个特有的先天"（《逻辑研究》II/1, B₁340)。也就是说，纯粹语法学和纯粹含义学并不是对同一实事领域的两种不同过程角度或对同一问题群组的不同处理方式，而是两个不同层次的学科，对一门学科的研究可以自然地导向另一门学科。

因此，在胡塞尔看来，对含义结构的揭示可以为对表达结构的认识提供可能："在纯粹逻辑学内，含义形式论作为一个自在地看是第一性的和基础性的领域而划定了自身的范围。从语法学的立场来看，它揭示了一个观念的构架 (Gerüst)，每一个事实性语言——有的遵循普遍人类的动机，有的遵循偶然变换的经验动机——都以不同的方式在用经验的质料来充塞和改装这个构架。无论历史语言的事实内容以及它们的语法形式以这种方式在经验上受到多少规定，任何一种历史语言都必定束缚在这个观念构架上；因此，对这个构架的理论研究必然构成对所有语言之最终澄清的基础之一。"(《逻辑研究》II/1, A319 – 320/B₁338 – 339) 在这个意义上，纯粹语法学最终还是奠基于纯粹含义学之中。

四、学科划界的术语说明与意义解释

在上面的引文中，胡塞尔把"含义形式论"说成是"在纯粹逻辑学内"的学科。而且只需稍作留意就可以看到，他也把纯粹逻辑语法学看作是纯粹逻辑学之中的学科，例如他说，"纯粹逻辑语法学在其较狭窄的范围内也是如此，它只研究这些基础中的一个基础，即：这个基础的理论家园就是纯粹逻辑学。"(《逻辑研究》II/1, A320/B₁340) 这种做法的原因，我们在本文的开始就已经提到：胡塞尔是在双重的意义上使用"纯粹逻辑学"一词。当他使用广义的纯粹逻辑学观念时,这门学说也把纯粹含义学和纯粹语法学都包含在自身之中。[①]

这意味着,在广义的纯粹逻辑学中,不仅对意义和无意义的划分得到讨论,而且同样受到讨论的还有对意义和背谬的讨论;这里既关注对象性的规律,也关注非对象的纯粹形式的规律。或者我们也可以说,广义上的纯粹逻辑学包含着两个几乎是对立的领域:在一个逻辑领域中,"关于真理、对象性、客观可能性的问题还始终被排除在外",胡塞尔认为,"人们可以将这个纯粹逻辑学的奠基性领域标示为'纯粹逻辑语法学'。"(《逻辑研究》II/1, A320/$B_1$340)另一个纯粹逻辑领域则专门关注"关于真理、对象性、客观可能性的问题",也可以将这个领域称作"纯粹有效性的学说"或"纯粹含义有效性的学说"。实际上这就是胡塞尔所设想的狭义的纯粹逻辑学。即是说,纯粹含义学、纯粹语法学和狭义的纯粹逻辑学(当然还可能包括其他的学科)一同构成广义的"纯粹逻辑学"。

而较狭窄意义上的"纯粹逻辑学",在胡塞尔的构想中本质上是与纯粹含义有效性的学说相统一的,本质上也是与形式数学相统一的,最终也是与纯粹形式论相统一的。他认为所有这些学科"都必须在一种'普遍数学'的本质统一之中得到探讨"。(参

[①] 由于胡塞尔把含义视为逻辑学的基本要素,因此"纯粹含义逻辑学"在他那里往往与"纯粹逻辑学"是等义的。即是说,纯粹含义逻辑学也可以包含宽窄两个意义。这样便可以理解他的下列说法:"纯粹含义逻辑学的更高目标在于含义的对象有效性,只要这种有效性是受纯粹含义形式的制约,在这门纯粹含义逻辑学中,关于含义的本质构造的学说为含义的形式构造规律奠定了必然的基础。"(《逻辑研究》II/1, $B_1$329)

见《逻辑研究》II/1, B₁341）

　　胡塞尔在《逻辑研究》中曾多次谈及这个与莱布尼茨有关的思想，甚至可以说，这个最初源于莱布尼茨的思想。他在《逻辑研究》第一卷的第 67－72 节中曾详细说明"关于形式化对一门作为普全数理模式 (mathesis universalis) 的逻辑学观念之构造所起的作用"。（《逻辑研究》II/1, A277/B₁285）在此之前的第60 节中，他更为明确地确定："莱布尼茨也是这里倡导的逻辑学观点所依据的伟大哲学家之一。我们相对来说与他离得最近。"（《逻辑研究》I, A219/B219）同时他也指出自己对这个思想的发展："这里所设想的普遍数学的领域因而比莱布尼茨所构想的逻辑演算的范围还要广大得多，他曾经竭力想构想这样一门逻辑演算，但最后未能完全成功。实际上在莱布尼茨的普遍数学中必定也包含着在通常的量的意义上的整个普全数理模式 (Mathesis universalis)（即莱布尼茨的最狭窄的普遍数学模式概念），尤其是因为他自己也一再地将纯粹数学的论证标志为'形式论证。'"（《逻辑研究》I, A221/B221）

　　说到底，如何来命名在纯粹逻辑学这个标题下的各门学科及其实事领域，这只是一个技术的、方法的问题。虽然胡塞尔在这里使用的学科术语纷繁复杂，而且相互交错、常常令人不得其解，但更为深入的分析会告诉我们，仍有一个基本的奠基顺序隐藏在它们的后面。因此，关键在于指出，与纯粹逻辑学有关的学科命名与划分最终是由这个根本的奠基层次所规定的：首先是原始的含义因素和含义结构，其次是它们的复合规律和变更规律，最后是它们的对象的有效性规律。

　　在给出了自己的作为纯粹形式论的纯粹逻辑学构想之后，胡塞尔对传统的逻辑学和"纯粹逻辑学"的思想做出评价。他认为以往的逻辑学正是失足于在纯粹逻辑学范围内纯粹含义学的奠基工作："逻辑学以此方式而缺失一个第一性的基础，缺失了一种科学严格的和从现象学上得到澄清的对原始含义因素和含义结构的区分，并且缺失了对相关本质的认识。这样也就说明，尤其是有许多在一个本质性的方面延伸到这个领域之中的'概念理论'和'判断理论'为什么还没有产生出可信的成果。事实上，之所以出现这种情况，很大一部分的原因在于缺乏正确的观点和目标，在于混淆了那些在此必须彻底划分开来的问题层次，在于那种时而公开、时而披着某些伪装起作用的心理主义。但在这种缺陷中（由于逻辑学家的目光始终关注于形式）显然也证明了包含在这些实事本身之中的困难性。"（《逻辑研究》II/1, B₁342）

至此我们可以理解他在《逻辑研究》一开始就做出的批评，即"负有阐明现时科学之使命的当今逻辑学甚至尚未达到现时科学的水准"，以及同时做出的断言，即"将形式算术普遍化，或者说，对形式算术进行改动，使它在基本不改变其理论特征和计算方法的同时扩展到量的领域以外，这种可能性是显而易见的"（《逻辑研究》I, AVI/BVI）。这些想法在第四研究中得到进一步的具体化。

可以说，从纯粹含义学、纯粹语法学到（狭义的）纯粹逻辑学（纯粹有效性的学说）的过渡，实际上是在胡塞尔所设想的一门广义的、作为纯粹含义学、语法学与形式论之总和的纯粹逻辑学范围之内的一个发展进程。如果这样一门纯粹逻辑学能够成立，那么 B. 罗素所主张的"逻辑是哲学的本质"的想法便得到了某种印证或实现。事实上，胡塞尔的"普遍数学"思想与罗素在数理哲学研究方面的设想都可以回溯到莱布尼茨的原初构想上去，因此在他们两人之间存在着某些可能的联系——即便胡塞尔认定自己是观念主义者，而这个立场在罗素那里只是昙花一现。

值得注意的是，胡塞尔至此为止一直偏重对形式化以及纯粹形式论的强调。这个逻辑学的理解与数学家 D. 希尔伯特在数理哲学中的形式主义立场不谋而合。[1]但胡塞尔在此后的第五研究和第六研究所做的努力，实际上也为数理哲学中另一大流派直观主义提供了依据。在这个意义上，胡塞尔的《逻辑研究》既可以看作是形式主义的逻辑学宣言，也可以看作是直观主义的逻辑学宣言。[2]

最后只需再提及胡塞尔在第二版前言中的回顾性说明："第四项'关于独立和不独立的含义的区别以及纯粹语法的观念'的研究与第三项研究相似。我的立场在这里也没有变化。我对这项研究的文字不仅做了修改，而且还在内容上做了某些充实，这些充实实际上暗示了我即将发表的逻辑学讲座的内容。"（《逻辑研

---

[1] 或许这就是当时（在《逻辑研究》发表后）希尔伯特推荐胡塞尔去哥廷根大学任教的原因。

[2] J. 德里达在他对胡塞尔现象学的批评中也清楚看到了这一点。他明确指出《逻辑研究》处在"两个主要动机之间存在的张力"之中，这两个主要的动机是指："形式主义的纯粹性和直观主义的纯粹性"。德里达据此而展开他胡塞尔现象学的解构。对此，笔者将另择机会进行分析。参见 J. 德里达：《声音与现象——胡塞尔现象学中的符号问题导论》，杜小真译，北京：商务印书馆，1999 年。根据德译本（*Die Stimme und das Phänomen –Ein Essay über das Problem des Zeichens in der Philosophie Husserls*, Frankfurt a. M. 1979, J. Hörisch 译）而有所改动。这里给出的页码分别为中／德文版：19/67。

究》I, BXV）这个说明至少告诉我们，尽管胡塞尔在《逻辑研究》第一版和第二版的十多年时间里，他对现象学的理解有了变化，例如不再把现象学理解为"一门以对体验按其实项组成所做的单纯描述分析为目的"（《逻辑研究》II/1, A21）的学科，然而在纯粹逻辑学的设想上，胡塞尔始终维持着他的最初信念。

第六章 第五逻辑研究: 感受现象学*究竟意味着什么

在整个《逻辑研究》中，第五研究在现象学内部受到的关注最多。或许受胡塞尔影响的逻辑学家、语言学家、数理哲学家、分析哲学家会为《逻辑研究》第一卷和第二卷的前四项研究的重要性各执己见，但现象学家却只会为对第五研究或第六研究的偏好不同而同室操戈。[①]

---

* 根据笔者对胡塞尔的有限阅读知识，他本人没有并使用过"感受现象学"(Gefühlsphänomenologie) 这个词，尽管他在《逻辑研究》中曾从现象学的意识分析角度讨论过"感受""感受行为"的问题。使用这个词的更多是舍勒（参见 M. Scheler, *Der Formalismus in der Ethik und die materiale Wertethik,* Bern und München 1980, S. 11)，我们甚至可以说，舍勒的伦理学就是一种价值感受的现象学，而且它在舍勒的哲学思想发展中占有重要的位置。这和感受现象学在胡塞尔思想体系中的位置恰好形成对照。

① 当然，现象学的外围人士往往也会偏重最后两个研究，例如《逻辑研究》的英译者 J. N. 芬德莱就说："这部著作——特别是其最后两个研究——可说达到了一种亚里士多德式的多方面的深度，并且以一种前无古人、后无来者的方式勾画出意识经验的基本文法。"（参见 E. Husserl, *Logical Investigations*, Vol.1, Eng. trans. J. N. Findlay, London: Routledge & Kegan Paul, 1970,

对于胡塞尔本人来说，"现象学关系中最重要的一项研究"是第六研究而不是第五研究（参见《逻辑研究》I, BXVI）。但由于现象学"从各种对象性出发回问主体的体验和一个意识到这些对象性的主体的行为构形"①的做法在第五研究中表现得最为明显，而且在这里——按胡塞尔自己的说法——"现象学的主要问题（尤其是现象学判断学说的主要问题）得到了探讨"②，因此，它成为现象学的最原初的导引。对意识现象学的理解最终往往要回归到这项研究上来。它在很大程度上意味着胡塞尔意识现象学的起源与奥秘之所在。

从《导引》中的纯粹逻辑学，到第五研究中意向体验的现象学，整个《逻辑研究》都是沿着从意向相关项到意向活动的这样一个"回问"的思路来进行的。这个思考方向和路线贯穿在各项研究之间，它们使得"这部著作具有一条系统联结各项研究的纽带"（《逻辑研究》I, BXI）。

在第四研究与第五研究之间的"系统联结"表现为一种奠基关系，更确切地说，从第四研究向第五研究的过渡实际上是从意

---

p. 2。转引自刘国英：《福柯与胡塞尔的〈逻辑研究〉：意想不到的法国联系》，载《中国现象学与哲学评论》特辑《现象学在中国：胡塞尔〈逻辑研究〉发表一百周年国际会议》，上海：上海译文出版社，2003 年，第 64 页）

① 参见《胡塞尔选集》上卷，第 309 页。这是胡塞尔在 1925 年回顾《逻辑研究》时所做的总结，相关段落的全文是："从各种对象性出发回问主体的体验和一个意识到这些对象性的主体的行为构形，这是从一开始就由某些主导意向所决定的，这些意向当然（当时我的反思意识尚未达到这一步）还不会以清晰的思想和要求的形式表现出来。"

② 同上。

向相关项的较高奠基层次向意向活动较深奠基层次的回溯。它仅仅意味着，被奠基的构成物如果不回溯到奠基性的构成物上去就无法自身被给予。①在奠基关系中，奠基性的环节也被称为"起源"。但这里的"起源"概念不应被理解为发生现象学中的发生"起源"，因为胡塞尔在《逻辑研究》中还只是集中于"纯粹描述心理学的分析"，他似乎并不急于"去顾及那些发生的（genetisch）联系"（《逻辑研究》II/1, A375/B₁398）。

由于笔者在《现象学及其效应——胡塞尔与当代德国哲学》一书上篇第一章中曾对第五研究中胡塞尔的意向性分析做过总体性的（第 3 节）和范例性的（第 4 节）的重构，那里的论述基本上可以被看作是对第五逻辑研究的一个导读，因此，这里不再重复这方面的内容，而是主要关注于对非客体化行为，首先是意向感受行为的描述分析。

一、从意向体验到意向感受

"意向性"是现象学的一个核心概念。它被用来标识意识的最一般本质。也正因为此，第五逻辑研究的标题是"关于意向体验及其'内容'"；而它的第二章则更是被称为"意识作为意向体验"，即是说，意识就是意向的体验。胡塞尔在这个意识现象学的最基本命题上一开始便承认他与自己的老师 F. 布伦塔诺的密切联系。而布伦塔诺本人则把"意向性"问题的传统一直追溯到中世纪哲学中。

这个传统的核心在于：把意向的"心理现象"的最基本特征

---

① E. Tugendhat, *Wahrheitsbegriff bei Husserl und Heidegger*, S. 182.

看作是"意向的"。布伦塔诺这样说："……每一个心理现象都可以通过这样一种东西而得到描述，中世纪经院哲学家们将这种东西称作一个对象的意向的（或心灵的）内实存（Inexistenz），而我们——虽然我们所用的表达也并非完全单义——则将它称作与一个内容的关系、向一个客体（在这里不应被理解为一个实在）的朝向，或内在的对象性。每一个心理现象自身都含有作为客体的某物，尽管不是以同样的方式。"①布伦塔诺在这里把"意向性"先是定义为一种与对象的关系、对一个对象的指向，而后又定义为对客体的不同方式的含有。

从胡塞尔本人在这里对"意向的"一词的说明也可以看出他对布伦塔诺思想的继承："'意向的'这个定语所指称的是须被划界的体验组所具有的共同本质特征，是意向的特性，是以表象的方式或以某个类似的方式与一个对象之物发生的关系。"（《逻辑研究》II/1, A357/B₁378）但与布伦塔诺的定义相比，胡塞尔的这个说明反而显得含糊，因为这种与一个对象之物的关系并没有得到进一步的规定，而布伦塔诺的其他定义（指向关系、含有关系）又没有为胡塞尔明确接受。之所以如此，乃是因为胡塞尔在这里已经接近，但还没有进入到构造现象学的领域中。换言之，意识总是关于某物的意识，这个现象学的基本原理究竟意味着：意识总是指向对象；还是意味着：意识总在构造对象？对这个问题，胡塞尔还没有给出明确的答案。但无论如何，与在布伦塔诺那里的表象、判断、情感的奠基关系一样，在《逻辑研究》中，各

---

① F. Brentano, *Psychologie vom empirischen Standpunkt*, I, Leipzig 1874, S. 115. 转引自胡塞尔：《逻辑研究》II/1, A347/B₁366 – 367。

种意识行为之间的奠基关系仍然是构成胡塞尔现象学的主要讨论课题。

在对这种奠基关系的现象学描述中，胡塞尔首先考虑的是对表象和判断的区分，这个区分已经脱离开布伦塔诺的概念定义系统。在胡塞尔这里，表象是对事物的对象化，例如对一张"桌子"的看，判断是对事态的对象化，例如对"桌子被移动了"的觉察。从语言学的角度看，前者是语词，后者已经是语句。在胡塞尔现象学的理论系统中，它们都还属于客体化行为这个属。用《逻辑研究》以后的术语来说，这类行为可以意向地构造出对象、构造出客体、构造出事态的行为。

接下来是对客体化行为和非客体化行为的区分。胡塞尔认为，客体化行为是非客体化行为的基础。所谓非客体化的行为，是指本身不具备客体构造能力，但却仍然指向客体的行为。一般说来，客体化行为可以被等同于认知行为，而非客体化行为则大都意味着情感行为和意愿行为。我们还不能说，认知行为都是意向的，情感行为和意愿行为都不是意向的。因为，情感行为和意愿行为不是客体化的行为，但却是指向客体的行为。现象学意义上的"意识总是关于某物的意识"并不是说，意识总在构造对象，而是说，意识总是含有对象。例如，喜欢一个事物并不意味着构造出这个事物，但却至少意味着意向地包含这个事物、意向地拥有这个事物，否则这种喜欢便是空穴来风。

由此我们可以在胡塞尔那里区分出在涵义上有宽、窄之别的"意向的"或"意向"概念。如果我们把"意向的"定义为"构造对象的"，那么情感行为和意愿行为就是"非意向的"。但如果我们把"意向的"定义为"指向对象的"，那么情感行为和意愿行为就是"意向的"。前一种情况所反映的是狭义上的"意向性"或"意向"概念，后一种情况涉及广义上的"意向性"或"意向"概念。

这样，我们便可以直接切入胡塞尔在第五研究中所谈及的"意向体验"与"非意向体验"的问题了。

当胡塞尔在第二章中讨论"意向体验"和"非意向体验"时，他所使用的"意向的"一词显然是狭义的，因为宽泛的意义上，所有体验都应当是意向的。暂时撇开"意向体验"范畴不论，"非意向体验"应当与情感行为和意愿行为有关。它们也就是胡塞尔在这里所讨论的"感受"（Gefühl）或"感受行为"（Gefühlsakt）。

我们在这里可以回顾一下：客体化行为是严格意义上的意向行为，它们构造对象和事态，据此而可以分成表象和判断两种（胡塞尔以后将它们称为直观和判断）行为。非客体化行为是宽泛意义上的意向行为，它们含有对象，但并不构造对象，正因为此，它们必须以能够构造对象的行为、即客体化行为作为基础。

二、感受行为的意向性问题

在布伦塔诺那里也有对"心理现象"的进一步分类，即对"表象""判断"和"情感活动"的奠基关系的确定。胡塞尔说，"如所周知，布伦塔诺将心理现象划分为表象、判断和情感活动（'爱与恨的现象'）"（《逻辑研究》II/1, A347/B₁367）。这实际上是胡塞尔对客体化行为（表象＋判断）与非客体化行为之划分的思想来源，当然也是另一位现象学家 M. 舍勒的"感受现象学"的思想来源。后面我们会再回到这个问题上来。

一般认为，表象和判断的意向性是显而易见的，表象总是对某物的表象，判断总是对某个事态的判断，这些行为都是对象性的。而在感受行为这里，情况就变得复杂起来。这种复杂暂时还不是海德格尔式的复杂，例如他所说的无对象的"畏"、无客体的"烦"，如此等等。在《逻辑研究》中，胡塞尔暂时还没有去考虑这些非意向的"基本情绪"。他在这里所举的例子大都是："例如对一段乐曲的喜爱，对一声刺耳的口哨的厌恶等等"，它们具有自己的对象，即这里的特定乐曲、特定口哨。胡塞尔在第 15节 a 中所讨论的是否存在的"意向感受"，就是指这样一类指向对象的感受行为或情感行为。

这里的讨论初看上去像是一个术语定义的问题，但细究起来却涉及到哲学的基本问题。

承认感受的意向性的人，认为感受也有对象，如对某物的喜好、对某人的厌恶等等。因此，感受"确实具有一个与对象之物的意向关系"（《逻辑研究》II/1, A366/B₁388）。而"否认感受之意向性的人说：感受只是心态（Zustände），不是行为、意向。每当它们与对象发生关系时，它们总要借助于与表象的复合。"（《逻辑研究》II/1, A367/B₁388）

在这两种观点中，真正的分歧并不在于一个感受行为是否含有对象的问题，而是在于一个感受行为如何含有对象的问题。如果感受行为必须指向对象，如胡塞尔举例所说，"一个没有被喜欢之物的喜欢却是不可思议的"①，而且感受行为本身又不具有

---

① 胡塞尔接着说："一个没有被喜欢之物的喜欢之所以不可思议，这不仅仅是因为我们在这里所从事的是相关性表达；即这样一些表达，就像我们说一个没有原因的结果，一个没有父亲的孩子是不可思议的一样；而且还因为喜欢的种类本质要求这个与被喜欢之物的关系。"因此，"没有一个欲求（根

构造（在《逻辑研究》中胡塞尔还没有使用这个词）的能力，那么，在感受行为中被意指的对象就只能是由其他行为提供的，即由能够构造对象的客体化行为（如表象）提供的。在这个意义上，客体化行为可以在没有非客体化行为的情况下进行，而反过来则不可能。所以，非客体化行为是奠基在客体化行为之中的。

照此说来，感受只是含有那些为客体化行为所构造出来的对象，并且在这个意义上是意向的，但它并不能够自己构造对象，并且在这个意义上又是非意向的。

这也正是布伦塔诺的基本观点。正如胡塞尔所指出的那样，"布伦塔诺一方面维护感受的意向性，另一方面自己在并不自相矛盾的情况下主张：感受与所有不是单纯表象的行为一样，必须以表象为基础。"①但布伦塔诺的意向分析仍然引出一个问题，即：在感受行为中究竟存在着两个意向，还是仅仅存在着一个意向。胡塞尔认为，"在布伦塔诺看来，这里有两个意向建造在一起，奠基性的意向提供被表象的对象，被奠基的意向则提供被感受的对象；前者可以脱离后者，但后者却不可脱离前者。而在对立的观点看来，这里只有一个意向，即表象意向。"（《逻辑研究》II/1, A367/B₁389）胡塞尔本人至此为止都没有偏离布伦塔诺的立场，他认为，"在现象学直观中对这个实事状态所做的关注的当下化（vergegenwärtigen）表明，人们显然应当优先采纳布

据其种类特征）不带有被欲求之物，没有一个赞同或准许不带有某些须得到赞同或准许的东西，以及如此等等。"（《逻辑研究》II/1, A368/B₁390）

① 《逻辑研究》II/1, A367/B₁388。胡塞尔在这里引的布伦塔诺的两个观点的出处分别为：布伦塔诺《出自经验立场的心理学》，第一卷，第 116 页以后、第 107 页以后。

伦塔诺的观点。"（《逻辑研究》II/1,A367/B₁389）

当然，这里的语言表达仍然显得有些混乱，因为以下两种解释都可以在此找到依据：其一，在感受行为中只有一个对象，但却有两个意向，即指向同一个对象的两个意向：表象的意向和感受的意向①；其二，在感受行为中有两个对象：被表象的对象和被感受的对象。以一个刺耳的口哨为例：听见这个刺耳口哨是对这个声音的表象，作为对象的声音被构造起来；而对这个刺耳口哨的反感是对这个声音的感受。现在要回答的问题是：这个感受究竟是对"口哨"的感受，还是对"刺耳"的感受？

或许这只是一个术语方面的问题，即一个外在的、非本质的问题。我们是否可以说，感受行为意向地感受被感受的东西，表象行为意向地表象被表象的东西。无论我们把这里的出现的东西称之为两种意向（感受意向和表象意向），还是两种对象（感受对象和表象对象），它们都与同一个东西有关（刺耳的声音）。

但是，问题似乎并不那么简单，甚至会随分析的深入而显得越来越复杂。即便我们可以撇开这样的疑念而不顾：听见声音与感到刺耳，这究竟是两个行为，还是一个复合行为？究竟事关两个对象，还是一个复合对象？我们仍然会面临这样的疑难：这两者之间或这两个因素之间的关系究竟是怎样的。布伦塔诺和胡塞尔——至少是《逻辑研究》时期的胡塞尔——在这个问题上都显得不够明确。胡塞尔承认，"所有这些都是意向，都是我们所

---

① 胡塞尔的说法为此提供了依据："喜欢（Gefallen）或厌恶（Mißfallen）指向这个被表象的对象，没有这种指向，它们就根本不能存在。"（《逻辑研究》II/1,A368/B₁389）

说的行为。它们的意向关系都要'归功于'（verdanken）某些作为其基础的表象。但在这种'归功'的说法中也完全正确地包含着这样的意思，即：它们自身现在也具有那些归功于他者的东西。"（《逻辑研究》II/1, A368/B₁390）这也就是说，它们之间是一种相互蕴涵的关系。然而，他的进一步分析似乎遇到困难。他只是指明：感受行为的进行并不是按这样的顺序，即感受行为先具有一个表象对象，而后这个表象对象又引起一个感受行为的产生。感受行为的进行也不是根据因果的规律，由现实的、外在的事物引发各种感受，而是只需作为意向客体的表象对象，如此等等。他以惬意感为例说，"惬意状况或惬意感觉并不'从属于'作为物理实在、作为物理原因的风景，而是在与此有关的行为意识中从属于作为这样或那样显现着的、也可能是这样或那样被判断的、或令人回想起这个或那个东西等等之类的风景；它作为这样一种风景而'要求'、而'唤起'这一类感受。"（《逻辑研究》II/1, B₁391）这里的"要求"和"唤起"都被加上了引号。这也说明胡塞尔在《逻辑研究》时期的意向分析还没有找到适当的分析手段和工具来分析比客体化行为更为复杂的非客体化行为。

正因为此，在后面遭遇舍勒的价值感受问题时，我们会感到胡塞尔的非客体化行为分析显得有些不足，这种不足甚至会危及客体化行为与非客体化行为之间的奠基关系。

无论如何，感受是"意向的"，这既是在宽泛的意义上，也是在狭窄的意义上。也就是说，非客体化的行为也指向对象，只是以一种不同于客体化行为的方式。

但是，存在着非意向的感受吗？这是胡塞尔在第五研究中所面对的另一个问题。

三、感受行为的非意向性问题

所有感受行为都应当是意向的，这似乎并不奇怪，因为所有意识行为都是意向的，这是胡塞尔现象学的一个基本原理。但真的不存在非意向的感受吗？如果我们真能找出非意向的感受，我们也就同时可以证实胡塞尔意向性原理的非普遍性。

在回答这个问题之前，我们要对"感受"这个行为种类做一逐次考察。首先要考虑的是感性的感受。它包括喜欢、舒适、快乐、疼痛等等。它与我们前面提到的爱、恨、怜悯、厌恶等感受属于完全不同的种类。或者我们可以借助于胡塞尔的术语而把它们概括在痛感（感性的疼痛）和快感（感性的快乐）这两大范畴中。或者可以借助于舍勒的术语而把它们看作是与感性价值（舒适—不舒适）相对应的活动。这类意识行为与感觉（Empfindung）十分接近，因此我们往往把它们与感觉相提并论。例如，当疼感与触觉联系在一起时，灼手的感觉中便包含着疼感和触感。再如，在听到悦耳的声音时，听觉和快感往往不可分离地结合在一起。

那么感觉在胡塞尔的意识分析中占有什么样的位置呢？它是否可以被看作非意向的意识行为或感受行为呢？

所谓"感觉"，在胡塞尔那里是与"素材"（Datum）或"原素"（Hyle）是基本同义的。他赋予"感觉"的这个涵义并没有偏离传统意义上的感觉概念，例如没有偏离布伦塔诺所使用的"感觉"概念，也没有偏离英国经验主义所理解的"感觉"（sensation）概念。胡塞尔把通常的、狭窄意义上的"感觉"定义为"外感知的展示性内容"（《逻辑研究》II/2, A551/B$_2$79）。在这个意义上，感觉，无论是触觉、味觉、嗅觉，还是听觉和视觉等等，它们的确都是非意向的。

胡塞尔本人并不否认感性感受的非意向性。但是，胡塞尔并不认为感觉是一个独立的意识行为，而是把感觉视为一个独立的意识行为的实项内容。[①]这个意义上的"感觉"与"感性材料"（或简称为"材料"）、"感觉内容"是同义的[②]。也就是说，感觉与被感觉到的东西是对一件事的两个不同说法：它意味着意识的原始状态，在这里还不存在主客体的分裂[③]。感觉材料构成了一个意识行为的实项内容。这意味着，在意识中存在着非意向的成分、因素、环节，但一个完整的、独立的非意向意识行为是不可能存在的。

就此而论，"感觉"本身并不是一个完整的意识行为，它只是某些意识行为所具有的一定内容[④]。因此，作为内容的"感觉"与作为意识行为的"感知"(Wahrnehmung) 之间的本质区别在于：前者只能被体验到，后者只能被反思到[⑤]。此外，虽然对象是在"感觉"的基础上通过"统摄"（或者说，"立义"）而被构造出来，但"感觉"本身还不是对象，它仅只为对象提供材料（参见《逻辑

---

① 以下对胡塞尔"感觉"概念的阐述源自笔者《胡塞尔现象学概念通释（增补版）》中的"感觉"(Empfindung) 条目。对此概念的更为详细论述可以参见该书的"感觉""素材""原素"等条目。

② 参见《全集》XXIII, 309："我在《逻辑研究》中能够将感觉与感觉内容等同起来"。

③ 参见 H. U. Asemissen: *Strukturanalytische Probleme der Wahrnehmung in der Phänomenologie Husserls*, Köln 1957, S. 29ff。

④ 《全集》XXIII, 83。

⑤ 参见《观念》I, 第 45 节。

研究》II/2, A707 - 708)；这是"感觉"与对象的本质区别所在。正是在上述这两层意义上，胡塞尔强调："感觉"不是"现象"(Erscheinung)，既不是行为意义上的"显现活动"(Erscheinen)，也不是对象意义上的"显现物"(Erscheinendes)（参见《逻辑研究》II/2, A707 - 708)。

这个对感觉的理解与布伦塔诺的理解是一致的。胡塞尔在这里显然受到布伦塔诺的影响。这从他的论述可以看出来："布伦塔诺就已经在阐释有关感受的意向性问题时指出了这里所讨论的歧义性。他将——尽管不是用这些表达，但根据其意义上是如此——疼感与快感［'感受感觉'(Gefühlsempfindung)］区别于在感受意义上的痛苦和愉悦。前者的内容——或者我干脆说，前者——被他看作是（在他的术语中）'物理现象'，后者则被他看作是'心理现象'，因而它们属于本质不同的更高属。这个观点在我看来是完全确切的，我只是怀疑，感受这个词的主导含义趋向是否在于那种感受感觉，而且那些被称之为感受的杂多行为是否是由于那些本质上与它们交织在一起的感受感觉才获得了这个名称。当然，人们不能把术语的合适与否的问题与布伦塔诺之划分的正确与否的问题混为一谈。"（《逻辑研究》II/1, A371 - 372/B₁393 - 394)

由此可见，胡塞尔基本上接受了布伦塔诺的划分，但没有接受他所采用的术语。即是说，胡塞尔和布伦塔诺都认为，"感觉"和"感受"不是一回事，它们并不属于同一个行为属。"感觉"不是一个独立的意识行为，而只是一个独立的意识行为的一个部分。用胡塞尔的话来说，"它们至多只是展示性内容或意向客体，而本身不是意向"（《逻辑研究》II/1, A371/B₁393)。与此相反，"感受"则是一个不独立的意识行为。所谓"不独立"，是指感受行为并不能单独成立，它只有在一个复合行为中才是可能的。这个复合行为是指一个感受行为与一个或多个表象行为（对象化的行为）的复合。严格地说，感受行为只会出现在与表象行为或对象化行为的复合中。这样，如果我们说，所有行为都是意向的，那么这实际上意味着，感受行为之所以必定是意向的，乃是因为它必定要与一个意向的行为一同出现。

当然，这里所说的"一同出现"只是一个原则性的概括。在实际发生中，我们常常可以看到，感受行为仍然存在，而它建基于其上的表象行为却已经消失殆尽。这种情况反过来也成立。胡塞尔举例说："建基于快感和痛觉之上的行为特征丧失时，快感和痛觉仍可以持续。当引起快乐的事实退而为次时，当它们不再被立义为是带有感受色彩的时，甚或根本不再是意向客体时，快乐的引起（Lusterregung）却仍然还能持续更长的时间；它有可能自己被感觉为是惬意的（wohlgefällig）；它不是作为一个在对象上被喜欢的特性之代表而起作用，而是仅仅与感受着的主体相关，或者自己就是一个被表象的和被喜欢的客体。"（《逻辑研究》II/1, A372/B₁395）

我们还可以把例子举得更具体些：譬如，当某个亲人早已谢世，不再浮现于我们眼前时，我们仍然会感受到悲哀，我们常常将此称之为"无名的悲哀"。再如，莫名的忧郁、凄凉、伤感或无端的兴奋、欣喜也常常与"引发"它们的事物或事件相距甚远，以至于我们并不知道、甚至无法知道它们的起因，如此等等。但在原则上，胡塞尔认为，这些感受必定奠基于"引发"它们的相关事物或事件上。在这个意义上，胡塞尔可以说："每一个行为都

意向地关系到 个从属于它的对象性。这一点既对简单行为有效，也对复合行为有效。即使一个行为是由部分行为复合而成的，只要它是一个行为，那么它就会在一个对象性中具有其相关物。"(《逻辑研究》II/1, A377/B₁401)

这样，我们便回答了本节开始时所面对的问题：感受行为也是意向性的，即是说，它也指向对象，即便不是指向由它自己原造的对象。

四、对感受行为的另一种分析

这样一种对意识行为之间的奠基关系的把握并没有成为现象学运动各个成员的共识。无论是在舍勒的现象学理解中，还是在海德格尔的现象学理解中，认知行为或客体化的行为在与非客体化行为的关系中都不再是奠基性的。但我们在这里仅仅关注舍勒的相关分析。在前面提到的布伦塔诺和胡塞尔对感受行为的意向性分析中，我们曾引用过胡塞尔的一段话："在布伦塔诺看来，这里有两个意向建造在一起，奠基性的意向提供被表象的对象，被奠基的意向则提供被感受的对象；前者可以脱离后者，但后者却不可脱离前者。而在对立的观点看来，这里只有一个意向，即表象意向。"并且他认为，"显然应当优先采纳布伦塔诺的观点。"(《逻辑研究》II/1, A367/B₁389) 当然，后面的分析表明，这里的"意向"一词必须得到严格的定义才能富有成效。在严格的意义上，感受行为含有与意向相关项的双重意指关系：对被表象的对象（例如，看到的或想象的风景）的指向和对被感受的对象（使人感到舒适的风景）的指向。但是，在感受行为中仅仅包含着一个意向的相关项（风景）。令人感受到舒适的风景必须以被直观的（被感知的或被想象的）意向相关项为基础，因为感受活动无法构造自己的意向相关项，它必须借助于通过直观行为构造出来的意向相关项。

然而，到了舍勒这里，情况有所改变，问题也有所改变。在舍勒的意向分析中，感受行为有自己的意向相关项。这个意向相关项并不是借助于客体化的直观行为而被构造出来的各种实在对象和概念对象，而是各种不同的价值："人格价值与物事价值""本己价值与异己价值""行为价值、功能价值、反应价值""志向价值、行动价值、成效价值""意向价值与状况价值""基础价值、形式价值与关系价值""个体价值与群体价值""自身价值与后继价值"。

舍勒所理解的感受与价值的意向关系明确地表露在以下的命题中："在这里，感受活动并不是要么直接和一个对象外在地被放置在一起，要么通过表象（它机械偶然地或通过单纯思考的关系而与感受内容结合在一起）而和一个对象外在地被放置在一起，相反，感受活动原初地指向一种特有的对象，这便是'价值'。所以'感受活动'才会是一种有意义的感受活动并且因此而是一种能够'被充实'和'不被充实'的事情。"他还特别注释说明，"因此，所有'关于……的感受活动'（Fühlen von）在原则上是'可理解的'"①。

---

① M. Scheler, *Der Formalismus in der Ethik und die materiale Wertethik*, S. 263.——以下仅在正文中简称《形式主义》并标出德文本页码，中译由笔者翻译，三联书店于 2004 年初版，商务印书馆于 2010/2018/2019 年修订再版。

我们在这里尤其要关注被舍勒加了重点号的这句话："感受活动原初地指向一种特有的对象"！它意味着，在舍勒看来，感受活动所依据的并不是由表象活动提供的对象，而是它本身所特有的对象，或者说，是由它自己原初地构造出来的对象，亦即价值。也就是说，感受有其自己的对象，表象也有其自己的对象。

如此一来，在胡塞尔那里还有效的感受与表象之间的本质奠基关系，在舍勒这里便不复存在。正是这一点，使得舍勒的感受活动分析完全有别于胡塞尔的相关描述。如果我们考虑到《伦理学中的形式主义与质料的价值伦理学》一书是写在《逻辑研究》发表的十六年之后，那么我们甚至可以相信，舍勒的这些论述恰恰是针对胡塞尔对客体化行为与非客体化行为之间奠基关系的分析而做的，并且是经过深思熟虑的针对性论述。

因此毫不奇怪，舍勒在这里谈及"意向的感受"(intentionales Fühlen)。这里的意向，已经不仅是"指向"意义上的意向，而且还是在"构造"意义上的意向，即所谓"原初的意向感受活动"(《形式主义》，261)。但在进一步说明这个概念之前，我们还需要考察舍勒对整个"感受"的区分。他利用德文的特点把通常所说的"感受"区分为"感受活动"(Fühlen)与"感受内容"或"被感受到的东西"(Gefühl)。在他这里，"感受活动"是意向的，而"感受内容"是被指向的。

撇开"感受活动"不论，在"感受内容"或"被感受到的东西"方面，舍勒至少做出三重的划分：其一，"对状态意义上的感受内容的感受活动，以及它的样式，如忍受、享受。"其二，"将感受活动区分于对象的、情感的情绪—特征（一条河流的静谧、天空的晴朗、景色中的悲哀），在这些特征中虽然包含着情感的、质性的特征，它们也可以作为感受质性被给予，但因此却永远不会作为'感受'而被体验，亦即永远不会自我相关地被体验。"其三，"对价值的感受，如对适意、美、善的感受；感受活动在这里才获得了除它的意向本性之外的还具有的一种认知（kognitive）功能，它在前两种情况中还不具有这个功能。"（《形式主义》，263）

从舍勒的论述来看，感受活动并不始终行使构造对象的功能。在他所列举的三种感受内容中，可以说，感受价值或构造对象是与"客观的"感受内容有关的感受活动，即上述第三种感受内容，因为在舍勒看来，价值以及价值之间的级序是客观存在的。除此之外，还有与"主观的"感受内容（Gefühlszustände，即上述第一种感受内容）相关的以及与"主—客合一的"感受内容（Stimmungen，即上述第二种感受内容）相关的感受活动——尽管舍勒本人并没有这样定义。而严格意义上的"意向感受活动"应当与这里的第三种感受相关的感受活动。这可以在舍勒那里找到依据："我们把这个对价值的接受的感受称作意向感受功能的类别。这样，我们就全然不能说，这种功能乃是通过所谓表象、判断等等'客体化行为'的中介才与对象领域发生联结的。这样的中介唯有状态的感受活动才需要，而意向感受活动却不需要。在意向感受活动的进程中，毋宁说对象本身的世界向我们'开启'（erschließen）自身，只是恰恰从它的价值方面向我们开启。在意向感受活动中常常缺少形象客体，这正表明，这种感受活动自身原本就是一个'客体化的行为'，它不需要以任何表象为中介。"（《形式主义》，264－265）

到了这里，我们就开始面临这样一个问题：在感受行为之间以及在感受行为与其他行为之间存在着什么样的关系，更具体地说，存在着什么样的奠基关系。

五、对奠基关系的另一种理解

至此为止已经很明显的是，舍勒意义上的"感受"具有比胡塞尔的"感受"概念宽泛得多的外延。它甚至把表象和判断的活动，即舍勒所说的"认知的功能"也包含在自身之中，例如对真假的判别等等。这在一定程度上是由"感受行为"的意向相关项所决定的。

在《伦理学中的形式主义与质料的价值伦理学》一书中，舍勒一再地借助帕斯卡尔的"心有其理"(Le coeur a ses raisons) 和"心的秩序"(Ordre du coeur) 或"心的逻辑"(Logique de coeur) 的说法。需要注意的是，这里所说的"理"在舍勒看来并不是在智识意义上的理性、理由之"理"，而是"秩序"之"理"和"逻辑"之"理"，更确切地说，是"秩序、法则"（参见《形式主义》，259)。所谓"心有其理"，也就意味着，在感受行为之间存在着合法则的奠基关系和奠基秩序。

如果我们在这里谈及本质的奠基关系，或者说，合乎法则的奠基关系，那么对于舍勒而言至少需要顾及三个方面的可能奠基关系，它们从宽到窄分别为：1. 在意识行为总体中，非感受行为与感受行为之间的可能奠基关系；2. 在感受行为的总体中，非意向感受行为与意向感受行为之间的可能奠基关系；3. 在各个意向感受行为之间的可能奠基关系。

我们由后到前，亦即由下而上地逐次考察这三个方面的奠基关系。

首先是在各个意向感受行为之间的奠基关系。对舍勒来说，各种不同的价值处在一个客观的、等级分明的体系之中：从感性价值（舒适—不舒适）到生命价值（高尚—庸俗），再由此而上升到精神价值（善—恶、美—丑、真—假），直至神圣之物和世俗之物的价值。这个奠基关系体现在价值的等级秩序上便是四个层次的划分：感性价值与有用价值、生命价值、精神价值以及世俗价值和神圣价值。与此相对应地是四种不同的感受层次：感性感受、生命感受、心灵感受、精神感受。对价值的感受和被感受的价值之间具有类似于胡塞尔意向活动与意向相关项之间的对应性。舍勒自己也曾说："这种感受活动与它的价值相关项的关系恰恰就等同于'表象'与它的'对象'的关系——恰恰就是那种意向关系。"（《形式主义》，263）

在这里基本上可以确定的是：在意向感受活动这个感受类别中，相应的价值相关项之间的奠基关系决定了各个意向感受活动之间的奠基关系，因为"行为与它们的价值高度的奠基关系处在本质联系之中"（《形式主义》，229）。

接下来是在所有感受行为中意向感受行为与非意向感受行为之间的奠基关系。所谓"意向的"行为，在舍勒那里是指："它们可以意指一个对象，并且在它们的进行中能够有一个对象之物显现出来。"因此，他有理由说，意向感受行为就是客体化行为。他也把这个意义上的意向感受行为称作"情感体验"，"它们恰恰构成了最严格意义上的价值感受活动"。这种"情感体验"或"价值感受"本质上不同于他所列举的第一种感受行为，即"状态感受"，因为"状态感受"要借助于客体化行为的中介，而"价值感受"则直接把握到价值。换言之，前者"是'在某物上'（über etwas）感受着"，而后者"是我们直接就感受到某物、感受到一个特定的价值质性"。（《形式主义》，264）

在这个范围内，并且仅仅在这个范围内，舍勒可以声言，"我们是以现象学的最高原理为出发点的"。这个原理在他那里就意味着，"在对象的本质和意向体验的本质之间存在着一个联系。而且是一个我们在一个这样的体验的每个随意事例上都可以把握到的联系。……就其本质而言，价值必须是可以在一个感受着的意识中显现出来的。"（《形式主义》，270）

但是，前面的论述已经表明，胡塞尔所认定的在感受行为与表象行为之间的普遍有效的奠基关系，在舍勒这里则仅仅对某一种感受行为有效：惟有状态的感受行为才奠基于表象行为（确切地说：客体化行为）之中。

舍勒虽然没有明确表达意向感受行为（价值感受行为）相对于其他感受行为所具有的奠基地位和作用，但这几乎是可以从他的论述中自明地得出的结论。除此之外，他还特别强调，"感受统一与价值统一对各个在语言中表达出来的世界观起着引导的和奠基的作用。"（《形式主义》，265）

这已经涉及到感受行为与非感受行为之间的最终奠基关系问题。尽管舍勒赋予感受行为的领域非常宽泛，他仍然也确认了许多其他的基本意识种类，诸如"知识着、意愿着、感受着、爱着和恨着的意识种类"（《形式主义》，382）等等。当然，舍勒在概念的划界方面并不十分严格，在这里已经可以看到类似概念重叠的痕迹：他在这里把爱和恨的意识行为与感受行为相并列，但在后面又认为它们隶属于感受行为："爱和恨构成我们的意向生活与情感生活的最高阶段"（《形式主义》，266）。同样，这里列出的知识着的意识行为在一定程度上也包含在意向感受行为之中，因为对善—恶的判别也属于价值感受的行为。所以，当舍勒说"一切在此意义上关于善与恶的经验都以对善和恶是什么的本质认识为前提"（《形式主义》，65）时，他指的并不一定是传统意义上的认识行为，而更多是价值感受、价值把握的行为，这种行为在舍勒那里相当于"伦常明察"（或"本质直观"）一类的认知性的意识活动。他甚至把对较高价值的偏好（Vorziehen）和对较低价值的偏恶（Nachsetzen）的行为也看作是认识行为，而不是意愿行为。（《形式主义》，47）

因此，在舍勒那里，讨论认知行为与情感行为、表象行为与感受行为、客体化行为与非客体化行为之间的奠基与被奠基几乎已经失去意义。这些概念在他那里并不像在胡塞尔那里构成截然的对立。虽然他在论述中还常常表露出这方面的划分，但那也仅仅意味着他还仍然处在康德、布伦塔诺和胡塞尔对知识行为、情感行为和意愿行为的两分或三分的影响之下。即便如此，在舍勒那里仍然可以清楚地看到他对这样一个奠基顺序的强烈反叛和颠覆的趋向。

综上所述，从胡塞尔的《逻辑研究》到舍勒的《伦理学中的形式主义与质料的价值伦理学》，"感受现象学"经历了一个根本的转变。这个转变是在现象学内部进行的，即是说，感受现象学无论在胡塞尔还是在舍勒那里都仍然是现象学，都仍然与形而上学的预设相对立。舍勒曾明确地说："我们同样也排斥绝对的本体主义，即那种认为有可能存在按其本质不可被任何意识把握的对象的学说。任何一个对某个对象种类之实存的主张都根据这个本质联系也都要求给出一个这个对象种类在其中被给予的经验种类。"(《形式主义》, 270) 但是，由于胡塞尔和舍勒赋予感受行为的奠基意义的不同，它在整个现象学意向性分析中也就占有了根本不同的位置。感受行为的位置变更进一步导致理论哲学与实践哲学在胡塞尔和舍勒现象学体系中的位置变更。

第七章　第六逻辑研究：
现象学如何对意识进行动态描述分析

一、引论：关于第六逻辑研究的写作历史背景说明

在整部《逻辑研究》中，第六研究构成第二卷的第二部分，其篇幅与第一卷相当，在内容上也与第五研究紧密衔接。但是，第六研究却有着自己独到的历史。在 1913 年再版《逻辑研究》第二卷第一部分时，胡塞尔曾在第二版序言中预告说："重新加工后现在正在付印的第六项研究，也是现象学关系中最重要的一项研究，构成本书第二卷的第二部分。我很快便坚信，仅仅根据原先的阐述对旧内容做逐节的修改是不够的。虽然这里的问题组成也应当始终是唯一决定性的东西，但我已对这些问题有了进一步的认识，而且又不愿放弃那些'准则'进行妥协。因此，我便完全放手地进行工作并加进了许多新的章节，以便将那些在第一版中未得到充分探讨的重大课题科学地贯彻下去，这就使得这项研究的篇幅得以大幅度地增长。"（《逻辑研究》I, BXVI）但是，第一部分再版之后，第二部分并没有紧跟着再版，因此这个预告一直没有得到兑现。

　　直到 1921 年，胡塞尔才能够把作为第二卷第二部分的第六研究提供给读者，并且在这项研究的前言中致歉说："我很抱歉，摆在读者面前的这个新版《逻辑研究》之结尾部分与我在 1913 年为本书第一卷第二版所做序言中的预告并不相符。我不得不做出决定：不再发表已彻底修改过的文本——这个修改过的文本的相当大部分在当时已经得到付印——而是发表原先的、只是在几个篇章中得到了根本修正的文字。"（《逻辑研究》II/2，B₂III)

　　可以注意到，胡塞尔在这里提到了两份修改的文字：一份是"已彻底修改过的文本"，一份是"原先的、只是在几个篇章中得到了根本修正的文字"。第一份文字是指胡塞尔在 1913 至 1914 年为修改或重写第六研究所做的艰苦努力。在此期间，胡塞尔本人曾在给 J. 道伯特的信中说："第六研究的修改最为艰难。"他的妻子在给道伯特的信中甚至说："这是胡塞尔所做过的最困难的工作。"①但这些努力并没有获得预期的效果，更确切地说，没有达到胡塞尔本人满意的程度。于是胡塞尔虽然已把这份文字的一部分（前面四章）交付印刷，但他思量再三，最终仍然决定放

---

　　① 参见《全集》XX/1，编者引论，第 XIV－XV 页。还可以参见胡塞尔在给 G. 封·施贝特信中对此状况的一段有趣描述："我在这个冬季还了礼。或许是对去年的创造力的回报，眼下的所有工作都如此难以出手，我不得不殚精竭虑，这样才能直观地兑现那些原有的明察，并且才能如我对自己所严格要求的那样，在我的阐述中如实地追复描画那些被直观到的东西。让我忐忑不安的是，由于这个持续的现象学雨、雾天气，我已经浪费了许多时间，我的《逻辑研究》最后一部分的任务又得拖后几个月。'艺术是长远的，而我们的生命是短暂的'。"转引自《全集》XX/1，编者引论，第 XVI 页。

弃，并准备重新撰写。

然而，这类计划一旦搁置，再想从头开始就会加倍困难。这里首先存在着内在的原因，即时隔多年，胡塞尔对许多问题有了新的理解，这使得简单的修改愈发难以满足要求。他不断面临的问题在于："究竟何时才能使这里的工作与在此期间已经获得的进展相应合，何时才能对这项工作进行文字上的重新加工；我在加工时究竟是继续利用第六项研究的文字，还是赋予我的那些在内容上已远远超出第六项研究的构想以一部全新著述的形态。"（《逻辑研究》II/2, B₂IV）除此之外，推延再版还有外在的原因，例如第一次世界大战的爆发，再如胡塞尔自 1916 起在弗莱堡大学接受的新教职，如此等等。

直到 1921 年，胡塞尔在犹豫了很久之后，决定放弃对第六研究做大修改的计划，而只是发表"原先的、只是在几个篇章中得到了根本修正的文字"。从他在前言中的表达来看，这是一个不得已而为之的做法：他既不能不修改就发表原先的文字，也无法完成彻底的修改，只好选择一条中间道路："根据这些情况，我屈从了本书的朋友们的急迫愿望，不得不决定：至少是以原初的形态将此书的结尾部分再次交付给公众。"（《逻辑研究》II/2, B₂IV）

目前作为标准版正式发表的《逻辑研究》第二卷第二部分，便是依据这个版本，它比第二卷第一部分的出版迟了八年。而在 1913 至 1914 年对第六研究所做的修改或重写，则被胡塞尔作为手稿保存下来，经 U. 梅勒等几任编辑，作为《逻辑研究》第六研究的补充卷出版，纳入《胡塞尔全集》的第二十卷，2002 年出版了第一部分。①我们在这里暂且还无法讨论这些补充文字，而只能关注胡塞尔本人于1921年发表的第六研究修改版。

与第一版相比，这个修改版的基本变动可以概括如下：第一篇"客体化的意向与充实。认识作为充实的综合以及综合的各个阶段"没有受到多少改动，用胡塞尔的话来说，"几乎是得到了逐字逐句的重印"。第二篇"感性与知性"则得到了"深入的加工，它在文字结构上得到了多重的改善"。第三篇"对引导性问题的澄清"的文字同样没有受到改动。最后，关于"外感知与内感知"附录的结构"得到了相当大的改善"。（参见《逻辑研究》I, B_2IV－VII）

这里所概括的"基本变动"，从内容上说，虽然不是胡塞尔所希望的"彻底修改"，却又仍然称得上"根本的修正"。这从前面所引的胡塞尔文字中已经可以看出。这涉及到两次修改文字之间的区别问题。从胡塞尔本人在1913年进行彻底改动时所说的话来看，这个区别很难说是本质性的。因为，即使胡塞尔当时曾说，"我现在是完全彻底地进行重新工作"，而且"在原先的文字中几乎没有什么值得一提的"，但他同时也依然承认，在"所阐述的核心还是原先的思想，只是做了更清楚、更成熟、更确定的理解（根据我在1902－1910年间的详细研究）"②。

---

① 参见：Husserliana Band20/1, Edmund Husserl, *Logische Untersuchungen. Ergänzungsband. Erster Teil. Entwürfe zur Umarbeitung der VI. Untersuchung und zur Vorrede für die Neuauflage der „Logischen Untersuchungen"* (Sommer 1913). Hrsg. von U. Melle, Kluwer Academic Publishers, 2002。

② 转引自《全集》XX/1, 编者引论，第XVI页。

二、现象学的动态意向分析的基本特征

胡塞尔在《逻辑研究》中的意向分析带有一个基本的划分：静态的和动态的意向分析的划分。胡塞尔自己说，"我们可以轻而易举地证明在静态的和动态的充实或认识之间的无可置疑的现象学区别。在动态关系中，各个关系环节与那个将它们联系在一起的认识行为是在时间上相互分离的，它们在一个时间构形中展开自身。在作为这个时间过程之持恒结果的静态关系中，它们处在时间的和实事的相合性中"（《逻辑研究》II/2，A506/B₂34）。这意味着，静态的分析是一种共时性的分析，动态分析则是一种历时性的分析；前者是在同一个时间点的设定下完成的，后者则是在对时间过程的设定下完成的。这些含义，当然已经包含在"静态的"和"动态的"这两个概念本身的含义中。那么，当这两个概念被用于现象学的意向分析时，它们又具体地意味着什么呢？

第五逻辑研究中的现象学意向分析，主要涉及各种意识行为之间的奠基关系，以及"含义"与"直观"的相合关系问题。胡塞尔在第五研究中大都是从"静态"的方面探讨"充盈"（Fülle）与"质料"（Materie）的相合关系，它也可以被看作是在"被给予者"（Gegebenes）与"被意指者"（Gemeintes）之间的相合关系。例如，在我们切实看到的桌子的一个侧面与我们所认定的"这张桌子"之间，存在着某种程度的相合关系。它是由意识的意向能力（或统摄能力、立义能力）所决定的。

在第六逻辑研究中，胡塞尔又在总体上转向对"意指"与"充实"之间的"动态"相合关系研究，这个关系也就意味着"意义

给予"与"直观充实"之间的关系。在静态关系中，胡塞尔认为，"意指本身并不是认识。在对单纯象征性语词的理解中，一个意指得到进行（这个语词意指某物），但这里并没有什么东西被认识。"（《逻辑研究》II/2，A505/$B_2$33）因此，真正的认识启蒙还是在第六研究中进行的，即是说，认识如何可能的问题是在这里才被提出并得到一定的回答。

所谓的"认识一个对象"，在胡塞尔那里就意味着"充实一个含义意向"。他认为，"这两种说法所表达的是同一个事态，区别仅仅在于立足点的不同而已。前者的立足点在于被意指的对象，而后者则只是要把握两方面行为的关系点。"（《逻辑研究》II/2，A505/$B_2$33）他甚至更偏好"意向含义的充实"的说法，因为，"从现象学来看，行为在任何情况下都存在着，而对象则并不始终存在。因此，关于充实的说法更具特色地表达了认识联系的现象学本质。"（《逻辑研究》II/2，A505/$B_2$33）也就是说，对认识之可能性的澄清，更多地要从动态现象学的分析入手。这或许也是胡塞尔最为注重第六逻辑研究的一个原因。

当我们谈及认识的形成时，除了在静态分析中所确定的那些奠基关系以外，还必定会涉及到各个意识行为之间的特殊联系，其中最为根本的便是在符号行为与直观行为之间的特殊关系。胡塞尔将它称为"一个最原始的现象学事实"，并且说，"只要它们发生这种关系，只要一个含义意向的行为有可能在一个直观中得到充实，我们也就会说，'直观的对象通过它的概念而得到认识'，或者，'有关的名称在显现的对象上得到运用'。"（《逻辑研究》II/2，A506/$B_2$34）

这当然还需要得到具体的说明。在静态的意向分析中，我们已经得知，最为基础性的意识行为是感知。在感知中，杂多的感性材料被综合、被统摄、被立义为一个统一的东西。在这里已经有最基本的认识形成，它可以说是初级阶段的认识。但我们一般还不会把它称为"认识"，而是至多称作"辨认"，就像我们不会说，"狮子把面前的一个动物认识为羚羊"。之所以如此，乃是因为，确切意义上的"认识"，一般是指在符号行为中进行的认知活动。

所以胡塞尔在第六研究的开篇就说，"初看起来，前一项研究似乎已经迷失在描述心理学的冷僻问题之中，但它对我们澄清认识之兴趣却有相当大的促进。所有的思维，尤其是理论思维和认识都是在某些'行为'中进行的，这些行为出现在与表达的话语的联系之中。所有有效性统一的源泉就处在这些行为之中，这些有效性统一作为思维客体和认识客体，或者作为它们的解释性根据与规律、作为它们的理论与科学而与思维者相对立。"（《逻辑研究》II/2, A473/B$_2$1）

这里所说的"出现在与表达的话语的联系之中"的"某些'行为'"，指的正是符号行为。这样也就可以理解，为什么胡塞尔在第六研究中为自己所提出的首要任务是："对'符号行为'与'直观行为'这两个完全一般的概念进行现象学的描述，而且这种描述是在向充实现象的回溯中进行的"（《逻辑研究》II/2, A475/B$_2$3）。

这里的论述基本上是围绕这个努力来进行的。我们将说明，一个具体的认识是如何在直观行为与符号行为的交互作用中形成的，或者说，是如何在含义意向和含义充实的动态统一中形成的。

在进入后面的分析之前还只需要说明一点：仅仅强调动态的意向分析与静态的意向分析的区别、动态过程与静态统一的区别还是不够的。要想把握和规定现象学动态分析的基本特征，在动态的分析与发生的分析之间的差异以及它们之间的衔接也是一个极为重要的切入角度。[①]胡塞尔本人无论是在《逻辑研究》中，还是在他的研究后期，似乎都未对这个差异做出特别的明确论述。他本人把《逻辑研究》的现象学分析大都称作"描述现象学的分析"或"纯粹描述心理学的分析"。如前所述，他在这里虽然提到了，但并未专门去顾及"发生的（genetisch）联系"（《逻辑研究》II/1，A375/B₁398）。在他那里，发生现象学的分析是在1916年之后的事情。可以说，与发生分析相对的是描述分析，而描述分析本身又可以区分为静态分析和动态分析。在这个意义上，动态分析与发生分析之间并不存在一个相互对应的对立关系。

三、认识行为中的两种内涵：直观内涵与符号内涵

我们在这里首先从最基本的感知行为出发，然后逐步过渡到

---

① 可以说，在动态分析与发生分析之间虽然存在着区别，但也存在着一个过渡区域或衔接区域。笔者在《胡塞尔时间分析中的"原意识"与"无意识"——兼论 J. 德里达对胡塞尔时间意识分析的批评》（载《哲学研究》，2003年，第 6 期）中曾论及在胡塞尔"现象学的时间意识分析"与"发生现象学分析"之间的区别。这个区别基本上是与这里所说的"动态意向分析"和"发生意向分析"的区别相平行的。但对此应当另有专门的论述，这里无法再进一步展开。

认识行为的基本内涵上，并且最终在后面一节中做出对充实概念的阐释。①

在感知中，杂多的感性材料被综合、被统摄、被立义为一个统一的东西。这时我们说："这是 A"。或者我们仍然举胡塞尔本人所举的例子，我们说："这是我的墨水瓶"。（参见《逻辑研究》II/2，A496/B$_2$24）胡塞尔本人也用另一个例子来说明这个事态："我刚刚向花园看去并且用以下的语词来表达我的感知：'一只乌鸫飞了起来'。"（《逻辑研究》II/2, A486/B$_2$14）他认为，"这个行为不是感知，至少不仅仅是感知……不能对这里的事态做这样的描述，就好像除了语音之外，与语音相联结的感知就是唯一存在的东西，而且唯一决定着表达的含义性"（《逻辑研究》II/2，A486/B$_2$14）。之所以有这种确信，乃是因为胡塞尔在第一逻辑研究中就已经看到并指出：在感知行为不同的情况下，含义可以是相同的。例如，我们的感知可能是这样的："这个黑色动物飞了起来"，"这只深色的鸟飞了起来"。这个情况反过来也成立：在含义不同的情况下，感知行为是相同的。例如，当一只乌鸫飞了起来的时候，看到它的几个人会有不同的感知。感知甚至可以消失，例如乌鸫不再出现，但是，胡塞尔强调，"在此同时表达却不会停止它所始终具有的意指作用"。例如，"听者不必向花园看便可以理解我的语词和整个语句；只要他信任我的真实性，他无须感知便可以得出同一个判断。"（《逻辑研究》II/2, A487/B$_2$15）

---

① 由于笔者在《现象学及其效应》上篇的第一章第 3－4 节中已经再现了胡塞尔意向性分析的基本内容和意义，尤其是从静态结构方面，因此这里不再重复例如对质料、质性、材料等概念说明，而是仅仅集中于对认识行为之动态过程的描述分析。

这个例子足以表明，这里所说的复合行为是一个远比感知行为更多的行为。

从静态分析的观点看，前一个行为是感知行为，后一个行为是语言表达，亦即符号行为。而从动态分析的角度看，这是一个复合的认识行为。可以说，在严格意义上的认识行为都是复合行为。之所以可以将符号行为与直观行为标识为一个行为，乃是因为从认识现象学上看，这个行为是一个或多或少的相即性行为，胡塞尔也把它称作"充实统一"的行为，它具有"一个它所特有的意向相关项，一个它所'指向'的对象之物"（《逻辑研究》II/2, A507/B$_2$35）。换言之，在静态分析中，感知行为中有一个东西以感知的方式被给予，符号行为中有一个东西以符号的方式被意指。而在认识行为中，一个对象以相即的方式被认识。"相即"在这里是指："思想所意指的东西都是充实的直观完整地作为隶属于思想之物而表象出来的东西"（《逻辑研究》II/2, A590/B$_2$118）。传统认识论中的"思想与事物的相即性"问题在这里获得了一种可能的解答。

这当然还需要得到进一步的说明。这个说明在第六研究中主要是通过"含义意向"和"含义充实"这一对概念来完成的。胡塞尔也将它们称作"含义意向"和"充实直观"，或简称为"意向"与"直观"。在任何一个狭义的认识行为中，这两个因素看起来都是必不可少的。一方面，单纯的意向或意指还不能算是认识，"意指本身并不是认识。在对单纯象征性语词的理解中，一个意指得到进行（这个语词意指某物），但这里并没有什么东西被认识。"（《逻辑研究》II/2, A505/B$_2$33）另一方面，单纯的直观也不能算是真正意义上的认识，即已经提到的狭义的认识，而只能是一种认同行为或辨认行为。胡塞尔在第 23 节中曾明确区分这类行为中的两种内涵"1. 行为的'纯粹直观内涵'，它与在行为中与客体的'显现着的'规定性之总和相符合；2. 行为的'符号内涵'，它与其他的、虽然一同被意指，但本身未被显现的规定性相符合。"（《逻辑研究》II/2, A552/B$_2$80）

如果我们把前一种内涵标识为"i"，把后一种内涵标识为"s"，那么在观念上便产生出两个极限的可能性，一个可能性是：在一个意识行为中只有符号内涵，没有直观内涵。这时的公式便是：i=0, s=1。反过来，如果在一个意识行为中只有直观内涵而没有符号内涵，这时便出现第二种可能性，其公式为：i=1, s=0。

这意味着，当 i 等于 1 时，我们拥有一个纯粹直观的行为。当 s 等于 1 时，我们拥有一个纯粹符号的行为。胡塞尔之所以将此称作"极限情况的可能性"，乃是因为它们在现实中并不存在。我们在这里可以详细地讨论一下这两种情况，由此也可以熟悉一下他所揭示的认识活动的几个基本因素。

A. 纯粹直观行为的可能性

首先让我们来看"纯粹的直观行为"，亦即当 i=1, s=0 时所形成的行为。它意味着：在这个行为中，被意指的（或者说，被认为的）东西与显现的东西完全一致。例如，我认为看到的墨水瓶就是这个墨水瓶本身，即是说，这个墨水瓶完完整整地被我把握到，没有任何遗漏。换言之，行为的直观内涵完全等同于在行为中与客体的"显现着的"所有规定性。但是，这在外感知中（胡塞尔也说，在事物感知中或在空间感知中）是不可能的。因为我不可能同时看到墨水瓶的所有的面，我更不能看到它的里面、它的每一个切面，如此等等。当我看着墨水瓶时，每次都只能看到它的一个部分，但总有一些东西被一同被给予，从而使它被我意指为整体。胡塞尔所举的地毯例子更为贴切：即使我们看到的是被家具挡住了的地毯的一小部分，我们也会立刻把它意指为地毯。在这里，地毯的一小部分是直观内涵的规定性，其他部分则属于符号内涵。可以说，地毯的没有直观地显现出来、却又一同被包含在我所给予地毯的含义中的东西，都是符号内涵。

仅就这里所描述的情况来看，纯粹直观的行为就可以说是不存在的。胡塞尔对感知所做的描述，在这里也同样适用于直观："由于感知宣称给予了我们对象'自身'，因此它实际上也就宣称自己不再是单纯的意向，而毋宁说是一个能够为其他行为提供充实，但自身不再需要充实的行为。这在大多数情况中，例如在所有'外'感知的情况中都是伪称。对象并没有真的被给予，即它没有完完整整地作为它本身所是而被给予。它只是'从正面'显现出来，只是'以透视地被缩减和被映射的方式'以及如此等等地显现出来。它的某些规定性至少是以一种为后一类表达提供例证的方式在感知的核心内涵中被图像化，而另一些规定性则根本都不具有这种在感知中的图像形式；看不见的背面、内部等等组成部分虽然以或多或少确定的方式一同被意指，它们通过第一性的显现之物而象征地被暗示，但它们本身根本不属于感知的直观（感知或想像）内涵。"[①]

　　至此我们至少可以确定，不存在纯粹的外直观行为。每当我们对空间事物进行直观时，在我们的意向中总是含有非直观的成分。外直观的事物、空间事物总是以映射的方式、共现的方式显现出来。因此，胡塞尔把外直观或事物直观也称作"超越的直观"。"超越"在这里是指超越出直观显现的范围。

　　当然，与"超越的直观"相对的是"内在的直观"（immanente Anschauung）。这种所谓的内在直观并不与传统意义上的（如布伦塔诺意义上的）"内直观"（innere Anschauung）相等义。而"超越的直观"当然也不是传统意义上的"外直观"同义词。胡塞尔在第六研究的"附录"中以"外感知与内感知"为标题探讨这两对概念的本质差异。最为概括地说，对我们自身体验的直观是内在直观。这种内在的直观可以是真正意义上的纯粹直观行为。在它之中，行为的直观内涵可以完全等同于在行为中与客体的"显现着的"所有规定性。我所直观到的东西，也正是我所体验到的

质来说无法做到的事情。因而，在某种程度上，在外感知的本质中包含着一个矛盾。……任何一个空间对象都必定是在一个角度上、在一个角度性的映射中显现出来，这种角度和角度性映射始终只是单方面地使这个对象得以显现。无论我们如何完整地感知一个事物，它永远也不会在感知中全面地展现出它所拥有的、以及感性事物性地构成它自身的那些特征。这里不可避免地要谈到对象所具有的、被现实地感知到的这些和那些面。每一个角度、每一个持续进行着的、个别的映射的连续性都只提供了各个面。我们坚信，这不仅只是一个单纯的事实：一个竭尽无遗地包含了被感知之物所具有的所有感官事物性内涵的外感知是不可想象的，一个可以在最严格意义上的封闭感知中全面地、从它感性直观特征的所有方面被给予的感知对象也是不可想象的。"（《全集》XI, 3 - 4）在这里可以看出，胡塞尔甚至不再把纯粹感知或纯粹直观看作是"可能性"。

东西。这个意义上的纯粹直观行为，也被胡塞尔称为"相即直观"（或"相即感知"）。它构成所谓"纯粹直观内涵"的"极限情况的可能性"。这种"内在直观"也就意味着胡塞尔所说的"现象学的反思"。当然，它是否是真正意义上的相即直观，对此问题还存在争论。[①]

除此之外，胡塞尔在第六研究中还提到另一种纯粹直观的可能性，或者说，相即感知的理想极限情况，这就是：感觉（Empfindung）。不过，胡塞尔时而也将"感觉"称作是"最原始的感知"（参见：手稿：D5, 16）或"未被意识到的体验"（《逻辑研究》II/1, A370/$B_1$392），因此他也曾说："在相即感知的理想极限情况中，被感觉的或自身展示的内容与被感知的对象完全一致。"（《逻辑研究》II/2, A529/$B_2$57 - 58）也就是说，感觉活动和被感觉的内容在这里是一而二、二而一的。

但是，严格地说，"感觉"本身并不是一个完整的意识行为，它只是某些意识行为所具有的一定成分。在它之中也没有真正意义上的对象。即是说，在严格的意义上，感觉并不是一种行为，因此也就不能算是与反思相并列的另一种纯粹直观的行为。

B. 纯粹符号行为的可能性

其次，让我们来看"纯粹的符号行为"，亦即在 i=0, s=1 的情况下产生的行为。它意味着，在这个行为中，被意指的东西根本不具有显现内涵，也就是说，它根本没有直观地被给予，它甚

[①] 对此问题的详细论述可以参见笔者的《自识与反思》（北京：商务印书馆，2002 年）第二十一讲"胡塞尔 (2):'原意识'与'后反思'"。

至不能算作"现象"。当直观内涵荡然无存时，行为便由符号内涵所充塞，行为意向便成为空乏的意向。例如，单单一个字母"A"或一个符号"ઙ"不会告诉我们任何新的知识，除非我们在直观中兑现它，譬如说，我们用"A"意指的是一个事物，或者，我们知道"ઙ"在古吉拉特语中意味着什么。只有在这种情况下，这个符号行为才不再是空乏的意指，而是得到充实，成为某种知识行为。

当然，我们可以说，"A = A"，"$10^2 = 100$"以及如此等等的符号行为是纯粹的符号行为，因为它们常常不会得到直观的充实，而像"10^{16}"这样的符号则根本无法得到直观的充实。在这里似乎展示出一个纯粹符号行为可能性或"理想极限情况"。但事实上这种符号行为也是相对纯粹的符号行为。我们在第二章"第一逻辑研究：现象学如何理解符号与含义"中已经较为详细地再现了胡塞尔的意向分析的基本结果：各种行为处在一定的奠基关系之中。而符号行为是奠基于直观行为之中的。换言之，作为非直观行为，它必须以直观的行为为依托。在这个意义上，纯粹的符号行为，即不含任何直观内涵的符号行为，只能是一种理论的假设，是一种在现实中不存在的可能性。例如我们无法脱离开直观的材料因素来进行符号行为。或许我们可以不去借助于纸笔或声音或任何其他的实在道具来进行符号思维，但我们仍然需要在想象中借助于各种想象的道具来进行符号思维。可以说，一种不带有任何直观材料的符号是一个形而上的虚无。因此胡塞尔说："如果纯粹符号的行为真的能够自为存在，即能够自为地构成一个具体的体验统一，那么它将是作为质性与质料的单纯复合体而存在。但它不能自为存在；我们始终发现它是一个奠基性直

观的附加。"(《逻辑研究》II/2, A560/B$_2$88)

根据上述说明，我们可以理解，为什么无符号的直观和无直观的符号（或者说，无概念的直观和无直观的概念）都是"理想极限情况"，都是现实中并不存在的理论可能性，甚至可以说是人为的杜撰。

四、充实的概念及其最终理想

真正的认识是在意向（意义的给予）与直观（意义在直观中的充实）的动态统一中产生的。正因为此，如前所述，胡塞尔把"充实"等同于（狭义上的）认识（《逻辑研究》II/2, A505/B$_2$33, A537/B$_2$65）。无论如何，"充实"是现象学的动态意向分析的核心概念，是胡塞尔在第六研究中所讨论的"现象学认识启蒙的要素"之一。

"充实"意味着，"含义意向以充实的方式与直观达成一致"。这也就是说，在直观中展示的内容与在行为中被意指的对象达到了动态的一致。例如，在原素材的基础上被立义、被意指为桌子的东西，在进一步的直观中被证实为是桌子。开始时的桌子意向在直观中得到充实，因此桌子被认识为是一个这样的一个客体、一个对象。以这种方式，一个认识构成得以完成。用胡塞尔的话来说，"正是因为这个状况，那个在直观中显现的、为我们所原初朝向的客体才获得了被认识之物的特征。"(《逻辑研究》II/2, A507/B$_2$35)

除此之外，胡塞尔对此关系还进一步描述说："在现象学上，从行为方面来看被描述为充实的东西，从两方面的客体，即从被直观到的客体这一方面和被意指的客体那一方面来看则可以被表达为同一性体验、同一性意识、认同行为；或多或少完善的同一性是与充实行为相符合并在它之中'显现出来'的客体之物。"（《逻辑研究》II/2, A507/B$_2$35）这里的论述有些令人困惑，但基本的思路还是可以把握的：充实在这里（也在其他地方）被称作一个行为。当它与意指的行为达到相合时，意指行为与充实行为便达到同一。但"意指行为"和"充实行为"并不是指两个相互独立的行为，而是同一个行为或同一个认知过程的两个相互包容的方面。

实际上，只要事关一个认识的过程，我们便会涉及两个或两个以上的行为：或者我们首先有一个简单直观的行为，如看到一个东西，然后我们有一个符号行为，如语言表达行为，我们说，这是桌子；或者我们先有一个符号行为，如我们说"桌子"，然后我们有一个直观行为，即看到这张桌子。在这个过程中，符号行为是扩大了的意指行为，直观行为也是扩大了的充实行为。但若是我们把这个过程浓缩为一个行为，那么在这个行为中就包含着直观和符号（或充实和意指）的两个成分。

在这里同时可以看到胡塞尔在《逻辑研究》第二卷中的基本思路：在第一研究中他首先分析的是符号行为。而在第二研究中他主要讨论作为所有行为之基础的直观，其中包括感知和想象。最后在第六研究中，他又再次回到符号行为上，并进一步扩展到现象学的存在和真理学说上。①所有这些论述，都是针对直

_____

① 对此问题的详细讨论将在后面第十二章"胡塞尔与海德格尔的存在问题"中进行。

观与符号关系的分析、描述和阐释。

从这个角度来看，"充实"在胡塞尔那里被定义为"直观化"的原因也就可以得到理解。因为他认为，"在每一个充实中都进行着一个或多或少完善的直观化（Veranschaulichung）。"（《逻辑研究》II/2，A537/B$_2$65）于是，我们在这里便进入到胡塞尔所说的"认识阶段的现象学"（同上，第三章）之中。

这里已经在很大程度上表明，在对"充实"概念的考察上最能体现出现象学的原则之原则，即直观的原则。胡塞尔在这里所说的"充实"，其含义已经与"直观"基本接近，甚至可以使人联想到现代实证主义哲学中的"实证"概念。胡塞尔自己也说，"直观行为在这里显得受到偏好，而且是如此地受到偏好，以至于人们首先会趋向于将所有充实（就像刚才已经顺带发生过的一样）都标示为直观化，或者将它们的效用描述为在直观充盈中的单纯上升，只要这里从一开始所涉及的就是直观的意向。"（《逻辑研究》II/2，A540/B$_2$68）就此而论，胡塞尔不会反对将他的基本哲学取向理解为对传统认识论问题的彻底解决。这个问题在托马斯·阿奎那那里是指"事物与智慧的相即"，在康德那里是指"概念与直观的一致"。而在胡塞尔这里，"意向与充实的关系无疑为思想（较为狭窄的理解：概念）与一致性直观这对概念的构成奠定了基础。"（《逻辑研究》II/2，A540/B$_2$68）因此，"充实"概念是从胡塞尔动态现象学分析角度解决认识论问题时所运用的一个核心概念。

我们在前面已经涉及到了"充实"的最终理想，思想与事物的完美相即性。胡塞尔用各种不同概念来表达这同一个理想状态："只要被意指的对象性在严格意义上的直观中被给予，并且完全是作为它被思考和被指称的那样被给予，那么相即（adaequa-tio）也就实现了"；"对象之物完全就是那个被意指的东西，它是现实'当下的'或'被给予的'"；"没有一个思想的意向是没有得到最终充实的，因为直观的充实者本身不再包含任何未得到满足的意向"，如此等等。（《逻辑研究》II/2，A590/B$_2$118）

这个理想状态只能在直观中，更确切地说，只能在感知中达到，这乃是因为，最终为意向提供充盈（即感觉材料）的是感知行为，最终为所有意识行为提供基础的也是感知行为。[①]

所谓认识的进步，据此也就是充实的不断加强，亦即充盈的不断增多，直至意向的所有部分都得到充实。"充实发展的终极目标在于：完整的和全部的意向都达到了充实，也就是说，不是得到了中间的和局部的充实，而是得到了永久的和最终的充实。"（《逻辑研究》II/2，A590/B$_2$118）即便是在意向得不到充实，而是相反被证明为"失实"（Enttäuschen）时，例如当对桌子的意指没有被充实，而是在进一步的直观中被证明为是错误时，直观化的充实过程，或者说，认识过程仍然在进行之中，并且是处在上升的状态，因为在桌子的意向被否定的同时，例如一个茶几的意向得到了更进一步的充实；"这一个"被"另一个"所

---

① 当然，充实的理想原则上最终奠基于感知行为之中。因此胡塞尔强调，"在认识的进步中、在阶段性的上升过程中，我们可能不得不从具有较少认识充盈的行为向具有较多认识充盈的行为迈进，而且最终要向不断需要充实的各个感知迈进"。但一般说来，充实大都是以直观(感知和想象)为基础。这意味着，许多充实最终是在想象行为中完成的。所以胡塞尔也同时指出，"每一个阶段，亦即每一个个别的、已经自为地被描述为充实的认同，并不会因此而必定包含着一个作为充实行为的感知"（《逻辑研究》II/2，A537/B$_2$65）。

取代。

而随着充实（直观化）程度的减弱，认识的程度也就相应地降低。一个意向在得不到进一步充实的情况下，即使没有被看作是失实的，也会随时间的流逝而日渐模糊，从而远离直观。

当然，这里的"直观"和"直观化"概念还需要得到进一步的澄清和扩展。这不仅是指胡塞尔在第二篇"感性与知性"中将直观从感性直观扩展到范畴直观上的做法，而且还是指他在第20节中对"本真的与非本真的直观化"的明确区分，对此我们在这里不再继续展开，而只想指出，"非本真的直观化"在胡塞尔那里仅仅是指提供间接的代现者（例如符号和图像的替代）而达到的非确切意义上的"充实"。此外还需要指出的是胡塞尔所提出的一个重要命题："所有非本真的充实都蕴含着本真的充实，因而非本真充实所具有的充实特征要'归功于'本真的充实"（《逻辑研究》II/2, A546/B$_2$74）。

总之，现象学的基本原则和方法取向在这两个方面都得到了充分的凸显。

五、回顾性的评价

从总体上看，胡塞尔在第六研究中的论述并不十分清晰，动态分析中的双重客体、双重意向等说法与静态分析中简单行为的基本结构在理解上形成冲突，因而常常令人困惑，这也为后人对动态的意向分析的理解带来一定的困难。尤其使人感到费解的是：胡塞尔在第六研究中把在直观中一同被意识到的、但却并未直观地呈现出来的部分称为"符号的"（或者"象征的"），以此否认在静态现象学分析中提出的"纯粹直观"。这种做法造成的问题在于，使得胡塞尔在静态现象学分析中所提出的纯粹直观或纯粹感知的奠基性受到一定质疑。静态现象学的分析与动态现象学的分析在某种程度上形成对立。类似的问题还有一些，这里不一而足。

胡塞尔一再要求自己"如实地追复描画那些被直观到的东西"，并且避免类似"断言多于论证"的做法（参见《逻辑研究》II/2, A561/B$_2$89)，但他显然并不总是满意自己在第六研究中的描述结果。这并不是事态方面的问题，而是表达方面的问题。换言之，胡塞尔看到了实事状态，但没有能够把它清晰地表达出来。他本人的各种说法都表明了这样一个实际的状况。也许，对新出版的《胡塞尔全集》第二十卷的仔细阅读能够帮助我们进一步了解胡塞尔所看到的事态状态以及他的表达的困境所在。

外　编

第八章　现象学背景中的意向性问题
（对第五章的展开）

一、引论

　　这里准备讨论的意向性，首先应当是作为哲学问题的意向性。当意向性作为哲学问题被提出来时，它的日常含义在哲学讨论中就退回到背景里。"意向"此时不再是指"意图"或"倾向"意义上的意向，而是指意识构造或指向对象的活动或能力。

　　虽然早在中世纪哲学中就有对"意向"（intentio）问题的最初讨论，例如托马斯·阿奎纳就用它来定义有意图的精神行为，但真正将它作为哲学术语加以运用的首先是深暗中世纪哲学的弗兰茨·布伦塔诺。他将"意向的""意向的内存在"这样一些概念引入到哲学和心理学中，并赋予它以一种特殊的哲学或心理学蕴涵。"意向的"一词，在他那里并从他开始而代表着心理现象的一个基本特征：所有心理现象都"在自身中意向地含有一个对象"。他认为可以通过对意向性或意向内存在（Inexistenz）的指明来区分心理现象与物理现象。"意向性"是心理现象所独有的一个基本特征。以后他的学生埃德蒙德·胡塞尔曾对此评价说："在描述心理学的类别划分中，没有什么比布伦塔诺在'心理现象'的标题下所做的，并且被他用来进行著名的心理现象和物理现象之划分的分类更为奇特，并且在哲学上更有意义的分类了。"（《逻辑研究》II/1，A344/B₁364）

二、意向性概念在胡塞尔现象学中的核心地位

意向性对胡塞尔之所以具有哲学意义，乃是因为他在其中看到了解决传统哲学问题的契机。此后，无论是在他1907年完成的超越论转向之前还是之后，意向性都构成胡塞尔意识分析的核心课题。法国哲学家保罗·利科曾对此精辟地概括说："意向性可以在现象学还原之前和之后被描述：在还原之前时，它是一种交遇，在还原之后时，它是一种构成。它始终是前现象学心理学和超越论现象学的共同主题"①就交遇而言，意向性所体现的自然观点中的心物二元的原则，是自我与他人、内心与外界、主体与客体、心理与物理的关系问题；就构成而言，意向性所体现的是哲学观点中的或超越论的主体性原则，是意向活动与意向相关项、显现活动与显现者、构造与被构造的关系。

在此双重方向上的意向性问题，通过胡塞尔的意识现象学而得到了淋漓尽致的展开。意向性成为现象学的不可或缺的起点概念和基本概念。因此，胡塞尔的整个哲学工作，即对意识体验的分析工作，都可以合理地，但不尽全面地被称作"意向分析"。

---

① 胡塞尔：《〈纯粹现象学和现象学哲学的观念〉第一卷法译本译者导言》，载胡塞尔：《纯粹现象学通论》，李幼蒸译，北京：商务印书馆，1997年，第476页。

　　无论如何，意向性分析的工作主要是从胡塞尔的现象学研究开始的。具体地说，胡塞尔在布伦塔诺对心理现象三分（表象、判断和情感活动）的基础上，用"客体化行为"和"非客体化行为"的两分来开始自己的意识体验分析。这样，布伦塔诺的"心理现象或者本身是表象，或者以表象为基础"的命题，就被胡塞尔改造为"任何一个意向体验或者是一个客体化行为，或者以这样一个行为为'基础'"（《逻辑研究》II/1，A458/B₁494）。在这个意义上，胡塞尔提出一个著名的命题："意识总是关于某物的意识"。这也意味着，意识就是意向体验。意向性标志着所有意识的本己特性。

　　但若仔细分析起来，"每个意识都是意向的"这个说法有两重涵义：一个涵义在于，意识构造对象；另一个涵义是，意识指向对象。意向性既意味着意识构造客体的能力，也意味着意识指向客体的能力。前者专指客体化的意识行为，后者可以指所有的意识行为，即是说，非客体化的行为虽然不构造对象，但也指向对象。例如，爱是一个非客体化的行为，但它仍然有自己的对象。被爱者作为对象首先是通过表象的客体化行为被构造出来，而后才有可能被爱，即成为爱的行为的所指。

　　这样我们就可以理解胡塞尔为什么要说"任何一个意向体验或者是一个客体化行为，或者以这样一个行为为基础"。非客体化行为（如爱、快乐、悲哀等等）自己不具有构造对象的能力，因此必须倚赖于客体化行为（感知、想象、符号行为等等），更确切地说，倚赖客体化行为构造的对象。即便是像"无名的悲哀""莫名的喜悦"这样一些现象，在胡塞尔看来也有其确定的对象。

　　据此，客体化行为是奠基性的，非客体化行为必须建立在客体化行为的基础上。这样一种对客体化行为和非客体化行为的区分与定性，事实上为自古代哲学以来就有的并在近代哲学中得到极度弘扬的一个基本取向提供了依据：将哲学首先视为理论哲学，视为知识论。而情感活动、意愿活动作为非客体化行为只有在表象和判断等知识行为得到分析和探讨之后才有可能获得解释和澄清。这个将理论哲学定位为第一哲学，将实践哲学定位为第二哲学的意图，与笛卡尔、康德、布伦塔诺等人的思想是一脉相承的。当然，它通过胡塞尔的细致扎实的意向分析而获得了更为严格缜密的依据和更为令人信服的实施。

因而马丁·海德格尔在为胡塞尔《内意识时间现象学讲座》所写的"编者前言"中有理由说，通过胡塞尔的分析，意向性获得了"一种原则性的揭示"。但是，海德格尔同时挑明："意向性"这个表达即便在胡塞尔之后也仍然"不是一个口令，而是一个中心问题的称号"①。这几乎是海德格尔对胡塞尔的思维方式和思想立场进行颠覆的一个暗示性预告。

三、舍勒的意向性概念

正因为胡塞尔的工作为理论哲学的第一性地位奠定了一个意识哲学的基础，因此要想对理论理性和实践理性的顺序做革命性的变革，也就需要对这个奠基做出实质性的解构。这个解构首先是在现象学内部进行的，主要是通过马克斯·舍勒和海德格尔

---

① M. Heidegger, „Vorbemerkung des Herausgebers", in: E. Husserl, Husserliana Bd.X: *Zur Phänomenologie des inneren Zeitbewusstseins* (1893－1917), Den Haag: Matinus Nijhof, 1966, S. XXV.

的——同样冠名为现象学的——分析工作。

由于舍勒在其哲学思考之初便把"精神"（不是胡塞尔的"意识"）视为一种存在形式，一种内在于行为之中的对某物的指向关系活动，因此，当他在布伦塔诺和胡塞尔那里发现意向性学说时，他立即予以积极的评价与附和。以后的研究者也用"精神的意向性"来标示舍勒所发现的"精神的结构"。

尽管舍勒不会否认意向性分析是现象学哲学的主要工作，并且自己也以现象学的方式进行了大量的意向分析，但这些分析并不像胡塞尔那样被用来给理论哲学的第一性地位做论证，恰恰相反，他用这些分析来论证的是他的价值哲学。

与胡塞尔的结论不同，在舍勒的意向分析中，感受行为不等于非客体化行为，因为它有自己构造出来的对象。这个对象不是借助于客体化的直观行为而被构造出来的各种实在对象和概念对象，而是通过感受行为构造出来的各种不同价值。

因此，在舍勒看来，感受活动所依据的并不是由表象活动提供的对象，而是它本身所特有的对象，或者说，是由它自己原初地构造出来的价值对象。也就是说，感受有其自己的对象，表象也有其自己的对象。他写道："我们把这个对价值的接受的感受称作意向感受功能的类别。这样，我们就全然不能说，这种功能乃是通过所谓表象、判断等等'客体化行为'的中介才与对象领域发生联结的。这样的中介惟有状态的感受活动才需要，而意向感受活动却不需要。在意向感受活动的进程中，毋宁说对象本身的世界向我们'开启'自身，只是恰恰从它的价值方面向我们开启。在意向感受活动中常常缺少形象客体，这正表明，这种感受活动自身原本就是一个'客体化的行为'，它不需要以任何表象为中介。"①

由此可见，舍勒意义上的"感受"具有比胡塞尔的"感受"概念宽泛得多的外延。它甚至把表象和判断的活动、即舍勒所说的"认知的功能"（也是胡塞尔所说的"客体化行为"）也包含在自身之中，例如对真假的判别等等。这在一定程度上是由"感受行为"的对象或意向相关项所决定的。

如果在舍勒这里也谈论第一性和第二性的关系问题，那么这就首先要取决于被感受到的价值的等级秩序。感受价值的意向行为是感受价值的非意向行为的基础；感受较高价值的意向行为是感受较低价值的意向行为的基础。由于最高的价值是神圣的价值，因而对这个价值的"极乐"感受便构成所有其他价值感受（如包括对"纯粹真理认知"价值的精神感受）的基础。将这个分析结论推演下去，就必然会引出取消理论哲学第一地位的结论。

概而言之，由于胡塞尔和舍勒赋予意向感受和一般感受行为的奠基意义的不同，它在整个现象学意向性分析中也就占有了根本不同的位置。感受行为的位置变更进一步导致理论哲学与实践哲学在胡塞尔和舍勒现象学体系中的位置变更。

四、海德格尔与意向性问题

海德格尔对此问题的思考努力属于另一个方向。他在意向性问题上是否受舍勒的影响，以及在多大程度上受舍勒的影响，这仍然是一个值得讨论的问题。但海德格尔可以被纳入到主张实践

---

① 舍勒：《伦理学中的形式主义与质料的价值伦理学》，倪梁康译，北京：三联书店，2004年，上册，第264—265页。

哲学是第一哲学的现代哲学家行列中，这一点是毫无疑义的。他当然也有超出这种理论—实践二分的意图。但从总体上看，这个意图还没有如此被实施，以至于我们可以将他看作是凌驾于理论哲学家和实践哲学家之上的另类思想家。

　　与舍勒相似，海德格尔也是从一开始就看到了意向性的意义与问题。虽然在 1925 年的《时间概念历史导引》的讲座中，他已经把意向性看作是现象学的三个决定性发现（意向性、范畴直观和先天的原初意义）之一和之首①，但他似乎并不满足于此。他还想询问它们在本质上是何以可能的。因此，在其随后的代表作《存在与时间》中，他已经将意向性问题置而不论，而是用作为此在结构的"烦"(Sorge) 或"超越"(Transzendenz) 来取代之。这种取代并不意味着用自己的此在结构分析来排斥胡塞尔的意识结构分析（意向分析），而更多是把前者看作是后者的基础。在公开发表的文字中，他刻意地避免对相关问题做明确的表态。但在私下的讨论中，他对自己的立场表露再清楚不过了："从其根本上透彻地思考意向性，这就意味着，将意向性建立在此一在的超越性基础之上。"② "意向性建立在超越性的基础上，并且只是在这个基础上才成为可能——人们不能相反地从意向性出发来解释超越性。"③ "从作为此在的基本结构的烦的现象出发可以看

---

① M. Heidegger, *Prolegomena zur Geschichte des Zeitbegriffs* (1925), GA20, Frankfurt/Main, Vittorio Klostermann, 1979, S. 34.

② M. Heidegger, *Vier Seminare*, Frankfurt/Main, Vittorio Klostermann, 1977, S. 122.

③ M. Heidegger, *Die Grundprobleme der Phänomenologie* (1927), GA24, Frankfurt/Main, Vittorio Klostermann, 1975, S. 230.

到，人们在现象学中用意向性所把握到的那些东西，以及人们在现象学中用意向性来把握这些东西的方式，都是残缺不全的，都还只是一个从外部被看到的现象。"①

所有这些说法要想表达的都是海德格尔的一个基本意图，这个意图用他的话来说就是：此在的基本结构分析所开启的那个层次与意向性分析所揭示的那个层次相比，是更为原本的和本真的。

如果胡塞尔说，所有意识都是关于某物的意识，那么海德格尔会批评说：真正的基本情绪是没有对象的。烦作为此在的基本结构是非客体化的、非意向的。畏（Angst）作为基本情绪也是无意向对象的，否则它就不是畏，而是怕（Furcht）了，如此等等。以此方式，海德格尔"暗示了一个对现象学的提问方式的原则性批判是从哪里起步的"。②

五、历史的回顾作为结语

对上面这些可以称作"现象学意向性分析历史导引"的概述，我们可以再做一个扼要的总结：布伦塔诺和胡塞尔通过意向分析所确立的是表象和判断在心理活动或意识活动中的首要地位；舍勒则通过意向分析而得出价值感受活动在精神生活中是第一性的结论；海德格尔认为意识的意向性结构不是最根本的，而是应当建立在此在的基本结构之上。所有这些分析结果，在很大

① M. Heidegger, *Prolegomena zur Geschichte des Zeitbegriffs*, a. a. O. , S.420.

② M. Heidegger, ebd.

程度上是由出发点和立场的分歧所导致。

无论如何，意向性概念及其分析在现象学中发端和展开的历史，清楚而典型地折射出西方哲学在 20 世纪的变化史，它是一个从以知识论为主的理论哲学向以伦理学、政治学、社会学为主的实践哲学过渡的历史。这个过渡或隐或显地贯穿在所有哲学和人文社会科学的学科中。但在现象学哲学中，它是以一种细致的意识分析的方式昭示于世人的。

在结束本文之前或许有必要指出一点：这种现象学意识分析的方式已经可以在两千年前的印度佛学中发现。撇开时代精神的差异不论，小乘—大乘佛学通过意识分析（更确切地说：关于心识的讨论研究）所得出的结论，不是与舍勒、海德格尔的相关主张，而是与布伦塔诺、胡塞尔的分析结果更为相近。具体地说，小乘有部与大乘唯识宗都把六识或八识的识体称为"心王"（citta），即心的主体或主作用；这里的"识"，是了别的意思，主要是对外境而言。而与心王同时和相应发生的精神活动，在小乘有四十种，在大乘有五十一种，如感受、烦恼等，都不是心本身，而是心王之所有，是心的别作用，因此称作"心所"（caitta）。这个"心王—心所"的分类与奠基层次确定，与胡塞尔"客体化—非客体化行为"的分类和奠基层次确定，基本上只有术语上的差异。

但我们并不想依据历史思考的案例来得出一个对现象学内部各种不同分析结论的价值判断和取舍，而只是想——借用海德格尔的口吻来说——暗示一个对意向性问题的原则性思考还可以从哪里起步。

第九章　现象学与逻辑学

——从现象学的角度看[*]（对第一、七章的展开）

一、引论

现象学从开创之日起就与逻辑学绞缠在一起。第一部现象学奠基之作便冠以《逻辑研究》的标题。就胡塞尔身前发表的著作而言，他甚至不仅是以逻辑学的问题为出发点，而且还以逻辑学的问题为终结点：他的最后一部著作的标题是《经验与判断——逻辑谱系学研究》。

这里的讨论将试图再现胡塞尔等现象学家为现象学与逻辑学的划界所做的努力，这种努力或许可以为今天的现象学研究和逻辑学研究提供一些启示。

但在开始讨论之前，我们还有必要交代一下现象学与逻辑学所共处的西方近代哲学背景。

---

*　这篇文字之所以加上了一个副标题"从现象学的角度看"，是因为这里讨论的主要是现象学家对现象学与逻辑学的关系问题的看法。更确切地说，胡塞尔和海德格尔对此问题的看法，而不是逻辑学对现象学的看法。

近代西方哲学的始作俑者是笛卡尔。在认识统一的前提下，他强调所有哲学原则必须具备两方面的特征："其一，它们是非常清楚的，其二，从它们之中可以推导出所有其他的东西；因为除了这两条以外我们不能对这些原则有其他要求。"[1]与此两条要求相一致的是笛卡尔对真理认识的两个判断标准的确定："所有那些为我们所完全清楚明白地领会的东西，都是真实的。"[2]

笛卡尔本人对"清楚"（clara）和"明白"（distincta）的确切定义是："我所理解的清楚是指那些对关注的精神来说当下而鲜明的认识，就如人们说，那些当下呈现在观看的眼睛前面并且充分有力而鲜明地激起同一感受的东西是清楚可见的。而我所理解的明白则意味着在达到清楚阶段的前提下分离于并有别于所有其他认识的一种认识，以致这种认识自身仅仅带有清楚的特征。"[3]

就此定义来看，"清楚"多可用于对公理的直观，"明白"则多可用于推理的过程。这里对哲学原则的第一条要求，亦即"清楚性"要求，就意味着：对明见的直观之原则的设定。而笛卡尔对哲学原则的第二条要求也可以被称作"明白性"要求，它意味着：对数学分析方式的设定。

以后，斯宾诺莎的整个哲学体系之统一性建构也建立在类似的两个前提的基础上：其一，证明的过程必须具有无懈可击的正

---

[1] 笛卡尔：《哲学原理》，德文本：*Das Prinzip der Philosophie,* übersetzt von A. Buchenau, Hamburg 1992, S. XXXVII.

[2] 笛卡尔：《方法谈》，德文本：*Von der Methode*, übersetzt von L. Gäbe, Hamburg 1971, VI, S. 34.

[3] 笛卡尔：《哲学原理》，同前书，I, S. 45.

确性和有效性；其二，定义和公理必须具有无懈可击的明见性和确然性。

这两个哲学原则的特征，以后在莱布尼茨那里第一次明确作为"充足理由律"而成为逻辑学的元公理（海德格尔：最高定律）。逻辑学的所有工作，都必须符合"清楚明白的为真"这个一切原则的原则（可以"我思故我在"的命题为例）。如所周知，它同时也是现象学所要求的一切原则的原则：直观明见性的原则。

在这个意义上，"根据"既是哲学（现象学或存在论）的，也是逻辑学的基本问题。

这是我们在讨论现象学和逻辑学的关系问题时首先需要顾及的思想史背景。

二、胡塞尔所理解的现象学与逻辑学关系

如果要在思考的论题或对象上给现象学定位的话，那么现象学是处在逻辑学与心理学之间的。这首先并且主要是指胡塞尔的现象学。他在《逻辑研究》第一卷《纯粹逻辑学导引》中开宗明义地说："纯粹现象学展示了一个中立性研究的领域，在这个领域中有着各门科学的根。"在这里所说的"各门科学"中，胡塞尔主要指的是心理学和逻辑学。就逻辑学而言，他认为，"现象学打开了'涌现出'纯粹逻辑学的基本概念和观念规律的'泉源'。必须重新回溯地追踪这些基本概念和观念规律，直至这些起源处，我们才能赋予它们以"明晰性"，这是认识批判地理解纯粹逻辑学的前提。纯粹逻辑学在认识论或现象学方面的基础工作中包含着许多极为困难，但却无比重要的研究。"（《逻辑研究》

II/1, A4/B$_1$3)

所谓"回溯地追踪（zurückverfolgen）"，是与现象学的基本方法相一致的。它甚至可以说就是使现象学成为现象学的东西。在二十多年后回顾《逻辑研究》时，胡塞尔将这种"从各种对象出发回问主体生活和一个主体对此对象之意识的行为构成"[1]的做法看作是这部著作的"基本任务和方法"。这个特有的任务和方法也被胡塞尔看作是联结这部著作的"一条纽带"（《逻辑研究》I, BXI）。它在很大程度上意味着胡塞尔意识现象学的起源与奥秘之所在。

具体地说，这种对纯粹逻辑学的基本概念和概念规律进行回溯追踪的做法就是他所尝试的现象学与逻辑学的划界工作的一部分。这个工作可以分为两个方面，其一是他早期所考虑的纯粹逻辑与形式逻辑的关系，其二是他后期所考虑的超越论逻辑与形式逻辑的关系。胡塞尔的这两个意向有相互重合的地方。

在《逻辑研究》中，胡塞尔的基本意向是构建一门纯粹逻辑学。在《逻辑研究》的出版告示中，胡塞尔曾试图对这样一门"纯粹逻辑学"做出大致的界定。在说明纯粹逻辑学"无非是一种对传统形式逻辑学的改造而已，或者也是对康德或赫巴特学派纯粹逻辑学的改造"之后，他定义说："纯粹逻辑学是观念规律和理论的科学系统，这些规律和理论纯粹建基于观念含义范畴

---

[1] 参见《胡塞尔选集》上卷，第309页。这是胡塞尔在1925年回顾《逻辑研究》时所做的总结，相关段落的全文是："从各种对象性出发回问主体的体验和一个意识到这些对象性的主体的行为构形，这是从一开始就由某些主导意向所决定的，这些意向当然（当时我的反思意识尚未达到这一步）还不会以清晰的思想和要求的形式表现出来。"

的意义之中，也就是说，建基于基本概念之中，这些概念是所有科学的共有财富，因为它们以最一般的方式规定着那些使科学在客观方面得以成为科学的东西，即理论的统一性。在这个意义上，纯粹逻辑学是关于观念的'可能性条件'的科学，是关于科学一般的科学，或者，是关于理论观念的观念构成物的科学。"①

从他的论述来看，这门纯粹逻辑被理解为关于含义本身以及含义规律的科学，也可以将它称作纯粹含义有效性的学说，主要包含纯粹含义学和纯粹语法学这两个分支。

胡塞尔并没有展开和完成对这门纯粹逻辑学的构想，无论是在第一卷中还是在后面的第二卷的几项研究，尤其是第四研究中。他的《逻辑研究》因此只是一个"纯粹逻辑学的导引"。在这里，不仅是"导引"（Prolegomena）这个标题在暗示与康德《未来形而上学导引》一书的思想关联，即:《逻辑研究》中的讨论，也可以说就是"任何一门能够作为逻辑学出现的未来纯粹逻辑学导引"；除此之外，上述引文中，"观念的'可能性条件'的科学"的说法，也似乎在预告他的"超越论转向"后的"超越论逻辑学(transzendentale Logik)"基本设想的提出:在纯粹逻辑学与超越论逻辑学之间可以发现一个连贯的思想线索。

《逻辑研究》中的思考显然产生了一定的效应。海德格尔曾评价说:"通过胡塞尔的《逻辑研究》，当代逻辑学获得了一个推动，这个推动迫使它——相对而言——进入到哲学问题的向度之中。"②

---

① 胡塞尔:"作者本人告示"，载中文版《逻辑研究》第一卷，第289页。
② Heidegger, *Logik. Die Frage nach der Wahrheit*, GA21, Frankfurt a. M.

在较后期的《形式逻辑与超越论逻辑学》和《经验与判断》两部著作中（前者可以说是后者的导论），胡塞尔所讨论的是超越论逻辑①与形式逻辑之间的关系。邓晓芒在《经验与判断》"中译者前言"对它作过精到的概括："康德把经验直观的内容（质料）排除于逻辑之外，胡塞尔则认为'逻辑的东西'必须到直观内在体验中寻找其隐秘的起源，这就把逻辑的东西的范围延伸到了前谓词经验的领域，使逻辑真正成了从经验中自身层层建构起来的真理。这就是胡塞尔用作本书副标题的'逻辑谱系学'（或译作'逻辑发生学'）的含义。这是一种真正的'超越论逻辑'，即任何一种知识（不仅仅是人类的知识）要能产生出来都必须严格遵守一整套规范。它也就是一种康德意义上的'超越论的'认识论（探讨人的认识'如何可能'的先天条件的学说）。"②

这个意义上的"超越论逻辑"也被胡塞尔称作"发生逻辑"③

1995, S. 33.

① 这里需要说明的是，笔者在这里没有按较为普遍的译法将"die transzendentale Logik"译作"先验逻辑"，而是译作"超越论逻辑"，因为胡塞尔既然要求回溯到前谓词经验上去，那么以往的"先验"中译在这里就明显是不妥的。这当然涉及到对源自康德哲学的"transzendental"一词的翻译问题。笔者的观点可以简要地概括为：在这个词的构成中既无"先"的意思，也无"验"的意思，因此在许多场合不仅不符合胡塞尔的原义，而且也不符合康德的原义。这里只是提供了一个在胡塞尔哲学中的具体例证。关于这个问题的较为详细说明可以参阅笔者《Transzendental：含义与中译》的论文，载《南京大学学报》，2004年，第三期。

② 邓晓芒："中译者前言"，载胡塞尔：《经验与判断——逻辑谱系学研究》，邓晓芒、张廷国译，北京：三联书店，1999年，第2页。

③ 胡塞尔在1919/1920年期间于弗莱堡多次做过题为"发生逻辑

或"逻辑发生学"。胡塞尔认为，它既不是通常意义上的逻辑史的问题研究，也不是发生心理学的问题研究，而是一种以起源研究的方式来进行的对逻辑构成物之本质的揭示。

这样一种逻辑研究与一般意义上的形式逻辑研究当然是有区别的。胡塞尔认为，传统的形式逻辑的核心是陈述逻辑："从形式逻辑在历史上形成时起，处于形式逻辑的中心的就是谓词判断的概念，即陈述（Apophansis）的概念。"[①]后面我们可以看到，这个评判也为后来的海德格尔所接受。

但是，胡塞尔认为，形式逻辑的最原始含义并不只是陈述逻辑，而是一种"充分扩展了的形式逻辑"，它是形式的普全数理模式（包括形式数学），因此它不仅包含形式的陈述学（形式的陈述逻辑），而且也包含着形式的本体学。后者讨论"某物一般"（Etwas überhaupt）及其各种变形的问题，因此是讨论对象、属性、关系、杂多等概念的学说。

形式逻辑之所以把"陈述"或"判断"（谓词判断）作为核心论题，乃是因为，"构成形式本体学论题的一切范畴形式都是由判断中的对象来承担的"，也就是说，当我们从逻辑上思考某个对象时，这个对象的概念只能出现在判断中而不是其他地方。对象概念的各种变化形式也是如此。这就决定了形式逻辑学首先要探讨陈述逻辑。因此，在今天的形式逻辑中，陈述逻辑、判断逻辑之所以占据了中心地位，这并不是一个历史发生的偶

学"（Genetische Logik）的讲座，这个讲座稿后来成为《形式逻辑与超越论逻辑》的基础。（参见兰德格雷贝的"编者前言"，载《经验与判断》，第20页）

① 参见胡塞尔：《经验与判断》，第25－26页。

然，而是有着实事方面的根据。

这个状况有些类似于胡塞尔所理解的意识和语言的关系。从实际发生来看，意识的发生先于语言的发生，而从对这个发生顺序的研究来看，则先要有语言的知识和能力，而后才能去表达意识。意识是第一性的，也是底层的，语言是第二性的，也是高层的。

这里存在着一个两难：一方面，在底层中隐含着高层的前提，高层的意义和权利的明见性最终必须在作为前提的底层之基础上才能获得阐明和理解。另一方面，如果我们试图揭示这个底层基础，那么高层的意义和权利就必须在方法上被搁置，它不能充当阐明和理解底层的前提，否则我们会陷入循环论证。但我们看起来又无法摆脱形式的陈述逻辑的思维和表达。例如，当笛卡尔在说"我思故我在"这个立足于最基本的自身意识之上的原理的时候，他已经同时处在形式的陈述逻辑的论域中并且运用了这个逻辑。

胡塞尔认为，这个两难是否可以化解的关键在于：我们是否能够进行一种对逻辑的东西（das Logische）的"前理解"。胡塞尔的《形式的与超越论的逻辑学》和《经验与判断——逻辑谱系学研究》，便是对这个问题的探讨和回答。

最简单地说，胡塞尔认为，提供这种"前理解"可能性的是本质直观的方法，或者说，范畴直观的方法。

这里还应当提到的是：M. 舍勒也在这一点上全力地支持胡塞尔。如 M. S. 弗林斯所言，舍勒只与惟一一位思想家有直接的联系，这就是胡塞尔。对于舍勒来说，"对本质之物的直观、对本质的前逻辑直观，是所有哲学研究的超越论之物，在观察程序的可能运用之前显示出纯粹的事实。通过对感觉和符号因素的消除，对现象学的事实的非符号直观，它有别于基于感官知识的自然事实和用符号来表达的科学事实"。[1]这个阐释也是对胡塞尔的"前理解"的一个十分恰当的描述。

三、附论：芬克和德里达所涉及的现象学与逻辑学的关系

德里达在《声音与现象》中批评胡塞尔说："在《形式的与超越论的逻辑学》中，他仍然把一般语言'判为无效'。而欧根·芬克则已令人信服地证明，胡塞尔从来没有提出过关于超越论逻各斯的问题或关于传习语言的问题，现象学正是在这种传习语言中制作并展示其各个还原的结果。"[2]这是一个极易误导的说法，尤其是德里达没有给明出处。[3]

德里达所说的芬克的证明，多半是指芬克在 1957 年所做的报告"胡塞尔现象学中的操作性概念"（Operative Begriffe in Husserls Phänomenologie）。芬克在那里的确曾论及："胡塞尔并

---

① M. S. 弗林斯：《舍勒思想评述》，王梵译，北京：华夏出版社，2003 年，第 15 页。译文略有改动。

② 德里达：《声音与现象——胡塞尔现象学中的符号问题导论》，杜小真译，北京：商务印书馆，1999 年；并且根据德译本（*Die Stimme und das Phaenomen – Ein Essay über das Problem des Zeichens in der Philosophie Husserls*, Frankfurt a. M. 1979, J. Hoerisch 译）而有所改动。以下给出的页码分别为中／德文：7/56。

③ 补记：在《胡塞尔〈几何学的起源〉引论》（方向红译，南京：南京大学出版社，2004 年）中，德里达比较明确地给出了芬克文字的出处，但他的曲解或误解依然存在（参见同上书，第 60 - 61 页，注 2)。

未提出过'超越论的语言'之问题。"①但我们首先要了解这里的语境。芬克在这篇文章中认为，哲学的概念有两种，一种是"论题"概念，一种是"操作"概念。后一种概念常常本身没有得到思考而就被使用，可以称作"处在阴影中的概念"，它们往往不能与"传习语言"划清界限。这个问题对许多大哲学家都成立。芬克提到柏拉图的"理念"，亚里士多德的"实体""潜能"与"现实"，普罗提诺的"太一"，莱布尼茨的"单子"，黑格尔的"精神"或"绝对理念"，尼采的"权力意志"，胡塞尔的"超越论主体性"，如此等等，都是"论题"概念，但对它们的论述都是在"操作"概念中完成的。

这个问题之所以在胡塞尔这里被着重提出来，是因为他使用了还原的方法，要求排斥传习的东西，直接把握超越论的层面。因此，胡塞尔恰恰是最关注这个问题的。但胡塞尔往往也需要用传习的语言来表达还原后的超越论层面，故而在这个方面做得不彻底，也不完善。例如芬克指出在胡塞尔用来表达超越论层面的概念所含有的"成就／功效"（Leistung）一词，即使在还原之后被赋予了新的意义，也不能完全脱离自然观点。除此之外还有"现象""悬搁""构造"等这些"操作概念"。

德里达要想说的是芬克的这个论点。但他用一种夸张的语气说出来，好像这样就可以一下子把胡塞尔的整个超越论哲学思考推翻，这就过分了。芬克恰恰说，胡塞尔在《形式的与超越论

① 该文已有中译文，刊载在《面对实事本身——现象学经典文选》（北京：东方出版社，2000 年）一书中。这里的引文参见《面对实事本身》，第588－605 页，尤其参见其中第 603－604，592－593 页。

的逻辑学》中试图澄清这种"操作的语言"的意义构造问题，只是"胡塞尔并没有制定出一套'超越论陈述的逻辑学'"。接下来该文第 4 节的第一段话是对芬克的态度的最基本概括："虽然胡塞尔在其方法学中，探问了我们所谓'论题'与'操作的理解媒介'之区别，并且无可否认地，在某种程度上亦在'现象学还原'的理论中，论题化了此一区分。然而尽管如此，此一区分以及胡塞尔思想中的诸多核心概念仍处于模糊中。"

现在来看德里达的"胡塞尔从来没有提出过……超越论逻各斯或传习语言的问题"的主张，就知道他与芬克的论点相距很远，尤其是再不给出处，就会引起很大的误导。①

---

① 胡塞尔在《形式的与超越论的逻辑》中明确划分"逻各斯"的两种基本含义：其一，"逻各斯"意味着语词或话语。这里已经包含着两层意义：它不仅是指话语所及，也就是在话语中涉及的事态，而且还包括说话者为了传诉的目的或自为而形成的语句思想，亦即作为精神行为的话语本身。简言之，"逻各斯"概念的第一层含义既与话语的内容有关，也与话语的行为有关。其二，当科学的兴趣起作用时，"逻各斯"概念的上述含义便获得"理性规范的观念"。这里又可以划分两层含义："逻各斯"一方面是指作为权能的理性本身，从而也意味着理性地(明晰地)指向明晰真理的思维；另一方面，"逻各斯"还标识一种构造合理概念的特殊权能，可以说，这种理性的概念构造以及被构造的正确概念都叫作"逻各斯"（参阅：Husserl, *Formale und transzendentale Logik*, Hua XVII, Den Haag 1974, §1）。因而"逻各斯"概念的第二层含义既与理性（理性思维）有关，也与理性的产物（理性所思：概念）有关。

胡塞尔通常在第二层意义上使用"逻各斯"概念：他或者将"逻各斯"标识为"概念之物"(Begriffliches)、"普遍之物"(Allgemeines)（参阅：《观念》I, 257），或是将"逻各斯"等同于"理性"(*Formale und transyendentale Logik*, a. a. O., S. 370)。

　　实际上芬克的基本意向不是像德里达那样是解构性的,而是建构性的,他的意图在于指出,"超越论现象学的存在理解与语言间的关系问题"需要得到进一步的关注,而且如前所述,的确也是胡塞尔本人在思考的问题。这个问题当然是很大的一个问题。但在芬克那里已经默认了一个前提:现象学的超越论理解是可能的,问题在于"借由什么"和"经由什么"(womit und wodurch),更确切地说,用什么样的超越论语言来表达出来。这个问题可以更简练些:看到的是否可以说出以及如何说出。还可以再换一种表达方式:我们应当用什么样的超越论语词概念和什么样的超越论陈述逻辑说出我们已经完成了的超越论理解。

　　当然,如所周知,"说出"在胡塞尔那里已经是第二性的问题了。第一性的可以说是孤独心灵生活中的超越论理解。因此,这对胡塞尔来说不是一个根本性的困惑。德里达在这点上所做的不是内在解构(他很少能真正做到这一点,解构主义在大多数情况下都是徒有其名),而只是外在的毁坏。

　　从这个问题出发还可以展开这样的讨论:如果我们真的发展出了一门超越论的语言连同超越论陈述的逻辑学,这门语言和逻辑被用来表达业已完成的超越论理解,那么它与传习语言的关系何在? 它与超越论理解的关系又何在? 这倒是一个可以深化的问题。当然,也许有些语言哲学家会说:理解怎么可能不在语言中进行呢? 这里会引发另一个同样紧要的问题:意识与语言的关系问题。但这里不是展开对此问题讨论的场合。

四、海德格尔所理解的现象学（存在论）与逻辑学的关系

在身前发表的文字中,海德格尔并没有像胡塞尔那样专门论述过逻辑学。但这门学科在他的讲座中却占有重要位置。对逻辑学的思考主要表现在他的 1925/1926 年夏季学期的马堡讲座《逻辑学。对真理的追问》、1928 年的马堡讲座《逻辑学的形而上学开端根据》、1934 年的弗莱堡讲座《论作为语言问题的逻辑学》以及 1955/1956 年冬季学期的讲座《根据律》中。此外还有 1928年公开发表的文章《论根据的本质》和 1932 年所做的报告《论矛盾律》、1957 年所写的文章《同一律》等等。

可以说,海德格尔始终在关注逻辑问题,而且我们后面还可以看到,他对逻辑学的讨论,从根本上反映着他的大部分存在论思想的发展脉络。

与这里的问题相关,笔者在这里主要讨论海德格尔的《逻辑学的形而上学开端根据》。这个名称显然是仿效了康德的著作名称《自然科学的形而上学开端根据》,就像前面所说的胡塞尔"纯粹逻辑学导引"似乎是想引发对康德"未来形而上学导引"的联想一样。[①]这个讲座的全称还要加上"以莱布尼茨为出发点",它可以说是这个讲座的副标题。之所以要从莱布尼茨出发,显然是因为莱布尼茨第一次明确提出了充分根据律（或"充足理由律"）。或者用海德格尔的话来说可能更确当些：在莱布尼茨那

---

① Heidegger, *Metaphysische Anfangsgründe der Logik*, GA26, Frankfurt a. M., Vittorio Klostermann, 1978, 2. Auflage 1990. 该讲座是海德格尔在马堡的最后一个讲座, 做于 1928 年夏季学期。

里,根据问题第一次表现为充分根据律的问题。这是一个附证:说明这个讲座与海德格尔同年公开发表的论文《论根据的本质》有密切的关系,后者可以说是前者的浓缩版。

在这一年,即 1928 年,海德格尔还做了"形而上学是什么?"的弗莱堡就职讲座。关于这两篇公开发表的文字的内在联系,海德格尔说:"后者是对无的思索,而前者说的是存在论差异。"①这两个方面的内容,都可以在《逻辑学的形而上学开端根据》中找到。因此,海德格尔的这个概括,可以有助于我们理解他在 1928 年前后对逻辑学与形而上学之间关系所做的整个思考。

从标题中便可以看出,海德格尔认为,逻辑学的基础是在形而上学之中。海德格尔所说的"逻辑学",是指关于逻各斯的学说。对于这个"逻各斯",海德格尔做了几个步骤的界定:首先,"逻各斯"意味着"话语"。②而后,海德格尔又说,"话语"是指陈

---

① 海德格尔:《路标》,孙周兴译,北京:商务印书馆,2000 年,第 142 页。

② 在海德格尔那里,"逻各斯"曾有宽、窄两重含义:在最早的逻辑学讲座(1925/1926)中,海德格尔把"逻各斯"等同于"命题"(或"语句"),它可以为真或为假(参见《逻辑学。对真理的追问》,同上,S. 127 – 128)。《存在与时间》中的解释也与之相同:"因为哲学思考首先把逻各斯(logos)作为命题(Aussage)收入眼帘,所以,它就依循这种逻各斯为主导线索来清理话语形式与话语成分的基本结构了。"(《存在与时间》,陈嘉映、王庆节译,北京:三联书店,2000 年,第 193 页)以后,在《论根据的本质》中,海德格尔把它看作是广义的"逻各斯",并将它区分于狭义的"逻各斯":"存在之领悟(十分广义的逻各斯)先行揭示着并且引导着一切对存在者的行为;存在之领悟既不是一种对存在之为存在的把握(最狭隘意义上的逻各斯 = '存在学上的'概念),更不是对如此把握到的东西的领悟。"(海德格尔:《路标》,第

述（Aussage）、述谓判断（Prädikation）意义上的话语。再后，海德格尔进一步把这种陈述定义为"思维"（Denken），因为把某物陈述为某物也就相当于把某物定义为某物，而"我们将这种定义称作思想"。这样，一个对逻辑学的定义便得以形成："逻辑学作为关于逻各斯的科学据此便是关于思维的科学。"①这里的"逻各斯"和"思想"都与陈述有关。

需要在这里特别予以指明的是：这个意义上的"思想"与海德格尔后期所说的"思想"，例如在《什么叫思想》(Was heißt Denken) 一文中的"思想"，虽然是同一个词，但已经完全不是一回事了，甚至是相互对立的。与逻辑学相关的"思想"，在海德格尔那里可以纳入到他所认为的胡塞尔意义上的"意识"层面的对象性活动中去，或者，就像我们马上可以看到的那样，这个意义上的"思想"是与存在者相关联的活动。但他后期的"思想"，则是指对存在与存在者关系的思考，即对"存在者之存在的本质渊源"的思考，他也说，对"存在论差异"的思考。这里对哲学的根据问题与逻辑学的根据律问题的思考，就属于这个意义上的"思想"。因此，当海德格尔说"然而——多少世纪以来直至现在，也许人们早已是行动过多而思想过少"②时，他指的是后一种在"存在论差异"意义上的"思想"，而非逻辑学谓词判断意义上的"思想"。

---

152 页。中译本漏译了最后一句，这里补上。)

① Heidegger, *Metaphysische Anfangsgründe der Logik*, S. 1.

② 海德格尔：《什么叫思想》，孙周兴译，载于"中国现象学网站"中"现象学原典汉译栏目"(http: //philosophy.sysu.edu.cn/phaenomenologie/wk/wk01/3305.htm)。

　　逻辑学在这里所给定的意义上是陈述逻辑，是谓词判断的逻辑。但它的任务既不在于研究所有实际的陈述，也不在于研究所有为真的陈述，而在于研究"包含在一个逻各斯、一个陈述、一个定义中的究竟是什么"，或者，海德格尔也说，"思想的本质究竟是什么"。①

　　那么这个意义上的"思想"的本质究竟是什么呢？海德格尔回答说，"思想是关于某物的思想。每个现实的思想都有它的课题，因此都关联到一个特定的对象，即是说，关联到一个特定的是者（存在者）"。②到这里，我们已经可以知道海德格尔的意图：逻辑学是一门与"是者"（"存在者"）有关的学说。这样我们也就可以理解，为什么海德格尔说，《论根据的本质》一文所讨论的是"存在论差异"。

　　而作为逻辑学之开端根据的"形而上学"又是什么呢？在海德格尔的辞典里，形而上学是"存在论"和"神学"的统一。从原本的词义或从历史发生的层面来看，形而上学是在物理学之后的。但从内容来看，海德格尔认为，它是指在物理学或自然哲学之上的。如果把物理学的课题称作"物理事物""自然事物""有形事物"等等，简言之"存在者"，那么"形而上学的课题是'超越出'是者（存在者）的东西——并未说何处超越和如何超越。形而上学关系到 a) 存在本身；b) 存在总体。"③

---

　　① Heidegger, *Metaphysische Anfangsgründe der Logik*, S. 2.

　　② Heidegger, *Metaphysische Anfangsgründe der Logik*, S. 2.

　　③ 这是指"形而上学"一词的实际产生状况。这个名称并非产生于亚里士多德本人，而是由亚里士多德文稿的整理者加入的标题：在自然哲学、物理学之后。"Meta"在时间和空间上都是"在……后"的意思。但经过后人的

現象学的始基——胡塞尔《逻辑研究》释要（内外编）

这样，形而上学与逻辑学的关系在海德格尔那里就显现出来：前者是关于存在本身和存在总体的学说，后者是关于存在者的学说。它们的关系直接涉及存在论差异。^①

在前面列出的所有海德格尔关于逻辑学的讲座中，"根据"都是最为核心的问题。这里的"根据"，一方面与哲学的"根据问题"相关，另一方面与逻辑学的"根据律"相关。海德格尔之所以选择"根据"作为讨论存在论和逻辑学关系的切入点，有两个原因：其一，哲学的"根据问题"表现为逻辑学的"根据律问题"开端根据，这从他的讲座标题中便可以看出。其二，用他自己的话来说，"根据问题首先就需要一种唤醒，而这并不排除：一种对'根据律'的探讨能够引起这种唤醒并且给予最初的指示。"^②

这两个原因可以概括为：哲学的"根据问题"是逻辑学的"根据律问题"的开端根据，逻辑学的"根据律问题"是通向哲学的"根据问题"的通道。

海德格尔所讨论的逻辑学"根据律"，是以莱布尼茨为出发点，但不是以莱布尼茨为目的地。因为莱布尼茨的"根据律"，在海德格尔看来，归根结底还是"关于存在者的陈述，而且是着眼

转换，海德格尔说："各册书的先后关系变成了一种存在与存在者的上下关系、一种存在与存在者的秩序。"（Heidegger, *Metaphysische Anfangsgründe der Logik*, S. 33）

① 笔者在此愿意采纳王路的建议，将这句话改写为：前者是关于"是"本身和"是"总体的学说，后者是关于"是者"的学说。它们的关系直接涉及"是论"差异。之所以如此，乃是因为逻辑学是谓词判断的逻辑，即关于"S是p"的逻辑，因而这里还没有涉及任何类型的存在者。

② 海德格尔：《路标》，第146页。

于诸如'根据'之类的东西所作的陈述"，它并未作为最高定律从根本上揭示出根据的本质。[①]而所谓"根据的本质"，就本质一词的原本意义来说，应当是指使根据成为根据的东西。

因此，海德格尔的所讨论的哲学的"根据"，是另一种意义上的根据。最简单地说，它在海德格尔那里与"超越"有关。

海德格尔在讲座的备课笔记中写道："哲思就叫做从根据中绽出生存。"(Philosophieren heißt Existieren aus dem Grund.) [②]他在《论根据的本质》中也用"超越"一词来描述"根据"。"超越被显突为这个区域。这也即说：正是通过根据问题，超越(Transzendenz) 才本身更为源始和更为广泛地得到规定。"[③]

联系到逻辑学中的根据律，海德格尔又说："关于根据律，我们已清楚地看到，这一原理的'诞生地'既不在陈述的本质中，也不在陈述真理中，而是在存在学上的真理中，亦即在超越本身中。"他强调说，"自由是根据律的本源"。[④]

于是，"绽出生存""超越""真理""自由"，这几个概念构成"根据"的本质内涵。海德格尔在这个时期基本上是用这几个范畴的相互规定来展开他的存在论—现象学。

总结一下，逻辑学所关涉的是：陈述真理、命题真理，对是者（存在者）的陈述。存在论或形而上学所关涉的是：作为无蔽的真理，对是（存在）本身的把握。

我们在这里只想勾画出存在论和逻辑学之间的交切面，并不

---

① 参见海德格尔：《路标》，第 142 – 147 页。

② 参见 Heidegger, *Metaphysische Anfangsgründe der Logik*, S. 285。

③ 参见海德格尔：《路标》，第 146 页。

④ 参见海德格尔：《路标》，第 146 页。

想重构海德格尔对哲学的"根据问题"和逻辑学的"根据律问题"这两端的具体分析。

但在这里还要特别说一下"真理"问题。海德格尔说："真理的本质揭示自身为自由。自由乃是绽出的、解蔽着的听任存在者存在。"①这里的"真"，已经是存在论意义上的"真"，而不是逻辑学意义上的"真"了。

笔者在《胡塞尔与海德格尔的存在问题》一文中已经提示：海德格尔想把他的存在论真理回溯到"希腊的真理的原初意义"上。因此他在《存在与时间》中并且直至 1969 年一直使用"作为无蔽的真理"，即"aletheia"的概念。②我认为，这个概念"体现出海德格尔的基本哲学意旨：通过对真理（aletheia）概念的充分展开，克服近代的主体反思哲学，从而扭转自近代以来对知识确然性以及与此相关的理论责任性的过度弘扬趋向"。

最后还要提到一个小小的插曲："aletheia"一词也出现在柏拉图的《巴曼尼德斯篇》中。中译者陈康将它译作"实在"。③他解释说，"实在"(aletheia) 一词在这里的意义已经不再是"真"，因为"真"是认识论方面的概念，而应当是"是"了。在这一点上，陈康的解释与海德格尔的理解是一致的。但陈康所说的"是"（即

---

① 原文为 "Seinlassen des Seiendes"，中译本原作"让存在者存在"。

② 在 1964 年的《哲学的终结和思的任务》一文中，海德格尔承认："无论如何，有一点已经变得清晰了：追问 Aletheia，即追问无蔽本身，并不是追问真理。因此把澄明意义上的 Aletheia 命名为真理，这种做法是不恰当的，从而也是让人误入歧途的"（海德格尔：《面向思的事情》，第 85 页）。

③ 参见柏拉图：《巴曼尼德斯篇》，陈康译，北京：商务印书馆，1982年，第 88 页。

"存在") 更进一步说是 "相"（相的存在）。因此他最终把柏拉图在《巴曼尼德斯》中的"aletheia"解释为 "相"，即我们今天所说的 "理念"。这又不同于海德格尔了。相反倒是与胡塞尔的想法更接近。看起来，柏拉图的 "相" 的自身展示、胡塞尔的范畴直观和超越论陈述、海德格尔的存在领悟和无蔽，它们之间总有一些割不断的联系，即便在后两者那里都可以发现一些变革性的东西。

五、结语

从引论开始，我们就在讨论现象学（或存在论）与逻辑学的划界。最为笼统的划界方式似乎在于：现象学和存在论所关涉的是清楚的直观原则（在胡塞尔那里是范畴直观、本质直观、概念直观，在海德格尔那里是存在理解）；逻辑学提供的是明白的分析推理原则（在胡塞尔那里是形式逻辑，在海德格尔那里是陈述逻辑）。这种划界当然只能是方向性的。

当然我们既不能说，现象学的工作到推理分析就止步了，也不能说，逻辑学的工作无法推进到观念直观和存在理解。或许正是这个无法划界状况才为我们提供了谈论一门"哲学逻辑学"的根据。

当然在现代逻辑学学科内使用的更多是"逻辑哲学"的学科命名，如在普特南和奎因那里。它的任务被苏姗·哈克规定为："研究逻辑中提出的哲学问题"。她认为："'逻辑的哲学'这种叫法要比'哲学的逻辑'好得多，'哲学的逻辑'这种叫法容易给人们造成一种不幸的印象，好像说存在一种特殊的研究逻辑的哲学方法，而不是说有一些关于逻辑的特殊的哲学问题。"①从这个角度上看，恰恰可以把胡塞尔的超越论逻辑学或纯粹逻辑学的努力称作是"哲学的逻辑学"，因为他无论如何与苏姗·哈克或奎因所说的"逻辑哲学"不是一回事。胡塞尔的确是在讨论特殊的研究逻辑的哲学方法。

而海德格尔的逻辑学思考则很难被称作这两者中的任何一个。因此，如前所述，海德格尔曾说，"通过胡塞尔的《逻辑研究》，当代逻辑学获得一个推动，这个推动迫使它——相对而言——进入到哲学问题的向度之中"。现在，通过对海德格尔的逻辑学思考的再构，我们是否可以说，他的思考也给当代的逻辑学造成那样一种推动，从而使逻辑学进一步向哲学逻辑学的方向运动呢？恐怕很多人，尤其是现代逻辑学的学者会对此问题做否定的回答。可见哲学与逻辑学的关系，在胡塞尔那里显然要比在海德格尔那里更为紧密。其中的最主要的原因可能在于，对于近代哲学的开创者笛卡尔，胡塞尔就其主要意图而论要比海德格尔离得更近。当然，我们反过来也可以说，海德格尔的逻辑学思考，要比胡塞尔的逻辑学思考更贴近生活（或人文），更逼近逻辑与生活（或人文）的关系问题。这或许是因为，胡塞尔本性上是一个科学的哲学家，海德格尔本性上是一个文学的哲学家。而逻辑学是科学，不是文学。

这样一来，我们似乎又可以说，胡塞尔的相关思考，属于"逻辑哲学"（类似于莱布尼茨、罗素、奎因、普特南等人）的方向，即

---

① 苏姗·哈克:《逻辑哲学》，罗毅译，北京：商务印书馆，2003年，第10页。

沿着逻辑学的方向、甚至是用逻辑学的方式来思考哲学问题；而海德格尔的相关思考，则属于"哲学逻辑"（类似于康德、黑格尔、卡西尔、西田几多郎等人）的方向，即从哲学的维度出发、用哲学的方式来思考逻辑学问题。

对这里的讨论，如果用伽达默尔的话来总结可能更为合适："年轻的海德格尔首先偏爱胡塞尔'范畴直观'概念的《逻辑研究》第六研究并不是偶然的。今天，人们对胡塞尔的这一学说大多表示不满，而用现代逻辑去反对它。但是，他的实践——如海德格尔的实践一样——是不能这样反驳的。这是哲学活动，它同充满生机的语言相遇，这种相遇是任何逻辑手段的技术准确性都替代不了的。"①

---

① 汉斯 - 格奥尔格·伽达默尔:《哲学生涯》，陈春文译，北京：商务印书馆，2003 年，第 203 页。所引译文略有改动。

第十章　直观的原则，
还是在场的形而上学

——德里达《声音与现象》中的
现象学诠释与解构问题导论（对第六章的展开）

一、引子：几个前说明

1. 对一门理论提出外在的批评是相对容易的，或者可以根本否认它的出发点和公设，或者可以质疑它的论证和推导方式，或者可以无视它的切入点和视角，而后用自己的前提、推理和观察来取而代之。历史上一个思想家对另一个思想家、一个思想流派对另一个思想流派的"克服"或"超越"大都是以这种方式进行的。

然而，对一门理论的内在批评则要困难得多。所谓"内在批评"，大致可以分为两类：一类属于宏大型，它是指在一个理论系统的内部，通过比理论作者更为严格、细致、周密的分析，发现这门理论本身的内在矛盾和悖谬，从而将此理论的内在理论困境，甚至是本质不可能性揭示出来，最终导致对这个体系的完全颠覆。另一类则属于细微型，它意味着：接受一个理论系统的基本前提，但从中得出比原作者更为明见、更为合理的结论。这些结论并不会导致整个理论系统的失效，反倒有可能使这个系统更为完善。

J. 德里达的《声音与现象》写于 1964 年，如今被视为解构胡塞尔现象学的一部重要著作。无论我们今天如何理解和评价德里达的"解—建构"的方法，德里达在当时显然带有对胡塞尔现象学进行内在批评的基本意图。这个意图用他自己的话来说就是："通过突出的符号概念的例子，指明对形而上学的现象学批判本身乃是形而上学自身保证的一个内部因素。更好是以这样一个证明来开始：现象学批判的手段本身就从属于形而上学的筹划，既是在其历史性完善中的筹划，也是在其被恢复的起源之纯粹性中的筹划。"①这也就意味着，德里达试图指出胡塞尔现象学的一个内在矛盾：在一门理论本身之中本质地包含着这门理论所要拒斥的东西。

后面的研究所要讨论的是：德里达的这个意图究竟有没有完成，就是说，德里达对胡塞尔的批评是否能够被看作是一种内在的批评。如果答案是否定的，那么我们便可以转向对另一个问题的讨论：德里达借助于对胡塞尔的批评究竟想达到什么。

2. 这里的思考与钱捷的文章《Vouloir-dire: 创意还是误

———————————

① 德里达：《声音与现象——胡塞尔现象学中的符号问题导论》，杜小真译，北京：商务印书馆，1999 年；并且根据德译本（*Die Stimme und das Phänomen – Ein Essay über das Problem des Zeichens in der Philosophie Husserls*, Frankfurt a. M. 1979, J. Hörisch 译）而有所改动。以下给出的页码分别为中／德文，3 – 4/53。

读？》和张祥龙的文章《胡塞尔的〈逻辑研究〉与德里达的〈声
音与现象〉》有关，甚至可以看作是对这两篇文章的一个迟到的
响应。①

在对德里达的胡塞尔批判的总体评价上，这两篇文章代表了
完全相反的立场。钱捷的结论是："在德里达和他的批判对象胡
塞尔之间，甚至并不存在一种由更高明的哲学系统对以往系统的
替代关系。相反，它们更应该被看作两种同时存在的、在风格上
完全不同的哲学思考。也许，认为胡塞尔的现象学哲学体系并非
一个真正成功（达到目的）的体系是有道理的。但是德里达并未
能够把这个道理以令人信服的方式表达出来。"而张祥龙则显然
把德里达的胡塞尔批判视为内在的批判，他在自己的文章中认
为，"德里达解构胡塞尔现象学的基本策略是：让胡塞尔自己与
自己发生冲突，在本原处暴露出新的可能，从而引出解构主义的
关键语词。换言之，他选择胡塞尔学说中的某个交合点，即那既
秉承传统形而上学，又包含了较丰富的新因素的地方入手，通过
分析显示出胡塞尔的现象学不仅仍然是形而上学，而且是更严
格、更直观意义上的形而上学。并且，正是由于胡塞尔的更直观
彻底的方法论要求，使这探索违背他的初衷，暴露了形而上学的
根本问题，提供出了新的思想可能。"——笔者在总体上偏向于
认同钱捷的观点，并试图通过本文来对此问题做进一步的思考。②

---

① 钱捷文载于《哲学研究》，1998 年第 2 期；张祥龙文载于《世纪之
窗》，2000 年，第一辑。钱捷文中将"voix"（德译为"Stimme"）译作"语
声"而非"声音"，笔者甚为赞同，但在这里还是从众从俗用"声音"的译名。

② 实际上，笔者另一篇文章的撰写动机也是间接地由钱捷和张祥龙的这
两篇文章所引发的。对此参见笔者，《胡塞尔时间分析中的"原意识"与"无

　　除此之外，笔者在指导方向红的博士论文《寻找伊卡洛斯的踪迹——论德里达解构胡塞尔符号理论之得失》（南京大学，2002 年）过程中也一再地触及德里达现象与德里达问题。这里的文字也算是笔者对一些相关思考的清理结果。在文章撰写的过程中曾与方向红进行过多次讨论。这对理清许多问题很有帮助。在此也向方向红学友特致谢意！

　　3. 德里达在《声音与现象》中对胡塞尔现象学的介绍与批评大都是以胡塞尔的两个文本为依据：《逻辑研究》和《内时间意识现象学讲座》。德里达主要是依据第一逻辑研究来讨论胡塞尔的符号意识，但也在涉及时间意识问题时把注意力转向《内时间意识现象学讲座》。关于胡塞尔的时间意识分析和相关的德里达批评，笔者在另一篇文章《胡塞尔时间分析中的"原意识"与"无意识"——兼论 J. 德里达对胡塞尔时间意识分析的批评》中已经论及，因此在这里讨论的问题只是围绕符号意识分析进行。

　　符号问题是德里达《声音与现象》所要讨论的一个核心问题，因此它带有一个副标题："胡塞尔现象学中的符号问题导论"。胡塞尔的符号意识现象学分析在这里被看作是一个"问题"，被德里达用来作为解构胡塞尔现象学的一个主要入口，因为在他看来，"耐心阅读这方面内容比在其他地方能使我们在《逻辑研究》中更清楚地看到胡塞尔全部思想的萌芽结构"（《声音与现象》，1/51）。

意识"——兼论 J. 德里达对胡塞尔时间意识分析的批评》，载《哲学研究》，2003 年第 6 期。但由于篇幅关系，那篇文章没有专门论及钱捷和张祥龙的文字。

　　当然，这里首先要说明的是：把现象学中的符号问题放在如此重要的位置上是德里达的做法而不是胡塞尔本人的主张。因为如所周知，在胡塞尔所确定的意识奠基顺序中，最为基础的、可独立成立的意识行为是感知，而不是符号意识。[①]此外，胡塞尔本人在《逻辑研究》中最看重的是作为意识现象学分析的第六逻辑研究，而不是作为语言现象学分析的第一逻辑研究。[②]尽管如此，这些事实并不会妨碍德里达对胡塞尔的批判性诠释的合法性。通过观视点和切入点的变化，诠释者确实有可能比原作者更好地理解作品，或者说，更好地发现和解决原作者所面对的问题。这不仅是德里达在面对胡塞尔现象学时所抱有的基本设想，也是诸多英美分析哲学家在讨论胡塞尔语言哲学思想时或多

---

　　① 关于胡塞尔《逻辑研究》中的"奠基"概念，P. 江森曾概括为："如果一个 α 根据本质规律在其存在上需要一个 μ，以致于 α 只有在一种全面的统一性中与 μ 一起才能存在，那么 α 便是通过 μ 而被奠基。"（参见笔者在《胡塞尔现象学概念通释（增补版）》中的"奠基"条目。还可以参见胡塞尔本人在《逻辑研究》中所给出的几个定义。[《逻辑研究》II/1, A255－256/ B₁261－262]）

　　② 参见胡塞尔《逻辑研究》I, BXVI。他在这里认为，"现象学关系中最重要的一项研究"是第六研究，即"现象学的认识启蒙之要素"。笔者在《现象学如何理解符号和含义？》一文中对胡塞尔的符号意识分析在现象学中的位置和内涵做过论述，这里不再赘言，而只是关注德里达对这些批评的相关阐述。

　　此外，偏重感知以及偏重直观被给予的躯体的趋向以后在 M. 梅洛－庞蒂也得到进一步的维系。具体论述可以参见梅洛－庞蒂《感知的首要地位及其哲学结论》(*La Primat de la perception et ses consequences philosphiques*, 1946), 王东亮译，北京：2002 年。

或少带有的意图。除此之外，从胡塞尔那方面看，在他所偏重的第六逻辑研究中也的确涉及到了感知行为与符号行为之间的内在关系，尽管德里达的阐述没有顾及到它们。

4.《声音与现象》副标题中的"导论"一词表明，德里达并不想明确地提出对胡塞尔符号意识现象学的批评，而只是想提出其中可能含有的问题。这实际上增加了理解的难度，因为读者很难分清胡塞尔本人的观点与德里达对它们的理解、发挥和质疑。

但总的说来，《声音与现象》已经算是德里达著作中相对而言较为清晰的一部。德里达和海德格尔在一点上相似：他们在早期还算是进行过科学分析的哲学家，在后期则完全属于罗蒂所说的"话语哲学家"或"变革哲学家"，亦即典型的"大陆哲学家"。因此，在胡塞尔与早期的德里达之间并不存在类似 R. 罗蒂所说的在德里达和维特根斯坦之间的对立。[1]

在做出这几个事先的说明之后，我们开始转向德里达的问题、他的视角和进路、以及他所想得出的最终结论。

二、超越论意识与超越论还原的问题

虽然德里达的文字向来具有"拒绝理解"的恶名，并且被讥之为学术领域中的"达达主义者或具体派诗人"，[2]但相对来说，他早期的几部尤其是与现象学分析相关的著作还是显示了他所具

---

① 罗蒂在这方面的具体论述可以参见"罗蒂的元哲学思想"栏目，载于：《世界哲学》，2003 年第 3 期，第 3－39 页。

② 参见《一种疯狂守护着思想——德里达访谈录》，何佩群译，上海：上海人民出版社，1997 年，第 232－233 页。这里的引文转引自张祥龙文。

有的学术研究基本功底和敏锐思想辨析能力。这里处在我们注意力焦点中的《声音与现象》更是其中的代表。

　　然而即便如此，德里达在这部书中仍然开卷有误。他的开篇第一句话尚无可指责："《逻辑研究》(1900－1901年) 开辟了一条道路，众所周知，整个现象学就是沿着这条道路深入发展。"但接下来的第二句便有问题："直到这部著作的第四版 (1928年)，这条道路仍然没有指明任何根本的变化，也没有提出任何关键性的自身质疑。"(《声音与现象》，1/1) 因为如所周知，胡塞尔在早在 1907 年期间便完成了从描述心理学向超越论现象学的转变，故而《逻辑研究》第一版和第二版的差别甚至被认为要大于康德《纯粹理性批判》第一版和第二版的变化。如果这个转变还不算是"根本的变化"，那么在胡塞尔一生的发展中就没有什么"根本的变化"可言了，遑论 1928 年以后。

　　对胡塞尔做了十多年研究的德里达不应该不知道这个变化，因为他在这部著作中所要批评的一个主要对象便是胡塞尔的"超越论意识"和"超越论还原"，而这两个问题在《逻辑研究》的第一版中还根本不曾出现。正是因为胡塞尔 1907 年前后完成，在 1913 年初次公开表露出来的"超越论转向"，才使得现象学运动的第一批成员离他而去，甚至连以后才加入现象学运动的海德格尔等人，也从一开始就在内心里把胡塞尔的这个举动看作是对新康德主义的屈服。但胡塞尔本人却把这个转向看作是对《逻辑研究》的必然发展。所有这些，几乎是关心现象学运动的人都熟知的一个事实。

　　我们暂且不去追究德里达的这个误识或误导究竟是有意还是无意，这个问题后面还会论及。这里需要提醒的是，在我们阅读此书的过程中还会遭遇许多类似的、即不知是有意还是无意的误识和误导。在这里我们只能说，胡塞尔在 20 世纪的前三十年里没有提出"任何关键性的自身质疑"的说法，是有悖于共识的，几乎也是无法借助任何诠释的手段而成立的。

当然，我们可以撇开这个"超越论的转向"不论，即不去考虑超越论维度在胡塞尔思想中的历史发生，而仅仅关注胡塞尔超越论哲学的系统结构。这也是德里达的实际做法。他在对胡塞尔《逻辑研究》的批评中基本上没有顾及两个前后版本之间的差异，而把矛头直接指向胡塞尔的超越论意识本身。他特别指出胡塞尔在《观念》I 中提出了"'无心灵的（seelenlos）意识'的基本可能性"[①]。这是指胡塞尔在该书第 54 节中所做的描述："当然，一个无身体的、而且（即使听起来背谬）也是无心灵的、非人格的意识是可以想象的。这就是说，一个体验流，意向的经验统一体身体、心灵、经验的自我主体就是在这体验流中构成自身；所有这些经验概念、因此也包括在心理学意义上的体验概念（作为一个人的、一个活的自我的体验）在这体验流中都不会具有立足之点，并且无论如何都不会具有有效性。"（《观念》I, 105, 119）

实际上这种所谓"无身体的和无心灵的意识"的基本可能性

---

① 德里达：《声音与现象》，11/61。在《声音与现象》和《观念》I 的中译本中，"Seelen"都被译作"精神"。这个翻译十分不妥。因为其一，相对于"精神"的德文应当是"Geist"，它具有客观的意味。其二，"Seele"在德文中（与英文的"soul"一词相似）一般被用来指称人的灵魂。笔者认为在这里比较切合的翻译是"心灵"（当然也可译作"灵魂"，但这个翻译在这里就涵盖过广，因为我们也说动物的灵魂、死者的灵魂等等）。

并非像德里达所说的那样是在《观念》I 中才展示出来，而是在《逻辑研究》第一版中就已经被提出了。胡塞尔在这时已经谈到"无心灵的心理学"的观念，并且认为，"对一门'无心灵的心理学'的要求与对一门'无物体的自然科学'的要求是一致的；前者所指的是这样一门心理学，它不去顾及所有那些与心灵有关的形而上学假设——之所以不顾及，乃是因为这些假设只有在完善了的科学中才能成为明察——后者所指的是这样一门自然科学，它首先拒绝所有那些关于物理之物的形而上学自然的理论。"（《逻辑研究》II/1, A339）

很明显，这个观点与胡塞尔拒斥形而上学的做法是基本一致的。在开始心理学的探讨之前，"心灵"或"自我"也作为形而上学的预设而被搁置起来。换言之，这个意义上的心理学研究就意味着：不去讨论任何心理①之外或之上的东西。这样，"心理学"就与"心而上学"区别开来，一如"物理学"与"形而上学"的划分。

这个思路的走向与笛卡尔的第一哲学沉思也是相同的。当笛卡尔用普遍怀疑搁置了一切有效性之后，他所获得的最终确然性"cogito"，也是无心灵、无自我、无身体的。只是他很快放弃了这个纯然的、"既无心灵、也无身体的意识"领域，立即推导出"sum"的结论，因此而重归"自我形而上学"或"心而上学"的家园。除此之外，在胡塞尔之前，我们还可以在 F. 布伦塔诺那

---

① 在胡塞尔这里更为确切的说法是"意识"，因为在谈论"心理"时（中文也是如此），我们通常指的都是某个实际的、世间的生物的意识状态。

里发现"无心灵的心理学"的问题。[1]说到底，这样一种超越论的观点并非胡塞尔的独创，尽管它不完全符合康德所赋予这个概念的原本意义。类似的概念和名称、思考和描述，在笛卡尔以来的欧洲哲学发展中不断出现。而且更早在东方思想中，如在佛教，尤其是唯识学的发展中也出现过。[2]胡塞尔毕生劳作所取得的一个重要贡献在于，用现象学的描述方法将它大幅度地细致化和系统化了。

需要提醒注意的是，胡塞尔在 1913 年的第二版中又删去了这段文字，并且重新承认一种作为"关系中心"的纯粹自我的观点。胡塞尔这个问题上的思路历程仍然与笛卡尔以及布伦塔诺的非常相近。应当说，在笛卡尔到胡塞尔的思想发展中明显贯穿着一条超越论的发展线索。而在这个发展中，真正具有形而上学（心而上学）性质的并不是这个"无心灵的意识"，而是那个以后又被众人或多或少设定的"无意识的心灵"[3]。这个实事状态即使不是不言自明，也可以说是一目了然的。除非我们给"形而上学"以不同的意义，否则我们不可能说，胡塞尔提出的"纯粹意

---

① 详见笔者《自识与反思——近现代欧洲哲学的基本问题》，北京：商务印书馆，2002 年，第 362 页。

② 佛陀便曾提出过"无我"（anātman）的学说。渥德尔认为："无我也可以译为无灵魂（因为至少是婆罗门时常将我字——ātman 解为灵魂），将经验现象分析为五种聚落或范畴：色、受、想、行、识等五蕴（skandha）。每一种蕴都属无我，因为你不能主宰它。故曰'应如实知'。"（《印度佛教史》，王世安译，北京：商务印书馆，1995 年，第 55 页）

③ "无意识的心灵"在这里做"没有被意识到的心灵"解。这也是德文"无意识"（unbewußt）的基本含义。

识"或"超越论意识"是形而上学的预设，而他认可的"纯粹自我"或"超越论自我"反倒不是形而上学的预设。

当然，接下来还可以说，胡塞尔在这里所说的超越论意识或纯粹体验不仅是"无心灵的"，而且也是"无身体的"。这是胡塞尔现象学有别于以后法国现象学发展的一个关节点，甚至也是胡塞尔不同于舍勒现象学的一个关节点。总之，对超越论走向的质疑和摈弃是胡塞尔以后的时代精神之主宰，除了一小部分人以外，大多数哲学家如今都离开了超越论领域。德里达在这点上对胡塞尔的批判，至此为止并没有许多新意可言。他只是提出自己主张："超越论的意识除了是心理学的意识之外，不是任何其他的东西"（《声音与现象》，15/63），却没有提出任何论证性的反驳。

三、平行论与双重性的问题

或许德里达在提出这一批评时所执的角度还有一些值得关注的地方。他是从胡塞尔所描述的超越论意识与心理意识之间的平行性切入问题的。在他看来，由于超越论维度的提出，出现了在超越论意识与心理意识之间的平行性问题。这个问题贯穿在从《逻辑研究》到《观念》I、直至后期《笛卡尔式的沉思》的整个思想发展过程中，并且引发出诸多的困难。他甚至认为，"所有这些困难都被包容在'平行论'这个扑朔迷离的概念之中"（《声音与现象》，13/62），"平行性的概念将胡塞尔现象学的全部的谜都集于一身"（《声音与现象》，37/82－83）。

对于胡塞尔思想中超越论主义走向的必然性，笔者在其他文

字中已经做过较为详细的论述。①简言之，《逻辑研究》第一版
中遗留的许多问题不通过超越论的转向是无法得到彻底解决
的。而胡塞尔将哲学视为严格科学的立场决定了他必须寻求彻底
的解决方式。笔者在这里并不想论证，究竟是超越论转向造出的
困难多，还是克服的困难多，因为这样一种思考取向本身还处在
思维经济原则的作用范围内。②需要考虑的更多是这样一个问
题：这些困难的产生是否的确如德里达所说，乃是因为在本体论
上没有什么东西与超越论意识和经验心理这两个领域以及与之
相关的超越论现象学的还原和心理—现象学的还原相符合。也就
是说，超越论领域是胡塞尔超越论现象学的虚构，而且这种虚构
恰恰在支撑着这门学科的成立。按德里达的说法，"如若没有这
样一种双重化（它的严格性不会容忍任何模棱两可）的可能性和
对这种可能性的认可，如若没有在这两种悬搁行为之间延伸的不
可见间距，那么超越论现象学就会从根源处被摧毁。"③

　　德里达在《声音与现象》中的一个主要意图便是通过对在
超越论性和世间性之间的差异的消解，铲除对超越论领域的虚
构。或者也可以说，解构超越论意识并因此解构超越论哲学。他

_____

　　① 参见笔者《现象学及其效应——胡塞尔与当代德国哲学》，第一章第
6 节"胡塞尔从本质现象学向先验现象学的必然过渡"。

　　② 胡塞尔本人在《逻辑研究》第一卷的第 55 节"思维经济学对于纯粹
逻辑学和认识论来说是没有任何意义的。思维经济学与心理学的关系"中曾
批评过这一原则，他认为，"如果一个心理学的规律或认识论的规律所谈的是
对最大可能的功效的追求，那么这个规律一定是荒唐的"。

　　③ 德里达《声音与现象》，12/61。在德文版中漏译了"超越论现象学"中
的"超越论"三字。

直截了当地把这种差异看作是一种"乌有"(rien)、"一种并不区分任何东西的差异"(《声音与现象》, 15、12/63、61)。细究起来, 德里达在这里仍然没有提出新的观点。因为对超越论现象学领域与现象学的心理学领域之差异的消除与对超越论意识的否定是一而二、二而一的。进一步的分析还会表明, 德里达对平行论的反驳和消解仍然是外在的。

德里达在这里所说的"双重化"也就是胡塞尔所说的"平行性"①, 而德里达所说的"两种悬搁行为"也就是胡塞尔所说的"超越论现象学的还原"和"现象学心理学的还原"。它们涉及超越论意识和心理意识两个研究领域以及超越论现象学与现象学心理学两门学科的相互关系。这种平行性在胡塞尔那里确实具有不容含糊的严格界定。他在《观念》I 中明确地说："纯粹现象学不是心理学, 并且它之所以不是心理学, 原因不是偶然的划界和术语, 而是其根本的原则。尽管现象学为心理学提供了如此大的方法意义, 尽管它为心理学提供了如此根本的'基础', 它本身作为观念科学却不是心理学, 正如几何学不是自然科学一样。甚至它们之间的区别比上述比较中的区别 [即几何学与自然科学的区别] 更彻底。"(《观念》I, 4 - 5) 对于胡塞尔来说, 超越论意识相对于心理意识是一个更为原初的领域, 或者说, 后者奠基于前者之中。德里达也注意到了胡塞尔所强调的这个奠基关系, 并将此表述为："纯粹心理对作为原—领域 (archi-région) 的

---

① 关于胡塞尔所使用的"平行性", 还可以参阅笔者《胡塞尔现象学概念通释（增补版）》, 第 355 页。可以说, 这个概念与"相似性"概念是基本等义的。

超越论意识的依附"（《声音与现象》，12/61）。也就是说，心理意识是从超越论意识中构成自身的，因此，超越论意识的有效性不会包含在心理意识的有效性之中，但超越论意识的构成却会决定心理意识的构成。

除此之外，胡塞尔对超越论意识和心理意识之间的平行性还有另一个值得留意的描述。这便是他在 20 世纪 20 年代阿姆斯特丹讲演中所做的解释，德里达也注意到了这个解释："这种平行意味着：一种在个别性和联结上就所有的和任一的方面都平行的相应状态（Entsprechen）、一种在完全特别的方式中的差异状态、但却不是在某种自然意义上的分离状态、分开状态。"（《全集》IX, 342）

胡塞尔在这里一方面强调在特别方式中的差异状态，另一方面又强调不是在自然的意义上（或"在通常的意义上"）的分离状态。"必须正确地理解这一点"，他补充说："我的超越论自我作为超越论的自身经验的自我明见地'有别于'我的自然人的自我，但却不是一个在通常意义上的第二者、与此分离者、一个在自然的相互分离中的双重性。"（《全集》IX, 342）。

究竟如何才能正确地理解这种既分又不分的状态呢？应当说，这里并不存在德里达所说的"双重性"和"双重化"。当胡塞尔在前面引文中说到"双重性"（Doppelheit）时，他是在否定的意义上使用这个词。他把"双重性"看作是对超越论意识领域和心理意识领域的自然的、通常的理解方式的结果。但是，正如他在《观念》I 的引论就竭力想要说明的是：要想理解现象学所研究的是一种什么样的"意识现象"，必须首先具有超越论的观点。他也将这种观点称之为"哲学的观点"，这种观点与日常的

"自然观点"是完全不同的："现象学所研究的是'意识'，是所有的体验种类、行为、行为的相关项，这是一个事实，但这个事实并不会对我们在上面所确定的在现象学与心理学之间的差异带来丝毫改变。当然，对于传统的思维习惯而言，要花费很大力气才能看到这一点。"（《观念》I, 3）

　　因此，要想理解超越论（或纯粹）现象学与现象学的心理学的差别，必须先有观点的转换。惟有从超越论的观点出发，才能看到超越论的领域以及它与心理领域的差别。这种观点转换，并不是指对一个与原有领域相并列的新领域的发现，不是指原有的一个领域被双重化为两个领域，也不是像德里达所说的那样"一个是内世界的，另一个是外世界的"（《声音与现象》, 16/64），而更多是指对同一个领域的不同角度的观视，它为我们提供对此领域的不同图像。用胡塞尔在阿姆斯特丹讲演中的话来说，"显而易见，这是一种由超越论悬搁所提供的单纯的观点变化，它把我的纯粹心理学自身经验（心理学意义上的现象学自身经验）转变为超越论的自身经验。"（《全集》IX, 342）

　　关于胡塞尔所设想的现象学与心理学之间的关系问题，学界已经有过许多讨论①，笔者在这里并不想展开这个问题。需要说明的只是一个在胡塞尔与德里达之间的观点对立：德里达否认在超越论领域与心理领域之间的差异，因此也否认超越论领域的存在；胡塞尔则似乎预先提出了对此立场的反驳，他认为停留在自

---

　　① 例如参见 E. Ströker, E. : „Phänomenologie und Psychologie. Die Frage ihrer Beziehung bei Husserl", in: *Zeitschrift für philosophische Forschung* 37 (1983), S. 3 – 19。

然的、通常的、传统的观点中而不转入超越论的观点，就无法看到在超越论领域和心理领域之间的特别差异。——很奇怪，德里达在这里似乎代表了传统的观点。

由于这两种对立的坐标系是在不同的思维前提下形成的，因此在这里无法谈论相互间谁克服谁、谁解构谁的问题，至多只能涉及相互间的奠基与被奠基、包容与被包容的可能。

四、生命与声音概念的引入

尽管德里达把超越论性与世间性的差异、"超越论心理主义"的组合称之为"最诱惑人和最细致入微、但也是最含混的"（《声音与现象》，14/63），并加以否认，但他仍然以一种不无悖谬的方式来谈论这两者的联结，并且由此引出"生命"(vivre)的概念："使这两个平行者的特殊统一得以成立的，并且通过自身的分裂而把超越论者与它的异在最终焊接在一起的，就是生命。"（《声音与现象》，16/65）

这个意义上的"生命"实际上相当于宽泛意义上的"生活"或"活动"。易言之，生命（Leben）就意味着活性（Lebendigkeit）。因为，无论是超越论意识还是心理意识，都是以体验流的方式进行的：一方面，所谓"'无心灵的意识'……就是超越论的、活的意识"；另一方面，"事实上很容易注意到，'心理'概念的核心就是作为自身关涉的生命，无论它是否在意识的形式中进行。"在这个意义上，它们都是"生活的"或"活动的"意识。根据这种对胡塞尔的理解，德里达把"生命"解释为超越论意识和心理意识的"共同根基"，无论这里的生命是指"超越论的生命"，还是指"经验的（或一般世间的）生命"（《声音与现象》,10-11/59-60）。这样,在德里达看来,"生命便是一个先于还原并且摆脱所有那些由此还原所揭示的分裂的名称"。他甚至认为,现象学,即他称作"在观念性形式中的在场形而上学"的现象学,同时也就是"生命哲学"。（《声音与现象》,10/59）

"生命"因此而成为"超—超越论的"生命。德里达没有说明,这里所说的"生命哲学"是否与狄尔泰等人所倡导的"生命哲学"有相同之处。但他显然赋予这个意义上的生命以独特的意义,它既不是生物学意义上的生命,因而它不会死（《声音与现象》,68-69/109）;也不是胡塞尔所说的日常生活世界 (Lebenswelt) 中的生活:"把握到这个生命／生活概念的是一个评判机制,它不再是前超越论的素朴性、日常语言或生物科学的评判机制。"因此,德里达本人最终也认为,应当用另一个名称来命名它。（《声音与现象》,17/65）

至此,德里达已经是在沿着自己的思路前行了。顺着这个思路,他提出另一个在他看来足以构成现象学核心的概念:"声音"。在陈述了"生命"概念的涵义之后,他不无突兀地提出一个命题,即意识的特权就是声音。这个命题起先是以假言命题的样式出现:"如果意识的特权（胡塞尔从未询问过这个特权究竟何在,尽管他对意识做出了如此引人入胜的、无穷无尽的、并且在许多方面都是革命性的沉思）无非就是活的声音的可能性,那么人们就不会对现象学所做的那些坚持不懈的、迂回曲折的、刻苦勤勉的努力感到惊异,这些努力就在于:维护言语 (parole),并在逻各斯 (logos) 和音素 (phóne) 之间系上一条本质的纽带。"而后德里达再次以直言命题的形式强调:"作为意识的在场的特权只能借助于声音的突出力量而得以确立,这是明见的,当然,这个明见性在现象学中从未占据过主导地位。"(《声音与现象》,17/65)

这些论述给人的印象是:德里达看到了在现象学中实际隐含着的(甚至是明确显露着的)、但却未受到足够关注的关节点。对这个关节点的指出和把握可以使现象学的工作免去许多不必要的艰辛,并且使得许多困难迎刃而解。

因此,德里达说,这些可能"在呼唤一个回答。而这个回答就是:声音"。但他紧接着又说——这几乎已经成为德里达的风格——"声音之谜充满在它于此看起来须要回答的所有事物之上。"(《声音与现象》,17/65)如果我们不想把这两段话看作是自相矛盾的,即:声音既是答案又是问题,那么一个可能的解释就是:"声音"在这里既可以用作解决现象学问题的手段,同时本身也是现象学分析的对象。

至此,德里达完成了他从胡塞尔的现象学和一般现象学出发向他所看到的声音现象学之中的引导,这个引导构成《声音与现象》"导言"的基本内容。在这里已经可以看到德里达的大致意向:《声音与现象》与其说是"胡塞尔现象学中的符号问题导论",不如说是他所主张的"声音现象学"的导论。这当然不是一个批评,而只是一个事实的确定。需要批评的仅仅是:这个从胡塞尔超越论问题质疑到声音问题提出的过渡并不顺畅。例如我们至此始终无法确定,倘若超越论领域本身是一种虚构,那么声音的中介作用还存在于何处,以及如此等等。最近的一个疑问还在于:"生命"概念与"声音"概念的内在联系究竟是怎样的,一种可能:"声音"就是"生命"的异名。另一种可能是:"声音"是体现"生命"的一种方式,因为德里达在这里谈及"活的声音"(《声音与现象》, 17/65)。——后面我们会看到,德里达本人始终没有提供一个明确的答案。

以此方式,我们随德里达的引导而进入到他所理解的胡塞尔现象学的符号问题之中。

五、语言、符号意识的结构、声音

在谈及"观念性的在场"和"超越论的生命"等复合问题时,德里达曾在《声音与现象》的"导言"中说:"在语言问题尚未被克服之前,这样的申言总是来得太早。因为惟有语言才是在场与不在场的游戏的中介。"(《声音与现象》, 10/59) 一系列的表述明确地表明,语言问题实际上在德里达这里获得了一个在胡塞尔那里不曾有过的凸显地位。德里达选择胡塞尔的第一逻辑研究为他的突破口,一个明显的用意就在于,他想强调语言在现象学中应有的重要位置。这个做法与他当时所处的"向语言的转向"的大气候是同步的。①

的确,在胡塞尔的意识现象学中,语言问题虽然处在"较高的位置"上,但却从未具有中心的或基础的位置。虽然胡塞尔在《逻辑研究》的第一研究中便探讨"表达"与"含义"的问题,但现象学的意义理论和语言分析在他哲学中只占有第二性的位置。这乃是因为,胡塞尔把认识成就的第一形式归属于感性的感知。而与意义相关的是语言陈述和判断,它是奠基于感知、想象

---

① 当然,德里达所理解的"语言",有其特殊的涵义。后面在讨论"声音"概念时,我们将会注意到这一点。

等直观行为之上的意向活动，具体地说，它是非直观的符号行为。语言哲学因此在胡塞尔哲学中只具有在意识哲学之后的位置，符号意识也必须奠基于直观意识之中。正是因为这个缘故，现象学在总体上具有不同于英美语言分析哲学的本质特征。[①]

　　所谓符号意识在直观意识中的奠基，或者也可以说，非直观行为在直观行为中的奠基，是胡塞尔通过意识行为分析而确定的存在于各个意识行为之间的一个基本奠基关系。非直观行为之所以必须奠基在直观行为之中，是因为前者不具有自己的感觉材料，因此必须借助于后者。例如，任何一个符号都必须通过感性的方式显现出来，而后才可能行使符号的功能。这个意义上的符号也被称之为"感性符号"，诸如被发出的一组声音、纸张上的文字符号以及其他等等。一个没有任何感性辅助的纯粹符号是不可能的。换言之，符号行为的本质结构决定了，它必须借助于直观行为所提供的感觉材料才能进行。由于直观行为包括感知行为和想象行为，因此，"被发出的一组音响""纸张上的文字符号"都可以是想象中的，它们不是严格意义上的感觉材料，而更应当被称作"直观材料"。

　　这里所提到的"音响"(Laut) 并不等同于德里达所说的"声音"(voix, Stimme)[②]，因为"音响"在胡塞尔那里属于感性的（或

---

　　① 对胡塞尔在第一逻辑研究中对语言问题之探讨的详细论述，可以参见前面第二章"现象学如何理解符号与含义"。

　　② 笔者在《逻辑研究》中译本中将"Laut"译作"声音"。这里为区别起见改译做"音响"，后面的"Schall"则仍译作"声响"。这两个概念都被胡塞尔用来表达"物理的声音"。

直观的）、物理的表达现象。①如前所述，它在任何符号行为中都不可或缺，就像在图像意识中的物理图像一样。②而德里达所说的"声音"却并不具有这种性质。"声音"在他看来并不需要被发出，哪怕是以想象的方式。他在《声音与现象》中用一章的篇幅来论述"保持沉默的声音"。对他来说，"胡塞尔没有赋予有声的实体或物理的声音、内心世界声音的躯体以一种与逻各斯一般的原初亲和力，而是将它赋予给现象学的声音……"德里达在书中始终没有用胡塞尔所具有的那种明晰性来描述这个意义上的"声音"究竟是什么。他在此只是将它与"在其超越论的身体性中的声音""呼吸"以及某种"意向的赋灵"并列而论，后者可以"使语词的尸体变为肉体，使'躯体'变为一个肉体、变为一个'精神的''身体性'"，如此等等。在这个意义上，他也把"现象学的声音"等同于"面对世界的不在场而继续说话并且自身继续在场——自身继续倾听——的精神肉体"（《声音与现象》，18/67）。

这个意义上的"声音"，在胡塞尔的现象学分析中是无处可

---

① 这里需要特别插入对胡塞尔在第一研究中对表达所做的三重划分的说明：他在那里指出，以往人们都把表达区分为表达的物理方面和表达的心理体验方面。但他自己在第一研究的第9节中则将表达一分为三："物理的表达显现、意义给予的行为与意义充实的行为"（参见《逻辑研究》II/1，A37/B₁37）。"物理的表达显现"也可泛泛地称作"感性符号"。后面我们还会一再地回到这个概念上来。

② 对胡塞尔的符号意识分析和图像意识分析结果的类比在后面的论述中还会一再出现。关于胡塞尔的图像意识分析可以参见笔者的文章《图像意识现象学》，载《南京大学学报》，2001年第一期。

寻的。在他对语言表达式的多重划分中没有这个基本因素的位置。"声音"并不是感性的、物理的现象，因此德里达说，"一种'世间'的客观科学几乎不能向我们传授任何关于声音的知识"（同上，101/137）；"声音"既不是被理解为标识者（符号），又不是被标识的东西（客观的含义或客观观念的统一），因而"声音"也不成为现象学含义学说的讨论对象。据此，德里达有理由将"声音"视为他为现象学所贡献的一个关键概念。他曾用海德格尔式的和胡塞尔式的术语来描述这个"声音"："从结构上来论证，没有声音，任何意识都是不可能的，声音是在普全性形式中的在自己之旁的存在、一同意识（con-science）。声音就是意识。"①

六、符号现象学的要素与"纯粹表达"的可能性

无论如何，从总体上看，"声音"究竟意味着什么？这个问题对我们来说至此还是一团模糊。但许多迹象表明，德里达把它理解为现象学的"纯粹表达"。这种表达是在自语的情况中显露出来并被把握到。②当然，更好的办法是：在能够做出这个确定之前，我们沿着德里达的论证途径进一步向前走。

德里达用了很大的篇幅来引导读者走向胡塞尔第一研究的第8节"在孤独的心灵生活中的表达"，也就是胡塞尔所说的"孤独的话语"或德里达所说的"自语"。但这个引导显然是必要的，我

---

① 德里达：《声音与现象》，101/137。逻辑学家会认为这几个命题显然是自相矛盾的。

② 对这个问题，钱捷在他的论文中也没有给出明确的答案。但他也似乎倾向于把"现象学的声音"理解为"纯粹表达"。

们在这里可以做一个简短的提要。

首先要说明，表达在胡塞尔那里是指"有含义的符号"（参见第一研究第 5 节）。这意味着，符号的概念要比表达的概念更宽泛，因为还存在着没有含义的符号。但是，"表达"概念的范围又可以比"符号"更宽泛；因为胡塞尔的分析表明，并不是所有"表达"都与"符号"有关。只有在告知的话语中，在"传诉"中，"表达"才与"符号"交织在一起，而在孤独的心灵生活中，"表达"则可以在独立于"符号"的情况下发挥含义的作用（《逻辑研究》II/1, A24/B₁24、A32 − 36/B₁32 − 36）。①

这里我们已经涉及"纯粹表达"的问题了。胡塞尔认为，表达的基本的和首要的功能是交流。交流构成表达的本质。但是，他同时指出，"即使在与自己交流而不做告知的心灵生活中，表达也被赋予了一个重要的角色。很明显，这个作用的变化并不会改变表达的本质。表达一如既往地具有它们的含义，并且具有与在交往话语中同样的含义。"（《逻辑研究》II/1, A35/B₁35）

这里需要对一再出现的"含义"这个概念（包括与它相关的"含义指向"概念）做一个简短说明：胡塞尔在他的意义（含义）理论中区分含义和含义指向，在符号行为中，含义是同一的，它背后的根据是种属的同一，具有客体的相关性。而含义指向是一个指向含义的意向行为，它是个体的，与个别的主体行为相关联。意义理论要讨论的是在同一的含义与杂多的个体含义指向之间的复杂关系。在以后的《观念》I 中，胡塞尔也借用古希腊的一

---

① 在前面第二章"现象学如何理解符号与含义"中，笔者已经对这里的关系做了较为详细的重构。

对概念而将它们称作"意向活动"(Noesis) 和"意向相关项"(Noema)。它们的确切意思是指：赋予意义的行为和由此而构成的一个行为的意义统一。[①]

在做完这个简单说明之后，我们来考察胡塞尔的一个命题：在含义与表达之间存在着一个本质联系。胡塞尔认为，"表达这个概念中含有这样的意思，即：它具有一个含义。如前所述，正是这一点才将它与其他的符号区分开来。因此，确切地说，一个无含义的表达根本就不是表达"(《逻辑研究》II/1，A54/B₁54)。

由此可见，含义是包含在表达中的本质性的因素。那么，什么是表达中非本质的东西呢？胡塞尔认为，一个表达所具有的传诉的功能不是根本性的。也就是说，一个表达是否进行传诉，是否告诉我们什么[②]，这不属于表达的本质。例如，在孤独心灵生活中的表达就不具有传诉的功能，但却仍然可以被看作是表达。因此胡塞尔说，"表达的含义以及那些本质上包含在表达中

---

① 笔者在此还不能确定，胡塞尔的"含义"与"含义指向"或"意向活动"与"意向相关项"是否可以与 F. 索绪尔的"能指"与"所指"对应起来。

② 对这里所说的"交流功能"或"传诉功能"的含义，胡塞尔解释说："交往话语中的所有表达都是作为指号在起作用。对于听者来说，这些表达是说者'思想'的符号，就是说，它们是说者的意义给予的心理体验，也就是那些包含在告知意向中的心理体验。我们将语言表达的这个作用称之为传诉的作用。传诉的内容是由被传诉的心理体验所构成的。我们可以在一种较为狭窄的和一种较为宽泛的意义上理解'被传诉'这个谓语。我们将狭义上的传诉限用于那些意义给予的行为上，而广义上的传诉则可以包含说者的所有行为，即所有那些由听者根据说者的话语（并且也可能通过这话语对这些行为所做的陈述）而附加给说者的行为。"(《逻辑研究》II/1，A33/B₁33)

的东西，与表达的传诉成就是不可能相等的。或者我们是否应当说：我们在孤独的心灵生活中也在用表达进行着传诉，只是这种传诉不是针对第二者进行的而已。或者我们是否应当说，孤独的说者是在对他自己说，语词对他来说也是符号，即他自己心理体验的指号。我不相信可以提出这样的见解。"（《逻辑研究》II/1，A35/B₁35）

对此，德里达的解释是："表达'原初的职责'就在于完成告知的功能。尽管如此，如果表达履行它的这个交流的功能，它就永远不会是纯粹的它自己。因为，惟当交流的功能被中止时，纯粹的表达功能才能显现出来。"（《声音与现象》，47/91）可以看出，德里达基本再现了胡塞尔的这个意向，尽管在胡塞尔那里从未出现过"纯粹表达"这样的说法①。这个意义上的"纯粹表达"，是指在排除了（或者说，还原了）表达的非本质因素之后留存下来的那些表达部分。

这样，"孤独的心灵生活中的表达"便与"交流功能中的表达"相对而立。前者可以说是代表了表达的本质所在。这个本质就是：表达是有含义的符号。即使表达不告知什么、不传诉什么，它们仍然"一如既往地具有它们的含义，并且具有与在交往话语中同样的含义"（《逻辑研究》II/1，A35/B₁35）。

至此为止，德里达还没有离开胡塞尔的思路轨迹。只是当德里达因此而得出自己结论时，他与胡塞尔的差异才逐步显露出来。

---

① 后面可以看到，胡塞尔用的相应措辞是"表达之为表达"，亦即表达本身。

七、向孤独心灵生活的还原与德里达的两个基本意向

胡塞尔在《逻辑研究》第二卷中只用了一节的篇幅来讨论"孤独心灵生活中的表达"的问题，而德里达的整篇文字都可以说是围绕这个问题来展开的。因此，"孤独心灵生活中的表达"问题显然是德里达所发现的突破胡塞尔现象学的一个切入点。

在随胡塞尔确定"纯粹表达"的事实之后，德里达立即从中得出一个重要的结论："作为不在场的与他者的关系是表达的不纯粹性。因此，为了在语言中还原掉指示，并且使纯粹表达得以确立，就必须将这种与他者的关系搁置起来。"（《声音与现象》，50/94）这个结论直接把表达的交往和自语的特性与交互主体和主体的关系联系在一起。语言问题与社会性问题被放到了同一个层面上。

现在还不能说这个结论有悖于胡塞尔的本意。因为，在一定意义上的确可以把"孤独心灵生活中的陈述"看作是一种现象学还原的结果。它意味着，纯粹的陈述可以在不考虑他人的情况下进行。但是，德里达随后又把这个结果做了更进一步的扩展，即用后《逻辑研究》的术语来形容这个在《逻辑研究》中进行的"还原"："向独白的还原隐含着对经验实存的加括号"（《声音与现象》，54/97）。也就是说，纯粹的陈述不仅可以在不考虑他人的情况下进行，而且可以在不考虑整个现实世界（世间）的情况下进行。至此，胡塞尔本人已经无法在这个扩展了的结果下签名。

但德里达本人的两个基本意向在这里已经呼之欲出。首先，胡塞尔的所谓"向独白的还原"被他等同于超越论的还原。对

此，他在另一处说得更明确："以'孤独心灵生活中的表达'为题的第 8 节开辟了一条道路，它在两个观点上是与《笛卡尔式的沉思》中向本己性的单子领域的还原道路平行展开的，即：在心理的东西和超越论的东西之间的平行，以及在表达性体验的层次和体验的层次之间的平行。"（《声音与现象》，51/94-95）这意味着，在自语中的表达活动和交流中的表达活动之间存在着平行性，而这个平行性与前面所说的心理意识与超越论意识之间的平行性又是平行的，即相一致的。如果这个说法成立，那么德里达在《声音与现象》一开始就显露出的那个常识错误就可以被看作是他有意提出的一个命题：在胡塞尔那里不存在"超越论的转向"，因为超越论的维度早就存在于《逻辑研究》之中，"书上的每一页都可以读到本质还原和现象学还原的必要性"（《声音与现象》，51/1）。于是，胡塞尔 20 世纪前十年自认为和被认为曾经历过的内在转变，在德里达这里被一笔抹消。——由于这个命题主要涉及哲学史的解释，因此我们不打算在这里做出回应，而是主要关注德里达的第二个诠释意向。

这个意向在于，德里达认为，如果存在着纯粹表达的可能性，那么物理的表达现象就不再是必须的。胡塞尔在第一研究中对表达所做的三重划分在这里受到了质疑，甚至可以说，受到了进一步的还原。既然与他人的交流已经不是必需，那么与他人交流的物理中介和手段也就不再是必需的。因此，在自语的情况中，德里达认为，"我不再继续需要物理的通道，或某种形式的共现一般的通道。"①他在另一处还说："这种向内心独白的还原

---

① 德里达：《声音与现象》，50-51/94-95。关于"共现"概念可以参

的第一个好处就是，语言（langage）的物理发生看起来是不在场的。"（《声音与现象》，51/95）

德里达的这个意向所导致的可能结果不仅在于否定胡塞尔对表达之本质的三重划分，而且还可以进一步引发对胡塞尔所确定的整个意识奠基层次的否定。后面这个进一步的结果对于胡塞尔现象学所建立的意识理论体系来说可以是毁灭性的。[①]

这个奠基层次——如所周知——可以为作为第一哲学的理论哲学提供论证，因为意向性在这里成为意识一般的本质基础，通过意向性而构造起对象的认识行为（对象化行为）也就成为所有情感行为（非对象化行为）的基础。在这个意义上，实践活动建基于认识活动之上，相关的实践哲学自然也就建基于理论哲学之上。如果这个奠基顺序被推翻，那么理论哲学作为第一哲学的地位也就被推翻。

但德里达在当时似乎还没有走得那么远。对这样的奠基顺序，他想置疑的更多是：符号意识是否必须奠基在直观意识之中。对此，他在《声音与现象》中用了很多的笔墨来分析《逻辑研究》的"多重混乱"（更确切地说是四重，参见《声音与现

阅笔者《胡塞尔现象学概念通释（增补版）》，第 56 - 57 页，以及笔者在《超越笛卡尔》（载《江苏社会科学》，1998 年第二期）一文中对各种意识行为中含有的"预设与共现"结构的论述。这里可以简单地说，符号意识中的"共现"是指：借助于感性符号的"体现"（Präsentation），一个观念的对象或含义显现出来，这个对象或含义所包含的超越出感性材料的部分，便是通过"共现"（Appräsentation）的方式显现的。

① 当然，前提是这里的其他几个条件还必须得到满足。我们稍后就会回来说明这一点。

象》，70－71/111）。这里提到的第一个混乱就是："首先是在其纯粹表达性中，各个表达现象被看作是想象表象"。接下来的三个混乱也都与想象的问题有关。实际上，《声音与现象》第三章的大部和第四章的全部都与表达中的想象问题有关，第四章结尾所列出的四重混乱是前面分析的一个总结。而以后的各章（第五章至第七章）也无一不与纯粹表达中的想象有关。如果说海德格尔在存在问题上对胡塞尔现象学的借助与突破主要表现在第六逻辑研究的第五章和第六章中，尤其是在其中的第45节中，那么德里达在对胡塞尔现象学的诠释与解构就主要表现在对第一研究的第一章中，尤其是在第37节中。

八、纯粹表达中的想象问题

德里达所说的"纯粹表达中的想象"与胡塞尔在第8节和第9节中的一段说明有关。如前所述，德里达认为，如果存在着纯粹表达的可能性，那么物理的表达现象就不再是必须的。对此，他认为可以在胡塞尔的说明中找到依据。他所一再引用的胡塞尔原文是：

"符号的此在并不会引发含义的此在，更确切地说，并不会引发我们对含义此在的信念。被我们用作指号（记号）的东西，必定被我们感知为在此存在着的。这一点也适用于在告知的话语中的表达，但不适用于在孤独的话语中的表达。在孤独的话语中，我们并不需要真实的语词，而只需要被表象的语词就够了。在想象中，一个被说出的或被印出的语词文字浮现在我们面前，实际上它根本不实存。我们总不能将想象表象，甚或将那些为它奠基的想象内容与被想象的对象混为一谈吧。这里实存着的不是被想象的语词声音或者被想象的印刷文字,而是对这些声音或文字的想象表象。这里的区别和在被想象的半人半马怪与关于半人半马怪的想象表象之间的区别是相同的。语词的不实存并不妨碍我们。但它也不会引起我们的兴趣。因为就表达之为表达的作用而言,这根本就是无关紧要的。"(《逻辑研究》II/1,A36/B₁36)

胡塞尔在这里所说的"表达之为表达",基本上可以被理解为"表达本身",或德里达所说的"纯粹表达"。而胡塞尔所说的"语词的实存""无关紧要",则意味着:在纯粹表达中,由于我们只须自言自语而无须与他人交流,因此,表达的物理现象或感性符号是可有可无的。在这里,我们甚至可以进一步说,胡塞尔认为,在纯粹表达的情况中存在着一种无需借助感性符号的"私人语言"。[①]

但这种无需物理表达现象的"私人语言"究竟是通过什么方式来进行的呢?如果在纯粹表达中没有感性符号,那么表达究竟还算不算是符号行为呢?从上面的引文可以看出,胡塞尔认为,在纯粹表达中,符号显示依然存在,只是并非以感知的方式,而是以想象的方式。

单就这一点来看,德里达并不能对胡塞尔提出任何实质性的质疑。因为即使胡塞尔认为在表达本身中可以缺少感性符号,他也仍然坚持其中想象符号的不可或缺,而想象活动本身仍然从属

[①] 关于维特根斯坦与胡塞尔对私人语言可能性之思考的差异,可以参阅笔者在《自识与反思》的第30讲"维特根斯坦:自身意识与私人语言的问题"中的论述。

于胡塞尔意义上的直观活动领域。在这个意义上，符号行为仍然需要奠基于直观行为之中。这和胡塞尔所描述的图像意识情况有相似之处，在图像意识中不可或缺的是一个物理图像，无论它是以感知的方式还是以想象的方式出现，否则图像行为就无从谈起。——这里并不存在德里达所说的混乱。

我们还可以从另一个角度来考察这个问题。事实上，胡塞尔的描述是非常严格的。他在第 9 节中还说："如果我们现在撇开那些专门属于传诉的体验不论，而是就表达本身所包含的差异而言来考察表达——无论表达是在孤独的话语中，还是在交往的话语中起作用，表达都包含这些差异——那么有两样东西似乎会保留下来：一是表达本身，二是它所表达的作为其含义（其意义）的东西。"（《逻辑研究》II/1, A37/B$_1$37）这意味着，胡塞尔本人将表达的本质要素还原到两点上：表达和含义，更确切地说，表达的活动和被表达的内容。接下来，胡塞尔说："正是由于这些行为的缘故，表达才比一个单纯的语音更多。表达在意指某物，而且正是因为它意指某物，它才与对象性的东西发生联系。"（《逻辑研究》II/1, A37/B$_1$37）也就是说，与所有意识活动的情况相似，在表达活动这里，我们也可以区分出实项的成分和意向的成分："实项的"是指在物理表达现象（广义上的感性符号）意义上的直观材料，"意向的"是对特定含义的意指，也可以说，将某个符号理解为某个意义的活动。

因此，严格地说，物理的标识者（实项成分）、标识活动（意向成分）是任何一个表达活动所不可或缺的本质。而被表达的内容在胡塞尔看来是每一个表达中都包含的意义①。

就此而论，上面提到的那个德里达命题（即：如果存在着纯粹表达的可能性，那么物理的表达现象就不再是必须的）还不能成立，因为，即使我们不需要被感知的符号，也仍然需要被想象的符号。

九、语言表达与意识体验的关系

德里达在第三章"作为自语的意指"中的论证，并不仅仅是要指出胡塞尔在符号行为奠基问题上的所谓"混乱"，而更多地是要把读者的注意力引到"处在这样一个问题式之中心的观念性（Idealität）概念"（《声音与现象》，65/106）上来。

因此，现在还需要对胡塞尔的相关描述和德里达的上述命题

---

① 至于这个意义（例如"金山"）是否以对象的方式直观地显现出来，这倒是无关紧要的。就像在图像意识中，例如在对塞尚的一幅"睡莲"画的观看中，除了物理图像和精神图像（即画中的小睡莲）以外，一个现实的睡莲是否会直观地显现出来，这也是无关紧要的一样。因此，胡塞尔说（这段话也为德里达在第七章中所引用）："这个对象性的东西或者由于有直观相伴而显现为现时当下的，或至少显现为被当下化的（例如在想象图像中）。在这种情况中，与对象性的关系便得到实现。或者情况并非如此；表达的作用也是含有意义的，即使表达缺乏奠基性的、给予它以对象的直观，它也仍然比一个空乏的语音更多。表达与对象的关系是包含在单纯的含义意向之中的，就此而论，这种关系现在尚未得到实现。"（《逻辑研究》II/1, A37/B₁37；可以特别留意原作者所加的重点号）因此可以说，符号行为必须奠基于直观行为之中，这不是指符号行为所标识的对象必须直观地显现出来，而是指符号行为中的标识着的符号必须以直观的方式被给予。

做进一步分析。我们还要回到前面提到的德里达第二个基本意向上去。它意味着对这样一个问题的回答：如果德里达证明，或更确切地说，他试图证明，胡塞尔通过独白的例子，消除了表达中的"符号"（《声音与现象》, 69/109），即消除了物理的、感性的、真实的符号，那么他的这个证明的目的究竟何在？

对这个问题要分几步回答。我们先来看德里达的第一个论证。他把胡塞尔将物理符号从表达中消除出去的做法解释为：胡塞尔把孤独心灵生活的单纯意指活动看得要比交往中的传诉功能更为根本。当然，胡塞尔自己也曾把孤独心灵生活中的表达也称之为"思想不仅仅应当以意指的方式被表达"（《逻辑研究》II/1, A36/B₁36）。实际上，尽管胡塞尔没有明说，但几乎已经可以确定，这种单纯的意指活动与其说是表达，还不如说是笛卡尔意义上的"思维活动"了。因此德里达说："从此刻起，符号的消除便与向表象的还原混淆在一起。"（《声音与现象》, 65/106）。

这里所说的"向表象的还原"是颇有深意的。如果表达被还原为表象、想象、当下化活动，那么这时的表达已经不再是传诉、告知、交流意义上的表达了。语言表达已经转变为行为体验了[①]。用胡塞尔的话来说，"在自言自语时，语词不可能以对心理行为此在而言的指号的作用而服务于我们，因为这种指示在这里毫无用处。我们自己就在同一时刻里体验着这些相关的行为。"（《逻辑研究》II/1, A36－37/B₁36－37）这样我们也就可以理解，为什么德里达要一再地指出，胡塞尔自己也已经不再把孤

---

　　① 德里达也敏锐地看到了这一点，因此他认为纯粹表达已经无异于"精神、心理、生命、意愿"了（《声音与现象》, 50/94）。

独心灵生活中的表达看作是真正的交流。(例如参见《声音与现象》，60/101，74/114;《逻辑研究》II/1，A36/B₁36)

从传统的观点来看，当我们对语言的使用不带有交往目的时，例如在出声的或无声的自言自语时，这种语言活动就无异于思维活动了。德里达把"纯粹孤独的概念"等同于"现象学意义上的单子概念"(《声音与现象》，87/124)，也是看到了这个传统。实际上，早在柏拉图那里，这种自言自语就已被等同于独自进行的意识活动。它或者被看作是前语言的、前表达的——例如在柏拉图、胡塞尔那里;或者被看作是与意识活动、思维活动同质的、同步的——例如在包括维特根斯坦在内的现代语言哲学家那里。德里达所要指明的就是胡塞尔的这一立场:"胡塞尔相信有一个前表达的和前语言的语言层次。"(《声音与现象》，38/81)"胡塞尔——我们将会看到——肯定想为体验预留一个'前表达的'、原初的、宁静的被体验之物层次。"(《声音与现象》，17/65－66)

同时德里达也在这里难得明确地表达了他与胡塞尔的分歧:他不赞同把表达的交往功能看作是可有可无的东西而还原掉，因为在他看来，语言表达的层次并不是一个后于或低于意识体验的层次，不是一个奠基于意识体验之中的层次;或者用德里达自己的话来说，"语言表达不作为一个附加的层次而与一个'前表达的'意义在场相衔接"(《声音与现象》，110/144)。

如果说，在心理意识领域主宰着的是"直观"这个现象学的"原则之原则"，那么在语言表达领域主宰着的便应当是另一个原则。德里达在这里提出他的一个至关重要的命题:"对在场的表象是这个指明的核心。如果告知或传诉是一种指示性的，那么这乃是因为，他人体验的在场是无法为我们的原初直观所达及的。"(《声音与现象》,49－50/93) 也就是说，德里达最终认为，交往功能中的表达与孤独心灵生活中的表达一样，都是基础性的，而且它们各有自己的功能和职责。由于我们无法直观他人的体验，因此我们必须借助于表达。否则我们会像在孤独心灵生活中一样，只需进行单纯的意指活动就可以达到目的了。德里达据此而赋予交往功能中的表达以一个与孤独心灵生活中的单纯意指同等的地位，或者更确切说，他要恢复这个被胡塞尔通过"符号的消除"而剥夺了的地位。

可以说，在德里达对胡塞尔现象学的所有批评中，上面的命题中所提出的观点已经算是最具有"内在性"的，因为它是在采纳了胡塞尔的基本表达理论之后才开始提出诘难。这个诘难在于：当胡塞尔把孤独的心灵生活看作是语言交流功能的基础时，他没有看到语言表达活动的真正本质在于交流。将一个非真正交流的独白自语看作是表达的基础，这可以说是一种意识本我论的立场和预设。

当然，是把语言现象还原为意识现象，还是把意识现象还原为语言现象，这几乎成了一个划时代的标志。偏重语言的社会交流功能而忽略对意识体验的内在反思，这也是一个基于交互主体或他人、社会之立场和预设之上的时代精神。笔者曾在其他文字中指出，当代向语言的转向是交互主体之转向的直接结果。换言之，当他人和社会变得越来越重要时，语言和交流的功能也就会越来越受瞩目。

但我们在这里还不急于做出总结性的说明，而是要继续追踪德里达的思路。因为德里达在这个问题上并没有另辟蹊径，发挥和展开自己的思想体系，而是继续循胡塞尔的思绪前行。他对胡塞尔的解构意图要比人们想象的更为坚决。

这里还需要补充的仅仅是：尽管德里达否认胡塞尔在《逻辑研究》之后的任何实质性的思想发展，他也注意到：在十多年后谈到与表达相关的"层次"和"分层"时，胡塞尔已经指出了将表达划分为两个层次的做法所带来的问题，并且告诫："对分层（Schichtung）这个形象的说法不能期望太多，表达不是某种类似涂在表面的漆或穿在外面的衣服；表达是一个精神构形（Formung），它在意向的底层行使着新的意向功能，并且与此相关地经历着从这个底层而来的意向功能"。（《观念》I，288；《声音与现象》，110/144）这说明，胡塞尔对《逻辑研究》中的"表达"的双重划分有所保留。但我们在这里不得不放弃对这个问题的深究。

十、符号与观念的同一与差异

接下来我们要考察德里达的第二个论证。这个论证将会表明，德里达的所有这些努力究竟与"处在这样一个问题式之中心的观念性（Idealität）概念"（《声音与现象》，65/106）有什么联系。

从胡塞尔的描述中可以看出，在内心独白的过程中，真实的（物理的、感性的）符号被想象的符号所代替。由于没有了真实的符号，实际上也就没有了通过符号而完成的指示（Anzeige）。这样，在独白中留下的仅仅是对含义的意指。但由于想象的符号还存在，因此胡塞尔在第一逻辑研究第 5 节中所做的"表达作为有含义的符号"的定义仍然有效。

在这里我们开始涉及含义（Bedeutung）和意指（Bedeuten）的问题。前面已经说过，胡塞尔所说的含义，其背后根据是种属的同一，即观念的统一（或者说，观念单位）。而含义指向是一个指向含义的意向行为。在纯粹表达中，我们仅仅与纯粹的含义和意指活动打交道，因此德里达说："纯粹表达就是一个意指活动的纯粹主动意向（精神、心理、生命、意愿），它用在场的含义来激活一个话语。"（《声音与现象》，50/94）

但作为观念统一的含义本身是从何而来的呢？或者说，它存在的依据何在呢？胡塞尔认为是通过现象学的本质直观而能直接明见地把握到的意向相关项。而德里达则认为这是胡塞尔现象学的一个预设，"整个现象学都带有将观念的非现实、非实存说成是存在的主张。这个预先确定是现象学一般所说的第一句话。尽管观念性不实存，但它绝不是非存在。"（《声音与现象》，67/170）

德里达的这个主张相当明确，而且将会在下面的论述中变得更加明确。甚至可以说，他的现象学解构的真正目标就在于这个意义上的观念性。即是说，他的中心意图并不是解构在第一研究"表达与含义"中得到表露的胡塞尔的表达理论，而是胡塞尔的含义理论。语言表达的分析只是德里达的一个手段，正如他所说，"恰恰是语言才是这个在场与不在场的游戏的中介"（《声音与现象》，10/59）。但这里首先需要注意的是，他如何从语言符号表达出发来论证他的这个主张。

在前面的论述中可以看到，在纯粹表达中，物理的符号被还原掉，因而是不在场的，但纯粹表达仍然需要想象的符号。我们可以回忆一下胡塞尔的原话,"在孤独的话语中,我们并不需要真实的语词,而只需要被表象的语词就够了。在想象中,一个被说出的或被印出的语词文字浮现在我们面前,实际上它根本不存在。"(《逻辑研究》II/1, A36/B₁36)。对此,德里达也做了描述,但经过了刻意的修改:"为了成为表达,并不需要一个经验的躯体,而只需要这个躯体的一个观念的和同一的形式,因为这个形式是通过一个意指而被激活的。"(《声音与现象》, 52/95)

很明显,"真实的语词"和"被表象的语词"在德里达这里变成了"经验躯体"和"它的观念形式"。这个变化何以可能?

德里达至少为他自己所做的这个修改提供了几个方面的理由。首要的理由也就基于他所要证明的胡塞尔《逻辑研究》的几处混乱。

从胡塞尔的角度看,"真实的"(wirklich)和"被表象的"(vorgestellt)仍然是在直观范围以内的差异。但对德里达来说,这已经涉及到"实在的"(real)与"观念的"(ideal)之间的区别了,他也把它称作"实在的在场和被理解为表象的再现的在场"(同上, 65/106)。这两个对立的差别是巨大的,因为前者类似于休谟的"印象和观念"的差别,而后者则处在柏拉图的"感性世界"和"理念世界"的区分方向上了。德里达在这里反倒是显露出了自身的混乱:他一方面批评胡塞尔在观念性的重复可能性问题上"越来越着迷于休谟的思想"(《声音与现象》, 70/110),另一方面又指责胡塞尔对观念性之存在的看法与柏拉图的理念观并无根本差异(《声音与现象》, 67/107)。但仔细的分析表明,实际上是德里达在这里把柏拉图的趋向强加于胡塞尔。或者也可以说,实际上是德里达自作主张地用他所理解的休谟式的胡塞尔来反抗他所理解的柏拉图式的胡塞尔。这一点主要表现在德里达把想象符号等同于观念或将观念还原为想象符号的做法上。他从几个角度出发来进行论证。

其一，由于胡塞尔说，"因为就表达之为表达的作用而言，这（语词的实存与否）根本就是无关紧要的。"（《逻辑研究》II/1, A36/B₁36）因此，德里达认为，在纯粹表达中起作用的并不只是表象或想象，而是最宽泛意义上的中立性变更，是它才"开启了通向纯粹观念性的通道"（《声音与现象》，70/110）。这里所说的"中立性变更"，在胡塞尔那里是指对某种事物的存在与否的不执态或无兴趣。①

确实，在纯粹表达这里涉及"中立性想象"，即：被表象的符号严格地说是中立地被想象的符号。胡塞尔自己也证明了这一点："语词的不实存并不妨碍我们。但它也不会引起我们的兴趣。"（《逻辑研究》II/1, A36/B₁36）但是，需要注意，在纯粹表达中和在图像意识中一样，必定有几个立义在同时进行。②并不是整个纯粹表达都是中立化的行为，中立化的仅仅是对物理符号的立义，就像在图像意识中，对物理图像的立义也常常是中立化的一样。但是，我们很难说，在纯粹表达中我们也对通过物理符号所标识的含义无兴趣。情况恰恰相反，如胡塞尔紧接着所说的

---

① 关于"中立性变更"的较为详细说明，可以参见笔者在《现象学及其效应》一书第 95－98 页上的说明。

② 表达活动从属于"符号意识"的范畴，它与图像意识一样，是一个复合行为。因此，它与其他复合行为一样，必定是被奠基的行为，必定奠基在简单行为之中，如奠基在感知或想象之中。关于这个意义上的奠基问题，胡塞尔在第三逻辑研究中做了详细的阐发。

那样，"表达似乎将兴趣从自身引开并将它引向意义，将它指向意义。"（《逻辑研究》II/1，A35/B₁35）

就此而论，在纯粹表达中，符号的存在与不存在并不能等同于观念的存在与不存在。与前面已经论及的问题相关，德里达在这里列出了一连串的错误等式：向独白的还原＝向中立化想象的还原＝将经验世间的存在加括号＝还原到观念性的存在上。我们从上面的论述已经可以看出，这里的每一个等式都或多或少是有问题的。

其二，由于胡塞尔认为，"在孤独的话语中，我们并不需要真实的语词，而只需要被表象的语词就够了。"（《逻辑研究》II/1，A36/B₁36）因此，德里达有理由推测说，"胡塞尔似乎想要在语言方面使用一个对实在和再现的基本划分"（《声音与现象》，51/102）。这个确定与前面对纯粹表达中的中立性变更性质的确定是一致的。①但德里达在这里特别提出的不是再现（想象垒）的中立性特征，而是它的再造性、重复性特征。

所谓"再造性"和"重复性"，是相对于"原造性"和"唯独性"而言。德里达认为，符号的特点就在于它的可再造和可重复，"一个'只此一次'出现的符号不是符号。一个唯一特有的符号也不是符号。"（《声音与现象》，62/103）与在前面的论证中对符号中立化的做法一样，德里达也在这里把符号的"再造性"和"重复性"置换为观念性所具有的特征。他自己也不否认、甚至

---

① 德里达甚至把胡塞尔的"想象的再现"就等同于胡塞尔的"中立化的当下化"（《声音与现象》，62/102）。这显然是个误解，因为想象的再现并不必然是中立的，例如我对拿破仑的想象就带有我对他的曾经存在的肯定设定。

还强调这一点："胡塞尔认为，应当从属于那个被理解为表象的再现之秩序的只是表达，而不是含义一般。但我们却恰恰想要说明，这些再现——连同它们的再现性的变更——都是为每一个符号所一同设定的。"（《声音与现象》，63/104）

虽然德里达在这段文字中的意思还比较含糊，但有一点可以确定，他——与胡塞尔相反——把再现的特征（再造、重复）从表达扩展到含义一般上，即扩展到观念上。他明确地说："这种观念性甚至就是一个客体一般的在场可以在其中作为同一个而无限重复的形式。含义的非现实性、观念对象的非现实性与意义或意向相关项在意识中之蕴涵的非现实性都保证：对于意识来说，在场是可以无限重复的：观念的在场相对于一个观念的或超越论的意识来说是可以无限重复的。"（《声音与现象》，9/58）于是，德里达不仅把"纯粹重复的力量"视为"开启了通向观念性的通道"（《声音与现象》，70/110），而且还把"绝对的观念性"等同于"无限重复的可能性的相关项"①。但是，他很快又把自己

---

① 德里达：《声音与现象》，66/107。由于德里达认为，"纯粹观念性始终是一个观念对象（Gegen-stand）的观念性"（《声音与现象》，67/107），因此这个意义上的观念性是指"观念对象的观念性"。

几乎在同一处，德里达区分出胡塞尔意义上的三种观念性：能指（符号）的观念性、所指（含义）的观念性和观念对象的观念性。他在这里认为，只有在观念对象的观念性那里才可以说，它"只是同一者的持续和它重复的可能性的名称，它既不实存于世界中，也不来自另一个世界。毋宁说，它完全依赖于这些重复行为的可能性，因为它是通过这些重复行为而被构造起来的。"（《声音与现象》，66/107）但在另一处，他又自相矛盾地说："语词的统一既不等同于对它的运用的经验事件指杂多，也不可以依赖于它们，就此而论，语词的同一自身就是观念，就是它的重复的观念可能性。"（《声音与

与胡塞尔混为一谈："因此可以说，胡塞尔把存在定义为观念性，亦即定义为重复。"①

然而在胡塞尔那里，至少是在《逻辑研究》时期的胡塞尔那里②，观念性并不等同于可重复性，对观念的把握也不等同于对某个想象物的重复再现。否则，胡塞尔所说的"观念"或"本质"也就无异于康德所说的"想象力的焦点"（《纯粹理性批判》，B672－673）了。——对此几乎不需要再做特别的论证了。③

现象》，51－52/95）——对此我们在这里无法深究。不能不提醒注意的仅仅是，将这三种观念性并列谈论实际上是没有意义的，因为这就类似于我们说"经验是本质，观念也是本质"一样。然而前者只有在我们反思经验这个类型（种类）时才能成立，而后者则基本上是一个分析命题。

① 紧接其后，德里达（在《声音与现象》中几乎是唯一的一次）提到了与"重复"有关历史性的问题："在胡塞尔看来，历史的进步始终在本质上具有观念性构造的形式，即是说，观念性的重复、它们的传统便得到了直至无限的保证：重复和传统就是指对起源的传递和恢复。"（《声音与现象》，66/107）这方面的讨论，在德里达的《胡塞尔〈几何学的起源〉引论》一书和《"生成和结构"与现象学》（现在通行的译名似乎是《"生成与结构"及现象学》）一文中讨论较多，这里不再展开。

② 胡塞尔在1925年的"现象学的心理学"讲座中曾把"本质直观"或"观念直观"的方法定义为通过"无限想象的变更"来把握"无限的观念"的方法，但他从未把"观念"定义为"重复"或"无限重复的可能性的相关项"。这里的论述可以表明，在这两个定义之间存在着根本差异。

③ 这里还应提到的是山口一郎对德里达的这个观点的类似批评，但这个批评是从时间意识分析的角度进行的："德里达对原印象和滞留的解释在很多方面偏离了胡塞尔的明察"，他"对作为'当下拥有'的原印象之滞留的强调剥夺了源始的'时间质性和区分性'。作为自身触发的时间流仅仅被规定为一个原印象与一个更早的原印象之间的连接，在原印象的内容之外根本谈不上

十一、观念性、在场与形而上学批判

总的看来，德里达的意图已经逐步地显露出来：胡塞尔意义上的观念性（含义）已经在一定意义上被等同于符号，能指已经被等同于所指。①当然这里还存在着一个前提，它用德里达的话

主动性的东西。因此，原印象（据说它负载着内容的起源）就像在黑尔德那里一样，但却是以另一种方式从与当下化（Vergegenwärtigung）相对立的当下拥有（Gegenwärtigung）中被驱逐出来，在当下中所剩下的只是'康德式的理念'，这种理念只有通过'重复、回忆和想象'才能获得。"因此，"在德里达那里，活的当下[即德里达的'在场']只不过是对康德式理念进行重复的德里达式的当下拥有。"（山口一郎：《追问时间的悖谬》[„Die Frage nach dem Paradox der Zeit"]，载于：*Recherches Husserliennes*, vol.17; S. 47. 中译文由方向红译出，刊载于《中国现象学与哲学评论》第六辑）。这个批评与笔者在《胡塞尔时间分析中的"原意识"与"无意识"》一文中所提出的德里达批评是一致的，同时也是与张祥龙在《胡塞尔的〈逻辑研究〉与德里达的〈声音与现象〉》一文中所提出的观点正相反对的，他在该文中赞同德里达的主张，即认为：滞留和再造（包括回忆、想象等等）"这两种'Re-'[Retention, Reproduktion]或'再'并无本质区别"。

但笔者此处附加这个说明的主要意图并不在于引述各种观点及其异同，而是希望指出，德里达对胡塞尔"在场形而上学"的批评，并不仅仅局限在对"当下化—当下拥有""滞留—再造"，简言之：感知与想象的区分上。德里达的"在场"概念，已经关涉到胡塞尔意义上的"直观"。因此，德里达的意图在于解构现象学的直观原则，而不只是在于对胡塞尔思想中形而上学残余的扫荡。下一节的内容便与这个说明密切相关。

① 从后面的论述可以看出，这个符号与含义、能指与所指的等式在德里达那里更多是指一种 A＝B 的等式，而不是 A＝A 的等式。而从胡塞尔角度来看，符号始终属于实项的内容，意义则属于意向的内容，它们的全等或相

来说就是，"在独白中，在一个得到充实的表达的前提下"①。更严格地说，在这样的前提下，"不此在的符号指向观念的含义，后者同样是不此在的，但仍然是确然的，因为它们对于直观来说是在场的"（《声音与现象》，54/97）。

到了这里，借用德里达的话来描述就是，"存在作为观念性的定义与存在作为在场的定义便以奇特的、佯谬的方式交会在一起。"（《声音与现象》，67/107）但我们还需做一些说明：德里达所说"胡塞尔把存在定义为观念性"（《声音与现象》，66/107）的说法是合理的——尽管他自己曾一再地用"中立化"的概念来解释胡塞尔的观念性——胡塞尔的《观念》II 全篇都在讨论这个意义上的本体论；德里达所说"存在就是在场"的说法也可以在胡塞尔那里成立，但前提是"在场"的概念需要被明确化。如果不在此的东西也可以被称作在场，就像在这里的引文中所表露出来的那样，那么"在场"就只能是直观的在场。

胡塞尔本人很少使用"在场／现前"（Präsenz）这个概念，但在他所使用的"体现"（Präsentation）、"再现"（Repräsentation）、"共现"（Appräsentation）的概念中，都含有"在场"的词根。这都是与直观有关的范畴，更确切地说，是包含在直观中的因素。另一个与"在场"概念本质相关，而且本身构成"在场"概念之德文起源的是胡塞尔的"当下"（Gegenwart）概念，它也是在直观的范围内起作用，无论是"当下拥有"（Gegenwärtigung）中的当

即是不可能的。真正有可能全等和相即的是含义与相应的观念对象。但这里无法展开这个问题。

① 德里达对这个意义上的"得到充实的表达"的解释是："其'含义意向''得到充实的'完满表达"（《声音与现象》，54/168）。

下，还是"当下化"(Vergegenwärtigung) 和"共同当下"(Mitgegen-wärtigung) 的当下。

如果比照这个"在场"的概念，那么可以说，观念性的东西在这里虽然得到了一个新的描述，但这里的"新"也只是概念的换新而已，实质性的内涵并没有变化。我们可以随德里达说：观念含义不是此在的，但却是在场的；我们也可以随胡塞尔说：观念含义不是被感知到，但却以某种方式被直观到。惟有当我们在德里达那里读到，现象学是"在观念性形式中的在场形而上学"(《声音与现象》，10/59, 130/162) 时，我们才会注意到，德里达与胡塞尔之间的差异仍然存在着。

现在的问题是："在场的形而上学"究竟是指什么？如果它指的就是传统意义上的形而上学，就是胡塞尔本人毕生想"做一了结"的那些非直观的、空泛的问题和争论(参见《全集》XXVII, 142)，那么，越是明见地指明了胡塞尔的现象学终究是一种形而上学，也就意味着越是可信地证实了胡塞尔现象学的自身毁灭，越是可信地证实他对"一切原则的原则"的自身背离——从根本上说，也就意味着现象学不再是现象之学，而是不显之学、无象之学，即形上之学。但是，"在场形而上学"中"在场"一词的涵义表明，这种形而上学是一种直观的形而上学。如果这不意味着一个语词矛盾的话，就必须对这里的"形而上学"一词做一个新的解释。

尽管德里达在《声音与现象》的"导言"中就已经提出，"需要对我们在这里所讨论的形而上学概念进行更仔细的规定"(《声音与现象》，6/56)，但这个要求似乎最终也只是说说而已。尽管没有哪怕是大致的定义，德里达仍然在"克服形而上学"的名义下进行批评,还是在"导言"中,他质问:"认识的观念和认识的理论本身不就自在地是形而上学的吗?"(《声音与现象》,3/53)。

对这个问题的答案是否定的,因为一方面,简单地说,在认识的对象上,必定会有形上和形下之分,但对认识本身的认识(这便是指认识论),则完全可以不是形而上的。在人类思想史上,佛教唯识学的发展已经表明,认识的观念和认识的理论并不必然是形而上学,甚至并不必然导致形而上学。而另一方面,如果认识论本身真的就是形而上学,那么我们就已经对形而上学做出了新的定义。整个近代哲学都可以据此而被改名为形而上学史,甚至古希腊的所有基本哲学意向都应当被等同于形而上学的意向。在这种情况下,胡塞尔也就会坦然地承认自己是这个意义上的"形而上学者",它不过是"认识论者"的代名词而已。他一定会认为,唯认识论的趋向是不好的,但认识论对人类文化所做的贡献却是无法磨灭的。

除此之外,我们还可以关注在另一处出现的"形而上学"批评,即:如果在独白中,真实符号与想象符号的差异被胡塞尔重又转变为质料与形式的差异,那么德里达对这种现象学式的形而上学之批评便成为可能,因为在他看来,为形而上学提供论证的"对形式与质料的划分",而这个划分"在活的在场的具体观念性中找到其最终的和彻底的合理根据"(《声音与现象》,5/55)。这样,德里达便可以说,"通过对在《逻辑研究》的第一研究中所含有的、即便在胡塞尔较后期话语中也重未埋藏的各个根系的揭示,我们试图指明,这个已经指示出现象学之关节点的姿态正是对形而上学的原初意向的重复。"(《声音与现象》,9/58)

　　这里出现的"形而上学"仍然不是胡塞尔所反对的那种在非直观意义上的空洞学说的代名词，而更多涉及到亚里士多德"第一哲学"意义上的哲学理论。因此，对胡塞尔现象学中这个意义上的形而上学的批评也不构成对现象学的颠覆。甚至早期海德格尔的"形式指号"和"形式直观"的理论，也可以被纳入到这个意义上的形而上学的语境中。值得注意的是，把形式看作是某种可以直观到的东西，恰恰导向对形而上学的最终基地的化解。德里达似乎也看到了这一点，因而他说："尽管胡塞尔的描述是小心谨慎的，对'语词'的那种或许是素朴的处理仍然在现象学中将一个在它的两个主要动机之间存在的张力继续保留下来，这两个主要的动机便是：形式主义的纯粹性和直观主义的纯粹性。"（《声音与现象》, 19/67）

　　但在我们看来，这两个动机之间的关系在现象学那里与其说是一种"紧张"，还不如说是一种"中介"或"调和"。胡塞尔在《逻辑研究》中始终着力于对形式化以及纯粹形式论的强调。这个逻辑学的理解在当时与数学家 D. 希尔伯特在数理哲学中的形式主义立场不谋而合。但胡塞尔在此后，尤其是在第五研究和第六研究中所做的努力，实际上也为数理哲学中另一大流派直观主义提供了依据。在这个意义上，胡塞尔的《逻辑研究》既可以看作是形式主义的逻辑学宣言，也可以看作是直观主义的逻辑学宣言。

十二、结语：几点概括说明

　　1. 与德里达的思想遭遇充满了悬念，因此并不感觉枯燥。无论是初读的印象,还是深入观察的结果,都表明他没有在理解上下许多功夫。这里的"理解",不是说他对别人(如胡塞尔)的理解,而是指别人对他的理解。也就是说,他没有下功夫来使别人能更容易理解他。这个做法究竟是因为他不愿,还是因为他不能,我们还不得而知。

2.《声音与现象》中的德里达并没有明确地想要对抗现象学(这很明显地表现在他常常以现象学的名义说话这一点上),而只是想修正现象学、改造现象学,以免现象学遭到颠覆。他竭力去发掘那些他认为在以往的现象学中没有被重视的东西。这些发现显然与德里达当时所受到的法国现象学思想的影响。在这部小册子中,可以看到许多法国现象学发展的特有痕迹的流露,可以发现许多法国现象学思想的独特萌芽的孕育。可见的与不可见的现象学的区别、本我现象学与他我现象学的区别、历史主义与结构主义的区别、意志主义与智识主义的区别、本质主义与解构主义的区别,如此等等,在这里都有或多或少的透露。

3. 在本文的论述中,我们基本上是跟随我们所把握到的德里达思路在走。而他看起来也在竭力依照他所把握到的胡塞尔思路在走。在发现他偏离胡塞尔的地方,我们每每予以指出,而后仍然循他的路径前行。事实上,这些偏离发生很多。例如,抹消胡塞尔的超越论指向的实际发生,把超越论领域和心理领域的平行性解释为双重性,用声音概念来取代超越论生命的概念,把向独白的还原误解为对经验实存的加括号或超越论的还原,把胡塞尔所说的"真实的语词"和"被表象的语词"转变成"经验的躯体"和"它的观念形式",将观念性等同于中立化、可重复性,以及如此等等。之所以如此,或许是因为,德里达在胡塞尔现象学上花费的气力不如他的前辈如梅洛－庞蒂、勒维纳斯、利科（萨特除外）那样多；或许是因为，他过于偏好诠释的权利；或许是因为，他被过多的自己的想法所包围，急于要想展示它们，从而无暇去整理它们。

但无论如何可以确定的是，德里达在《声音与现象》中对胡塞尔符号现象学乃至整个现象学方法的解构，总体上还是外在的，只有少数几处例外。

第十一章
观念主义，还是语言主义

——对石里克、维特根斯坦与胡塞尔之间
争论的追思（对第二、三章的展开）

一、引论

时值 20 世纪 20 年代，逻辑实证主义与现象学都还算是新兴的哲学思潮。固然，比较而言，在两个哲学派别的代表人物中胡塞尔的年龄较长，因此已有几部重要著作问世并引起巨大效应：撇开 1910 年在《逻各斯》发表的长文《哲学作为严格的科学》不论，《逻辑研究》在 1900 和 1901 年初次发表之后，在 1913 和 1921 年已经出版了加工修改后的第二版；《观念》I 也在 1913 年问世。而在逻辑实证主义方面，石里克于 1918 年已经出版了《普通认识论》，并于 1925 年再版；卡尔纳普则在 1928 年出版了《世界的逻辑构造》。在这样的理论背景中，两个学派的理论交锋虽然不能说是无法避免，却也很难被看作偶发事件了。

从总体上看，在这两个流派之间存在着一定的共识。首先可

以想到的是：这两个流派的精神领袖都与维也纳的哲学传统有不解之缘，他们都抱有传承莱布尼茨之遗愿的意向，都在尝试建立一种普全的数理模式（universale Mathesis），无论是以"超越论逻辑"或"普遍自身认识"的名义，还是在"普遍句法"的口号下。在此意义上，两个学派都承担起了将哲学建设为一门科学的责任。虽然胡塞尔对当时的实证主义思潮始终持有警觉，认为由于其他的经验主义，其归宿最终是"怀疑的消极主义（Negativismus）"而非真正的"实证主义"（Positivismus，即"积极主义"）[①]，但现象学对经验和描述的尊重却可以在逻辑经验主义那里找到共鸣，胡塞尔甚至可以说："如果'实证主义'相当于有关一切科学均绝对无成见地基于'实证的东西'，即基于可被原本地加以把握的东西的话，那么我们就是真正的实证主义者。"（《观念》I, 38）因此卡尔纳普完全有理由说，"我们的分析与胡塞尔作为目标提出来的'体验的数理模式'[Mathesis der Erlebnisse]（《纯粹现象学与现象学哲学的观念》，哈雷，1913年，第141页）和迈农的对象理论亦有共同点。"[②]

此外还有一个明见的基本事实：维也纳学派的两个代表人物石里克和卡尔纳普都在很大程度上拒绝逻辑实证主义的标签，而宁可采纳逻辑经验主义的称号。[③]也正是出于这个原因，我们无

---

① 胡塞尔：《哲学作为严格的科学》，倪梁康译，北京：商务印书馆，1999年，第68页；进一步参阅该书第8页。

② 卡尔纳普：《世界的逻辑构造》，陈启伟译，北京：商务印书馆，1928年，第7页。

③ 参阅克拉夫特：《维也纳学派——新实证主义的起源》，李步楼、陈维杭译，北京：商务印书馆，1999年，第29页。

须把胡塞尔在《逻辑研究》中对马赫等人的老实证主义的批判当作现象学与新实证主义（或逻辑经验主义）之间冲突的前奏来加以讨论。

而在现象学与维特根斯坦的关系方面，估计胡塞尔会愿意在维特根斯坦所说的一段话下签下自己的名字："我们不可提出任何一种理论。我们的思考中不可有任何假设的东西。必须丢开一切解释而只用描述来取代之。"①特别是因为维特根斯坦在 1929 年前后对"现象学"一词产生浓厚兴趣，并且在其笔记和谈话中不断地使用它。②因此，在维特根斯坦与现象学的合作与对话也并非完全不可能。维特根斯坦在与石里克的谈话中曾对他自己的"现象学"定义说："在现象学中所涉及的始终是可能性，即是

---

① 维特根斯坦：《哲学研究》，陈嘉映译，上海：上海人民出版社，2001年，第 109 节；转引自陈嘉映：《维特根斯坦的哲学观》，2005 年中山大学讲演稿。

② 对此问题可以参阅：施皮格伯格：《维特根斯坦的"现象学"之谜》(H. Spiegelberg, "The Puzzles of Wittgenstein's Phänomenologie (1929 – ?)", in: H. Spiegelberg, *The Context of Phenomenological Movement*, Den Haag: Martinus Nijhoff 1981, pp. 202 – 228)，李云飞译，载《多维视野中的维特根斯坦》，张志林、程志敏选编，郝亿春、李云飞等译，上海：华东师范大学出版社，2005 年，第 109 - 130 页；R. 艾姬蒂：《维特根斯坦对于经验的现象学再现》，徐英瑾译，载《世界哲学》，2004 年第 1 期，第 48 - 56 页，以及徐英瑾的三篇文章：《维特根斯坦的现象学之谜》，载《复旦学报·社科版》，2004 年第 1 期，第 78 - 86 页；《维特根斯坦面向"现象学"的哲学转型——从〈逻辑哲学论〉到〈略论逻辑形式〉》，载《哲学门》，总第十一辑，北京：北京大学出版社，2005 年，第 114 - 146 页；《维特根斯坦：大打字稿》，载《中国学术》，刘东主编，北京：商务印书馆，2004 年第 1 辑，第 310 - 324 页，尤其是其中的第三节，第 319 - 324 页。

说，涉及意义，而非涉及真假。"①仅就这个论断而言，他的现象学理解与胡塞尔和海德格尔对现象学的理解几乎没有原则差异。

然而，在两个学派之间存在严重分歧仍然是不言自明的，即便这种分歧是在同一个哲学意向、相近的哲学目标与风格、类似的哲学论题与方法下发生的。我们当然无法指望用一篇短文来将这些分歧论述清楚。这里的文字只想着眼于这些分歧中的一个，而且是一个直接的分歧，甚至可以说是直接的冲突：对本质直观的理解。它通过石里克和胡塞尔之间的相互批评而表露出来，此后又在石里克与维特根斯坦的谈话中得到继续。

对此冲突进行回顾的意图并不仅仅在于对一个至此为止一直被忽略的历史事实的发掘和再现——这只构成本文第一节的主题，而主要在于对争论问题的重申与分析：观念存在是否可能？对它的本质直观是否可能？——这是本文第二、三节的讨论内容。尽管在第三节的结尾处已经给出了一个对胡塞尔与维特根斯坦各自立场的小结，第四节仍然保持总结的形式，但眼光有所放开，一直扩展到对两种时代精神的观察上：观念主义的和语言主义的。

二、石里克、维特根斯坦与胡塞尔之间的冲突

在这场历史上实际发生的冲突中，石里克扮演了一个至关重要的角色。他在 1918 年发表的《普通认识论》中首先挑起一个针对胡塞尔的争端，主要是对胡塞尔在《逻辑研究》和《观念》

---

① 维特根斯坦：《维特根斯坦与维也纳学派》，徐为民译，孙善春校，上海：同济大学出版社，2004 年，第 63 页。

I 中所提出的：

> 在这里［在《纯粹现象学与现象学哲学的观念》中］声言有一种特殊的直观存在，据说它不是心理实在的行为；如果有人无法找到这样一种并不包含在心理学领域中的"体验"，那么他便会被告知，他没有理解这门学说的意义，他没有深入到正确的经验观点和思维观点之中，因为据说这需要付出"专门的和艰苦的研究"。①

从语气上看，石里克的批评带有一些寻衅的味道。因此胡塞尔的反击也显得异常强烈。在《逻辑研究》第二卷第二部分于1921 年再版时，他逐字逐句地引用了上面石里克的这段话，并且在其中加了重点号。几乎是以一种愤怒的②口吻，胡塞尔写道：

> 莫里茨·石里克的《普通认识论》表明，某些作者作起拒斥性的批评来是多么舒适随意，他们的阅读有怎样的仔细认真，他们会果敢地将什么样的荒谬归属于我和现象学……熟悉现象学的人一眼便可以看出，我绝不可能说过在上面这段加了重点号、由石里克强加于我的出色声言；同样可以看出，他对现象学意义的所做的其他论述同样是不真实的。

---

① M. Schlick, *Allgemeine Erkenntnislehre: Naturwissenschafiliche Monographien und Lehrbücher*, I. Band, Berlin: Verlag von Julius Springer 1918. 石里克的最后一句引文可以参阅《观念》第一卷，第 5 页。

② 或者也可以用石里克在《普通认识论》的第二版中回应的说法：用一种"过于尖锐"（überscharf）的口吻。（参阅：M. Schlick, *Allgemeine Erkenntnislehre*, Berlin: Verlag von Julius Springer, ²1925, S. 127, Anm.3）

客观地说，除了最后一句批评还有待后面的讨论以外，胡塞尔的这个反驳基本上是合理的，尽管他并没有进一步展开这里的论述。因为在他的所有论述中，本质直观或观念直观都被看作是一种心理活动，它本身就是包含在心理领域中的体验。

接下来胡塞尔还对石里克的讥讽性批评做了回应。由于石里克的批评本身没有实际内涵，因此胡塞尔的回应也没有涉及实际性的问题。①

在几年之后，石里克在《普通认识论》的第二版中删除了他的这个批评。但他仍然在一个脚注中说明："不要以为我被胡塞尔在他的《逻辑研究》第二卷第二部分前言中对我提出的过于尖锐的意见吓住了，从而不敢对现象学的方法做出足够清楚的标示。"他告诉读者：之所以将第一版中对现象学方法的批评予

---

① 这个回应的全文是：

"固然，我曾一再要求付出'艰苦的研究'。但这并不有别于例如数学家对任何一个想参与对数学事物的谈论、甚至敢于对数学科学的价值提出批评的人所提的要求。无论如何，对一门学说不付出为把握其意义所必需的研究，却已经对它进行批评，这就违背了文献之认真性的永恒规律。要想深入到现象学之中，必须付出辛劳；凭借自然科学或心理学的学识以及任何历史哲学的学识是无法免除这种辛劳的，它们只能减轻这种辛劳。但是，每一个承受这种辛劳并且起而达到那种罕为人所施行的无成见性的人，都会获得对这个科学基地之存有的无疑确然性，同样也获得为此基地所要求的方法之特权的无疑确然性，正是这种方法，在这里与在其他科学中一样，才使得概念上确定的工作问题有可能具有共性，才使得我们有可能对真与假做出确然的决断。我必须再次强调，M. 石里克的案例所涉及的并不仅仅是一些无关紧要的偏离，而是他的整个批评都建立在一些歪曲意义的偷梁换柱做法之基础上。"（以上参阅《逻辑研究》II/1, B_2VI－VII）

以删除，乃是因为胡塞尔指责石里克对"观念直观"的理解有误，即以为观念直观不是一个实在的心理过程。因此，他解释说："由于我觉得，在完成对现象学的'观看'来说必要的对所有现实之物的'加括号'或'排除'之后，剩余下来的不是任何实在的意识过程，而仅仅是一个抽象，因此而产生出一个误解，而对这个误解的澄清完全不会涉及到在这些文字中所提出的针对现象学的论据。"①

石里克这段文字的含义初看起来有些含糊，但仔细读来，里面表达的意思不外乎两层：其一，他承认第一版中对胡塞尔的那段批评是个误解，因此在第二版中删去；其二，他坚持认为，对现象学的其他批评仍然是有效的。此外，如今我们已经可以从中看出他的误解产生的基本原因：他把胡塞尔在《逻辑研究》中提出的本质直观方法和在《观念》I 中提出的超越论还原方法混杂在一起讨论，显然是一种不太严格的做法。

当然，在第二版中仍然有许多对胡塞尔的批评被保留下来。②这些批评主要是针对《逻辑研究》而发的，并且尤其是针对其中的本质直观方法以及相应的明见性原则。但批评也同时指向意向性的理论以及与此相关的内感知理论。这两个理论都是在当时受到广泛注意和讨论的学说，最初为布伦塔诺、施通普夫、胡塞

---

① M. Schlick, *Allgemeine Erkenntnislehre*, a. a. O., S. 128.

② 石里克还在其他场合批评胡塞尔的现象学，这里对此不再展开。施皮格伯格曾说，在维也纳学派的成员中，"石里克极度反对胡塞尔，在其好几本著作中批评现象学，而且实际上把胡塞尔与维特根斯坦摆在了相互敌对的位置上。"而这与另一位维也纳学派的主要成员卡尔纳普的态度正好相反。（参阅施皮格伯格：《维特根斯坦的"现象学"之谜》，同上，第 121 页）

尔等人所提出和展开。我们将在后面第二节中考察石里克的批评。

在此之后不久，在逻辑实证主义与现象学之间还发生过第二次交锋。与前一次不同，第二次的交锋在当时并未公开，而是在维也纳学派内部进行的。具体地说，在 F. 魏斯曼记录的维特根斯坦与维也纳学派的谈话中，可以发现 1929 年在石里克和维特根斯坦之间进行的一次对话。魏斯曼将这个对话附以"反胡塞尔"(Anti-Husserl) 的标题。

在这段对话中，首先是石里克提出与胡塞尔相关的问题。石里克似乎还在为他在《普通认识论》中与胡塞尔在《逻辑研究》中的争论感到困惑，并因此征求维特根斯坦的意见，由此而引出维特根斯坦对胡塞尔现象学的一段批判性论述：

> 石里克：应当怎样来反驳一个认为现象学的陈述是先天综合判断的哲学家？
>
> 维特根斯坦：如果我说："我没有胃痛。"那么这句话假设了胃病状态的可能性。我目前的状态和胃痛状态可以说是处在同一个逻辑空间中。（正如我说："我没有钱。"这一陈述已经预设了我确实有钱的可能性。它指示着钱—空间的零点。）否定命题预设了肯定命题，反之亦然。

现在让我们来看一下这个陈述："一个对象在同一时刻不会既是红色的又是绿色的。"我用这个陈述只是想说：我至今为止没有见到过这样的对象吗？显然不是，我的意思是："我不能 (kann) 看到这样一个对象"，"红和绿不能 (können) 在同一个场所"。在这里我就要问："能(kann)"这个词在这里是什么意思？"能"这个词显然是一个语法（逻辑）概念，而不是一个实事（sachlicher）概念。

> 现在假设"一个对象不能既是红色的又是绿色的"这个陈述是一个综合判断，而且"不能"这两个字意味着逻辑不可能性。由于一个命题是对它的否定的否定，因此，必定也存在着"一个对象能够既是红色的和绿色的"这样一个命题。而这个命题同样会是综合的。作为一个综合命题，它具有意义，而这就意味着：被它所表现的事态能够存在。因此，如果"不能够"意味着逻辑不可能性。那么，我们就会得出这样的结论：不能够还是可能的。

> 对于胡塞尔来说，在这里只剩下一条出路——宣称存在着第三种可能性。对此我的回答将是：语词是可以发明的；但我在其中却无法思考到任何东西。[①]

仅就这个对话文本来看，可以认为维特根斯坦对胡塞尔的思想相当了解，至少是对《逻辑研究》十分熟悉。他的指责应当是直接针对胡塞尔在《逻辑研究》第三研究中（A235/B₁239）所提出的观点而发。我们会在接下来的两节中对此展开讨论。[②]

---

① L. Wittgenstein, *Wittgenstein und der Wiener Kreis*, Gespräche, aufgezeichnet von Friedrich Waismann, Frankfurt am Main 1984, S. 66. 在此后的另一次谈话（1930 年 1 月 2 日）中，石里克再次提及胡塞尔的先天综合判断。但维特根斯坦没有回答与胡塞尔相关的问题部分。（参阅：同上书，S.78–79）

② 施皮格伯格认为，从这里还不能确定维特根斯坦对胡塞尔的否定是根据他自己对胡塞尔的直接认识，还是借助于石里克在提问中的描述。他认为维特根斯坦对于他自己的现象学与胡塞尔的现象学的关系看来似乎是态度暧昧。施皮格伯格自己估测，维特根斯坦对胡塞尔的了解是间接地通过对卡尔

三、本质直观：方法论的差异

在以上被历史地再现出来的争论中,方法问题看起来构成了这些争论的重点与核心。从方法的分歧出发,争论还会进而更深入涉及实事领域,如对意向性的不同看法;退而更宽泛地涉及不同的哲学立场和时代精神,如观念主义的出发点,还是语言主义的出发点。

就胡塞尔这方面而言,由于他涉及的范围较广,既包含意识分析的层面,也包含语言分析的层面,因此,或许用"现象学分析"的标题来涵盖这两者是比较合适的。而在他的对立一面,把石里克和维特根斯坦放在一个标识下则较为困难。困难主要是就维特根斯坦而言:既不能把他称作逻辑实证主义者,也难以把他称作分析哲学家或语言哲学家。但毋庸置疑的是,我们仍然可以把这两个对立面的基本思想风格称作"分析的",因此他们之间极有可能产生出实质性的对话。

两派之间的真正分歧在笔者看来主要是立场上的分歧,或者说,是出发点的分歧。这个分歧甚至在各自哲学的称号中已经表露出来,在逻辑经验主义的称号中已经包含着一个认识二元论的

纳普的《世界的逻辑构造》的阅读。但他提供的芬德莱（J. N. Findlay）的资料，却可以说明维特根斯坦对胡塞尔《逻辑研究》的直接接触："芬德莱教授在一次谈话中告诉我，当他在 1939 年向维特根斯坦提及胡塞尔的《逻辑研究》时，令其感到有些惊讶的是，维特根斯坦还是对该著的旧版感兴趣。（参阅施皮格伯格：《维特根斯坦的"现象学"之谜》，同上，第 121－122 页，第 116 页注 2)

设定：理性主义和经验主义。逻辑经验主义者们虽然各自还有不同的见解，但一般会认可这样一个论断："从根本上来说存在着两类断言，一类是必然的，其有效无关于经验，一类是事实性断言，是综合的命题，其有效或被否定仅仅依据于经验。"这种二元论并不像以往传统的理性主义和经验主义二元论那样把逻辑数学与经验事实截然分割开来，而是对它们加以某种结合：逻辑本身被允许结合到经验之中。因而石里克把这种"逻辑同实在和经验的关系"的见解明确地称之为"哲学中迈出的最重大的一步"。[①]

而在现象学这方面，对现象的执拗的坚持初始时会给人以偏好经验的印象，但当人们看到胡塞尔和早期海德格尔始终只在一般的意义上使用"经验"一词，同时却赋予"直观"以其方法上的至高地位时，他们与逻辑经验主义的区别就逐渐显露出来。现象以各种方式显现给我们，但最原初地是以直观的方式显现给我们。而在这里至关重要的是，在现象学的代表人物胡塞尔、海德格尔和舍勒等人看来，甚至可以说，在所有现象学家看来：这种直观既可以是感性经验的直观，也可以是观念本质的直观。在这个意义上，胡塞尔可以在方法上仅仅诉诸于直观，并把它看作"一切原则之原则"或"第一原则"[②]，它能够为我们提供最终的对于人的认识来说是最后的根据，或者说，"最终教益"（《逻辑研究》II/1, A140/B₁141）。

这个差异初看起来非常明显。石里克在《普通认识论》中

---

① 参阅克拉夫特：《维也纳学派》，同上，第 28－29 页。
② Husserl, *Ideen* I, Hua III (Den Haag, ³1976), §24.

以很大的篇幅来批判地分析这种直观，并将它归入到不是认识的那一类东西中（Was Erkenntnis nicht ist）。无论是柏格森的还是胡塞尔，或者布伦塔诺，都被石里克予以坚决的回绝。他认为自己的观点与直观哲学处在最尖锐的对立之中；直观哲学的最大错误在于混淆了知晓（Kennen）与认识（Erkennen），而这可能对哲学带来最严重的后果。"直观只是体验，而认识却完全不同，是更多的东西，直观的认识是一个语词矛盾（contradictio in adiecto）。"①

石里克的学生洪谦曾仔细研究过他的老师对直观理论的看法，他认为："从石里克的论述中可以清楚地看出，在所有科学理论中表现出来的不是'纯直观'或任何神秘的要素，而是理性知识与经验知识的结合：因为在这样一种理论系统中构成其要素的命题只有通过数学的或逻辑的推演才能彼此联系起来，而任何的'直观的'经验的客观有效性只能通过感观知觉在经验上加以检验。"②

因此，对直观问题的不同看法，构成现象学与逻辑经验主义之间的一个至关重要的分歧，也是前面所说的出发点分歧之一。而在这个分歧中的最突出的分歧更是在于：是否存在"普遍表象"，即对种类客体或观念存在的表象，例如对一、三角形、红的表象。这类观念对象对于石里克来说是不存在的，它们只具有

---

① M. Schlick, *Allgemeine Erkenntnislehre*, a. a. O., S. 11, 74–86.

② 洪谦：《论逻辑经验主义》，北京：商务印书馆，2005年，第49页。——在洪谦遗赠的藏书，石里克：*Allgemeine Erkenntnislehre*, Berlin: Verlag von Julius Springer, ²1925（现藏于北大图书馆）中，可以看到他非常关注石里克的现象学批判、包括石里克对直观学说的批判，他在书中的许多段落下面做了重点记号。笔者所引《普遍认识论》第二版，正是出于该赠书的复印件。

纯粹术语的含义。对象既然是虚构的，也就无法谈论对它们的真正直观或表象，它们只会将人们引向柏拉图的形而上学。"当前如此被赞誉和使用的'现象学方法'……越是被严格地运用，它就越是将人们引向虚无飘渺的地方，却无法提供任何现实的知识。"[1]

现象学，尤其是胡塞尔的现象学，在这个问题上的态度是截然相反的。早在胡塞尔的第一部著作《算术哲学》中，他就已经提出了"观念化的抽象"的问题。可以说，对观念存在的信念，甚至要早于现象学运动本身。[2]而在现象学运动的突破性著作《逻辑研究》中，他更是明确地指出："作为有效的思维统一性的逻辑概念必定起源于直观；它们必定是在某些体验的基础上通过观念化的抽象而产生并且必定需要在新进行的抽象中一再地重新被验证，以及需要在与其自身的同一性中被把握。易言之：我们决不会仅仅满足于'单纯的语词'，亦即不会满足于'对语词单纯的象征性理解'，一如我们最初在反思纯粹逻辑学提出的那些关于'概念''判断''真理'等等连同其各种划分的规律之意义时所做的那样。"（《逻辑研究》II/1, A7/B$_1$5）这意味着，意识不仅具有在经验层面上构造感性对象的功能，而且也具有在观念层

---

[1] M. Schlick, *Allgemeine Erkenntnislehre*, a. a. O., S. 23.

[2] 胡塞尔自己在《逻辑研究》中回顾说：

"随这个命题［客观－观念必然性命题］一起得到突出的是，明见性的思想从本体论上转变为纯粹本质规律性的思想，这对进一步研究的内容来说具有决定性的作用。在我的'关于 1894 年德国逻辑学著述的报告'（《系统哲学文库》，第三卷，第 225 页，注释 1) 中，我已经十分明确地做出了这一转变。"（《逻辑研究》II/1, A235/B$_1$239, 注 1)

面上构造观念对象的功能。观念对象对感性对象在现象学的意识分析中享有同等的地位和权利。

胡塞尔这个基本观点原则上有别于柏拉图的观念论，因此他不会接受石里克的指责，即重又落入到"柏拉图的形而上学"中的指责，而是反过来回击说，"他［石里克］对现象学意义所做的其他论述同样是不真实的"（《逻辑研究》II/2, B_2 VI）。

这个反驳在很大程度上是能够成立的，因为胡塞尔在第一版中已经试图将自己的学说与"两种错误解释"划清界限："第一种错误解释在于以形而上学的方式对普遍之物做实在设定，在于设想处于思维之外的一个实在的种类存在"，这意味着柏拉图实在论的错误；而"第二种错误解释在于以心理学的方式对普遍之物做实在设定，在于设想处在思维之中的一个实在的种类存在"。（《逻辑研究》II/1, A121/$B_1$121 – 122）胡塞尔将它视为新老唯名论的共同错误。这两个错误虽然相互对立，但却拥有一个共同的设定："如果种类不是实在之物，并且也不是思维中的东西，那么它们就什么也不是。"（《逻辑研究》II/1, A123/$B_1$123）

从总体上看，胡塞尔的批评主要针对唯名论，因为他相信，在他那个时代的主要威胁不是来自实在论，即对普遍对象或观念的形而上学实在设定，而是来自唯名论，即对普遍对象或观念的心理学实在设定："我们可以将那种柏拉图化的实在论看作是早已完结了的东西置而不论。相反，那些似乎趋向于心理学化的实在论的思想动机在今天显然还有效用。"（《逻辑研究》II/1, A122/$B_1$123）胡塞尔在整个第二逻辑研究中都在讨论这个问题，并通过这种方式可以说是已经对石里克的指责作了预先的回应。

在《观念》I 中，胡塞尔对实证主义的反驳也主要集中在这个方面，即实证主义把实证的概念局限于经验的实证上："'实证主义者'有时混淆各种直观间的基本区别，有时虽然看到它们之间的对立，却由于为其成见所束缚，从而只愿承认它们之中的某一类直观是正当的，甚或唯一存在的。"（《观念》I, 79）

我们在这里无须再去重现胡塞尔的全部论证，这将意味着对胡塞尔大部分思想的再构。这里只需要强调：如果胡塞尔在直观问题上，尤其是观念直观的问题上让步，他也就完全可以放弃他的所有哲学立场，也就是说，放弃他作为哲学家生存的权利。因此，在逻辑经验主义和现象学之间的这个分歧是不可调和的。

四、立场的分歧：观念主义还是语言主义

对于胡塞尔在《逻辑研究》中试图在实在论和唯名论之间寻找一个中间点的做法，维特根斯坦在与石里克的对话中进行了批驳。如前所述，石里克是以一个"应当怎样来反驳一个认为现象学的陈述是先天综合判断的哲学家？"的问题来开始这次"反胡塞尔"的谈话的。可是这个问题实际上是一个假问题或错问题，因为胡塞尔从来没有认为现象学的陈述是先天综合判断。他虽然赞成康德的相关命题，认为它并未成为"古典"而仍然具有现时的有效性，但他也从未声言现象学的陈述是先天综合判断。

准确地说，胡塞尔更多地认为：他的现象学分析揭示了意识的先天综合能力，从而印证了康德的统觉理论。听见一个声音或看见一个东西，这在石里克看来还不是认识，而只是知晓。而在胡塞尔这里，它们已经表明自己是最基本的认识活动，是意识的

统摄能力的结果,这个能力最基本地表现为将杂乱的感觉材料处理加工成一个时空中的对象的立义（Auffassung）能力或统摄（Apperzeption）能力, 亦即意识的构造能力: "一个感性的材料只能在一定的形式中得到理解,并且只能根据一定的形式而得到联结,这些形式的可能变化服从于纯粹的规律"(《逻辑研究》II/2,A668/B$_2$196)。

当然,退一步说,现象学是否会承认自己的陈述是先天综合判断,这个问题虽然并非不重要,但无论是对于我们这里的讨论,还是对于维特根斯坦的回答来说,都不是决定性的。因此我们在此不做深究。

维特根斯坦在回答时所关心的问题更多在于: 胡塞尔是否指出了一种在综合命题和分析命题之间的第三种可能性。维特根斯坦用"一个对象在同一时刻不会既是红色的又是绿色的"这个例子表明: 根本就没有什么先天综合判断。

很难查证维特根斯坦是否的确仔细研读过胡塞尔的《逻辑研究》,尤其是其中的第三研究①。但维特根斯坦在这里所举的例子和所做的评论,看起来完全就是针对《逻辑研究》中的胡塞尔而发的。

---

① 胡塞尔称这项研究"是充分理解以后各项研究的一个根本前提"(《逻辑研究》I, BXV)。这里值得一提的是: 还在 20 年代,胡塞尔便把阅读"第三研究"推荐为对他著作之研究的"最佳出发点"。参阅: W. R. Boyce Gibson, "From Husserl to Heidegger. Excerpts from a 1928 Freiburg Diary by W.R.Boyce Gibson" ed. by H. Spiegelberg: *The Journal of the British Society for Phenomenology*, 2 (1971), S. 78。 转引自: U. Panzer, „Einleitung der Herausgeberin" in: *Logischen Untersuchungen* II/1, a. a. O., S. XLI。

我们可以从胡塞尔的相关论述出发来展开这个例子，在第三研究的第 12 节中，他专门讨论了分析命题和综合命题：分析命题以及相关的分析规律（必然性）只含有形式概念，综合命题以及相关的综合规律（必然性）则含有实事概念。胡塞尔的结论是："如果我们具有分析规律和分析必然性的概念，那么当然也就可以得出'先天综合规律'的概念和'综合先天必然性'的概念。每个以一种方式包含着含有实事概念纯粹的规律都是一个先天的综合规律，这种方式是指：在保真的要求下不允许将这些概念形式化。这些规律的殊相化就是综合的必然性：其中当然也包含经验的殊相化，如：'这个红不同于那个绿'。"（《逻辑研究》II/1，B₁256）

需要注意，胡塞尔在这里没有提到"能"（können）这个概念。他所举的红和绿的例子是一个先天综合的命题。相当于给"A 不是 B"的形式命题赋予了实事的内涵。但维特根斯坦从中推出了一个助动词"能"的概念，并用它来否定先天综合判断的必然性。这里的关键在于：这个"能"究竟意味着什么。维特根斯坦认为"能"是一个逻辑概念，而不是一个实事概念。因此，当"红"和"绿"代表着实事概念，而"能"又代表着形式概念时，我们便遭遇一个先天综合的判断。根据维特根斯坦的分析，这个判断最终会导致一个类似悖论的结论。

我们这里再来看一遍维特根斯坦的论证："现在假设'一个对象不能既是红色的又是绿色的'这个陈述是一个综合判断，而且'不能'这两个字意味着逻辑不可能性。由于一个命题是对它的否定的否定，因此，必定也存在着'一个对象能够既是红色的和绿色的'这样一个命题。而这个命题同样会是综合的。作为一个综合命题，它具有意义，而这就意味着：被它所表现的事态能够存在。因此，如果'不能够'意味着逻辑不可能性。那么，我们就会得出这样的结论：不能够还是可能的。"①

在这个论证中，维特根斯坦使用了两个前提：其一，"能"是一个逻辑概念、形式概念，因此它不包含任何实事的内涵。其二，"一个命题是对它的否定的否定"，或者说，"否定命题（反题）预设了肯定命题（正题）"。因此，只要反题成立，正题也就成立；只要"不能"成立，"能"也就成立。将这个可能性再移入到这个综合命题中，就会出现"一个对象能够既是红色的又是绿色的"这一个结论。

实际上这两个前提在胡塞尔的《逻辑研究》中都被讨论过，尤其是在对穆勒的心理主义观点的批判中。但胡塞尔的结论恰恰相反：就第一个"能"(können)的概念而言，他认为："只要'能够'(können)这个词是在与'思维'这个精确的术语的联系中出现，它指的就不是主观的必然性，即那种'不能够表象为别样的'主观无能力(Unfähigkeit)，而是指那种'不可能是别样的'客观—观念必然性。后者按其本质在绝然的(apodiktische)明见性意识中成为被给予性。"（《逻辑研究》II/1, A235/B₁239）换言之，在"A不能既是A又是非A"的命题中，A与非A的不相容性并不是主观的不能够，而是客观的不相容。这个客观，是指观念的客观，观念客观的不相容性，决定了经验的不可能性。换言之，排中律所涉及的不是在一个意识中相互矛盾的表象的实在不相容性（或如穆勒所说：两个相互矛盾的信仰行为的不能共

---

① Wittgenstein, *Wittgenstein und der Wiener Kreis*, a. a. O., S. 66.

存），而是它们的观念不相容性。因而胡塞尔说："在种类上已被明察为不相容的东西，在经验的个别情况中就不可能一致，因而不可能相容。"（《逻辑研究》II/2, A670/B$_2$198）这里可以看出，对对象和观念存在的认定是一个关键之处，维特根斯坦的论证没有接受胡塞尔的这个前提，而是从另一个路径出发，因此并没有对胡塞尔构成实质性的反驳。

　　另一个对反题的论述与此相似，也在《逻辑研究》研究中出现过。实际上弗雷格也怀疑过这种否定必定以肯定为前提的语法规则。而胡塞尔在这里所说的几乎是对维特根斯坦的一个回应："与可能性相连接的是不可能性，作为一个具有同等权利的观念，它不能仅仅被定义为对可能性的否定，而是必须通过一个特有的现象学事实来加以实现。无论如何，这是不可能性概念能够得到使用的前提，尤其是它在一个公理中……能够出现的前提。关于不可能性与不相容性之说法的等值性向我们指明，这个现象学事实可以到争执（Widerstreit）的区域中去寻找。"（《逻辑研究》II/2, A576/B$_2$104）显然，这里的关键在于，维特根斯坦是从语言规则的角度出发来谈论否定，胡塞尔则始终回溯到现象学的直观事实层面上，把问题引向观念对象和本质直观的领域。在他看来，否定的概念仍然需要在直观的领域中获得其明见性，而不是通过某种形式的推论。

　　从这里的分析研究可以得出一个基本结论：维特根斯坦对先天综合判断不可能性的论证与胡塞尔对先天综合判断的可能性的论证，实际上是在各自的前提下进行的。维特根斯坦最后对胡塞尔的批评，最终是立足于一个出发点的分歧，立足于各自理论立场的分歧，因此最终也是一个外在的批评："对于胡塞尔来说，在这里只剩下一条出路——宣称存在着第三种可能性。对此我的回答将是：语词是可以发明的；但我在其中却无法思考到任何东西。"①

而胡塞尔这方面却可以回答，这第三种可能性的的确确存在着："如果我明察到，4 是一个偶数，而这个被陈述的谓语的确与 4 这个观念对象相符合，那么这个对象也就不是一个单纯的臆想，不是一个'单纯的说法（facon de parler）'不是一个真正的虚无。"（《逻辑研究》II/1, A124/B₁125）他预先给出了对维特根斯坦的反驳，一个同样是外在的反驳："如果所有那些存在着的东西都合理地被我们视为存在着，而且是我们在思维中借助于明见性而把握为存在着的那样存在着，那么我们就不可能去否认观念存在的特有权利。实际上在这个世界上还没有一门诠释术能够将这些观念对象从我们的言语和思维中消除出去。"（《逻辑研究》II/1, A125/B₁126 − 127）

这里的问题显而易见地在于：在胡塞尔直观到根本性的东西的地方，维特根斯坦只发现了生造的空乏语词。对胡塞尔而言最终的东西，亦即绝对的自身被给予性，在这里遭到否认。在这种情况下，胡塞尔将会无奈地说："假如他不具有另一种感官，我们怎么能使他信服呢？"②

---

① Wittgenstein, *Wittgenstein und der Wiener Kreis*, a. a. O., S. 66.

② 胡塞尔：《现象学的观念》，第 74 页。——维特根斯坦也说过类似的话。正如胡塞尔的上述引文不是针对维特根斯坦的一样，下面的维特根斯坦语录也并非针对胡塞尔，而是针对卡尔纳普："如果他没有把它嗅出来，那我帮不了他的忙，他完全没有鼻子。"（参阅克拉夫特：《维也纳学派》，同上，第 178 页）

维特根斯坦对语言的诉诸使他的论点如今显得更富有吸引力。即便他认可话语中某种常项的存在，他也不把它看作本质或观念的表露，而是看作语法要素的显现。究其原因，很可能是因为如托马斯·泽伯姆所说："作为语言分析或者作为对语言导论的解释而出现的哲学，在具有一个物质上可把握的'躯体'的语言中预先给出了一个能够加以探讨的领域。它能够作为某种探究、而不是作为某种任意生造的概念体系之建构出现。"因此，在某种程度上可以说，对语言的偏好是 19 世纪实证主义激情的不自觉延续，"这种激情想把哲学从思辨的和形而上学的建构引开，转向实事本身。"①也许可以说，20 世纪的观念主义（Idealismus）和语言主义（Lingualismus）是从不同立场上对实证主义意向的展开。——我们在下一节再处理这个问题。

而从本体论的角度来看，在胡塞尔与维特根斯坦—石里克之间最基本分歧在当时很有可能就回溯到这样一个问题的回答上：究竟逻辑是可以允许被结合到经验之中，还是本身就产生于直观之中。

当然，即便维特根斯坦在这个问题上曾有过动摇，即便他在一定时期内或许会与胡塞尔同行一程②，他们之间仍然还有一个

---

① Th. Seebohm, „Perspektiven des Lingualismus: Heidegger und Quine", in: Albert Raffelt (Hrsg.), *Martin Heidegger weiterdenken*, München/Zürich: Verlag Schnell & Steiner, 1990, S. 10 – 11.

② 按照徐英瑾的研究，维特根斯坦在这个问题上有过短暂的动摇："在《略论逻辑形式》中维氏的确流露出了一种将'现象描述'与'逻辑形式刻画'相结合的强烈倾向，也就是说，逻辑形式没有被看成逻辑学家在书斋里炮制出来的游戏规则，而被视为活生生地显现于现象中的东西。"（徐英瑾：《维

原则性的差异无法最终消除，它表现为对一个问题的不同回答：纯粹逻辑—语法规律究竟只是人类理智的规律，还是每个理智一般的规律。

五、感想与结论

由石里克开启的这场争论，在很大程度上体现了两种时代精神的冲突。可能争论的始作俑者尚未自觉到这一点，但在这场争

特根斯坦的现象学之谜》，载《复旦学报·社科版》，2004 年第 1 期，第 81 页）若果如此，那么这里就隐含着一个在笔者看来至关重要的问题：一个胡塞尔与维特根斯坦共有的现象学方案？——而在胡塞尔这方面，尽管他与维特根斯坦一样是、并且也一再自称是"永远的初学者"，却从未对观念存在以及相关的本质直观的可能性、对先天综合判断的存在产生过怀疑。

除此之外，维特根斯坦在他的"现象学时期"（1929 年的前几个月）所思考的"视觉空间"问题，与胡塞尔 1928 年出版的"内时间意识现象学讲座"中讨论的"内空间意识"问题也极为相近。胡塞尔在那里说："但这些并不是客观空间的关系。如果我们说，视觉领域的一个点离开这个桌角一米，或者，这个点是在这张桌子旁边，在这张桌子上面等等，那么这种说法根本毫无意义。同样，事物显现当然也不具有一个空间位置或任何一种空间关系：房子—显现不会处在房子旁边、房子上面，不会离房子一米远，如此等等。"（E. Husserl, *Vorlesungen zur Phänomenologie des inneren Zeitbewußtseins*, hrsg. Von M. Heidegger, Tübingen 1928, S. 4）

就笔者的初步印象来看，在胡塞尔与维特根斯坦之间还有许多可以展开的研究角度。但目前的相关研究，极少是从胡塞尔思想背景出发做出的（对此可以参阅徐英瑾：《关于维特根斯坦的"现象学"问题的诠释史——从 20 世纪 60 年代末到本世纪初》，载《学术月刊》，2005 年第 4 期，第 41－48 页）。这将是一个非常值得发掘的问题域。

论以后的展开过程中却越来越明显地得到表露。

就总体而言，维特根斯坦属于语言主义的代表人物，而胡塞尔则原则上还属于观念主义的维护者和倡导者。他们各自基于两个完全不同的范式，两个无法调和的范式。所谓的"语言主义"，是借用了托马斯·泽伯姆对眼下的时代精神的一个定义："既然人们以此为出发点：若一种理论立场想通过向观念（idea）的回溯来理解所有被给予我们的东西，并且除了观念的实存之外不想承认其他任何东西的有效性，这种理论立场便被称作观念主义（Idealismus），那么，人们也就可以把那个以拉丁词 lingua（语言）为出发点的二十世纪哲学称作语言主义（Lingualismus）。"[①]在这个意义上，海德格尔、奎因以及当代一大批重要的思想家，都属于语言主义的行列，他们共同完成了 20 世纪哲学的一个最重要的合唱，即所谓语言的转向或语言学的转向。他们使语言主义成为当今哲学的范式，使观念主义成为某种例外情况，成为不合时宜的东西。

这个转向在迈克尔·达米特看来是从弗雷格开始的。但弗雷格本人却并不是一个语言主义者。[②]弗雷格与胡塞尔在非语言主义的立场上有共同点。可是无论是弗雷格的后继者（如维特根斯坦、奎因等），还是胡塞尔的后继者（如海德格尔、德里达[③]等），都

---

① Th. Seebohm, „Perspektiven des Lingualismus: Heidegger und Quine", a. a. O., S. 33.

② M. 达米特（M. Dummett）:《分析哲学的起源》，王路译，上海：上海译文出版社，2005 年，第 5 页。

③ 泽伯姆极其敏锐地指出一个事实："即便解构主义也还是语言主义的，因为用语法取代逻各斯（logos）的做法，并未突破语言主义的框

在很大程度上选择了语言主义的路向。更严格地说：忠实于弗雷格的研究者，最终会把结论导向语言主义，而忠实于胡塞尔的研究者，最终会坚持观念主义的立场。①

泽伯姆曾明确表示，他在逻辑哲学的研究中宁可追随胡塞尔的非语言主义立场。这也是笔者始终认同的基本立场，并因此视他为同道。当然，泽伯姆采纳这个立场有其自己的理由或原因，主要是在于：他通过对逻辑哲学的研究，包括通过对奎因和海德格尔之间特殊对立的分析而得出结论："语言主义在逻辑哲学的基本问题方面始终是'模棱两可的'。"②

当然，反过来说，现象学的直观哲学立场也未见得就能提供胡塞尔所追求的那种完全充分的明见性和自身被给予性，否则它对于大多数人而言会比自然科学更有说服力。尤其是在现象学后期的发展中，对直观和领悟的过多诉诸的确已经导向某种程度的神秘性。但纵使如此，相对于语言主义的立场而言，它在逻辑哲学的根本问题的探讨上至今仍然不失为一个值得把握的可能出

架"（Th.Seebohm, „Perspektiven des Lingualismus: Heidegger und Quine", a. a. O., S. 10）。

① 这也意味着坚持康德的立场。对于这个立场，泽伯姆曾概括地说："康德在语言中发现范畴形式，因为范畴形式就是知性的形式，后者最初在直观形式中通过想象力而被图式化并因此而对对象具有客观有效性。超出对对象的规定之上规定着语言的乃是知性范畴，而不是规定着知性和对象的语言及其范畴形式。"（Th.Seebohm, „Perspektiven des Lingualismus: Heidegger und Quine", a. a. O., S. 10）

② Th.Seebohm, „Perspektiven des Lingualismus: Heidegger und Quine", a. a. O., S. 10.

发点。①

事实上，本质直观并非现象学的专利，例如数学家和普通人也在运用它。一般说来，在对红的事物的感性感知和对红的观念的本质直观之间只需要有一个目光的转向。但维特根斯坦和石里克，当然也包括胡塞尔，囿于各自的立场，从一开始就不准备接受对方的出发点，因此，两个阵营之间的对话也似乎从一开始便被注定了无所收益的命运。但是，或许对维特根斯坦作为心智哲学家的可能性的探讨，对弗雷格（可能还有布伦塔诺）作为沟通两个流派的思想家之可能性的探讨，最终可以为解决某些实事性的问题提供一些帮助。M. 达米特在《分析哲学的起源》的序言中曾表达过一个希望："本书是由为分析哲学的实践者撰写的。尽管我一直关注的是说明这两个学派的创建者在 20 世纪初相互有多么密切，当时在他们发生分歧的地方，我也只能站在分析派一边进行论证。如果有一本书涵盖同样的范围，又是从现象学的观点撰写的，它就会是一本非常令人感兴趣的同样有分量的著作。我希望有人会写这样一本书。"②

这更是笔者作为现象学实践者的一个衷心期望！因为弗雷格和胡塞尔的确应当被看作是两条思想河流的发端（达米特将他们比作多瑙河与莱茵河的源头），对其起源、流向和归宿的分析很可能会——如达米特所言③——导致对 20 世纪西方哲学思想进化的最重要的和最令人困惑的特征的揭示，并且有助于分析哲学和现象学学派对自己历史和对方历史的理解。

---

① 笔者曾在前面的第九章"现象学与逻辑学"中讨论过这方面的问题。

② M. 达米特：《分析哲学的起源》，同上，第 5 页。

③ M. 达米特：《分析哲学的起源》，同上，第 26 页。

第十二章
胡塞尔与海德格尔的存在问题

——从理论理性到实践理性（对第七章的展开）

上篇

实事本身……它是意识及其对象性？还是在无蔽和遮蔽之中的存在者之存在？

存在问题越是明确，困难便越是不易穿透。

——海德格尔

一、引论

1962 年 9 月 11－13 日，海德格尔在黑森林托特瑙堡主持了关于他的"时间与存在"演讲的研讨课，在讨论记录中可以读到这样的看法："胡塞尔本人在《逻辑研究》中——主要是在第六研究中——已经接近了本真的存在问题，但他在当时的哲学气氛中无法将它坚持到底。"①

1973 年 9 月 6 日,在海德格尔主持的弗莱堡采林根研讨课上,首先讨论的出发点问题是:"在何种程度上可以说,在胡塞尔那里没有存在问题?"②

我们试图接着这里的问题思考下去。

在海德格尔所主张的存在论的意义上,不仅胡塞尔,而且整个在他之前的西方哲学(从古希腊到黑格尔),应当说都从没有真正地接触到存在问题。据此而论,在胡塞尔那里没有存在问题(即没有海德格尔式的存在问题),这实际上是不成为问题的。③

但在什么样的意义上又可以说,胡塞尔曾经在《逻辑研究》中接近过本真的存在问题?对这个问题的进一步探讨要取决于对另外一个前问题的回答:海德格尔本人在存在问题上究竟从《逻辑研究》中获益多少?因为,如果对后一个的问题的回答是完全否定的,那么我们在这里也就根本没有必要将这两人的存在

---

① 参见:Heidegger, *Zur Sache des Denkens*, Tübingen 1988, S. 47. 以下简称:SD。

② 参见:Heidegger, *Vier Seminare*, Frankfurt a. M. 1977, S. 111. 以下简称:VS。

③ 胡塞尔本人当然具有他自己意义上的"存在问题":他将纯粹意识领域视作真正的存在(参见胡塞尔在《观念》I 第 46 节中的论述;也可参见海德格尔在《时间概念历史导引》第 11 节中对胡塞尔这个意义上的存在的四重定义:意识作为"内在的存在""绝对的存在""被给予的存在"和"纯粹的存在"),并且,胡塞尔在此意义上划分出他自己的"形式存在论"和"质料存在论"(对此可以参见《观念》I 第 153 节,以及该书的整个第二、三两卷的论述)。但我们在这里讨论的不是胡塞尔意义上的,而是海德格尔意义上的存在问题。

问题放在一起讨论。

因此，这里的问题在于：《逻辑研究》——它曾是胡塞尔与海德格尔在存在问题上的一个交会点吗？撇开海德格尔对《逻辑研究》作用的多次一般性强调不论[1]，在早期（1925年）的马堡讲座中，他确定有必要坚持胡塞尔《逻辑研究》（第六研究，第五、六章）中所区分的两个真理概念和两个存在概念，因为"我们以后会提出关于存在意义的原则问题"[2]；在后期《我的现象学之路》（1963年）一文中，他再次明确指出了《逻辑研究》在存在问题上对他的影响："这里所发掘出的感性直观与范畴直观之间的区别在其对于规定'存在者的多重含义'的作用方面向我揭示出自身"，"通过现象学态度的昭示，我被带上了存在问题的道路"（SD, 47, 86）。可以说，早期的和后期的海德格尔都承认一点：他在存在问题上受到胡塞尔《逻辑研究》的启示。

从目前能够获得的资料来看，在早期弗莱堡和马堡时期，海德格尔关注最多的是第六研究，尤其是第五章"明见与真理"和第六章"感性直观与范畴直观"。这里包含着胡塞尔对真理问题以及范畴直观问题的论述。故而海德格尔所说的《逻辑研究》之"突破"（SuZ, 38），也主要是指胡塞尔通过"范畴直观"而向存在问题的突破：对范畴直观的指明可以为我们揭示存在的

---

① 例如参见：Heidegger, *Prolegomena zur Geschichte des Zeitbegriffs*, GA20, Frankfurt a. M. 1979, S. 30（以下简称：GA20）; *Sein und Zeit*, Tübingen 1979, S. 38（以下简称：SuZ）; *Unterwegs zur Sprache*, Pflingen 1990, S. 90 – 91（以下简称：US），以及其他各处。海德格尔多次将《逻辑研究》称作现象学的"突破性著作"和现象学的"基本书"（Grundbuch）。

② Heidegger, GA20, S. 73.

起源。

　　据此,如果承认胡塞尔和海德格尔在存在问题上的交会点的确存在,那么这个交会点最有可能在于:范畴直观作为存在的自身给予。

　　下面的分析将试图把握和展开这个可能性。整个分析大致分为三步进行:在第一部分中,胡塞尔的两个存在概念将首先得到指明,真理意义上的存在和系词意义上的存在;第二部分和第三部分则分别讨论海德格尔对胡塞尔这两个存在概念的接受与克服(Verwindung),即讨论他如何将这两种"存在"理解为不同意义上的存在者之存在,并如何从这里引出他自己的作为存在的存在。通过这些分析,这两位思想家各自的存在问题取向和基本哲学意图将会在一定程度上得到揭示。

二、在本质直观中可自身显现的存在

　　胡塞尔在《逻辑研究》第五研究中进行的意向分析结果表明,我们的意识的最一般本质在于:它具有构造对象的能力。这种构造能力表现在两个方面:其一,它可以将散乱的感觉材料综合为统一的对象客体(这种综合能力如今在心理学中已经得到实验的证实和量化的规定);其二,我们的意识还会将它自己构造起来的对象设定为是在它自己之外存在着的。胡塞尔将这两方面的能力分别称作"质料"(赋予杂乱材料的统一意向质料或意义)和"质性"(对被构造对象的存在设定),它们一同构成意识的"意向本质"。①

────────────

① 参见胡塞尔:《逻辑研究》II/1, A392/B₁417。

实际上，现象学分析，尤其是以后的超越论现象学分析，它的一个重要任务就在于指明，意识是如何构造起本己的东西（内在于意识的对象），然后又将它看作是陌生的（超越于意识的存在）①。

胡塞尔在这里所说的是意识的最一般本质，也就是说，任何一个意识行为，哪怕是最素朴的（其对象仅由一个单元组成，例如"这个东西"），也必定会包含着质料和质性这两个基本因素。（这两个因素还会以各种变化的形态出现在意识行为中，但我们这里只局限在它们的原初样式上。）这也就是说，每一个意识对象对我们来说都必定是一个以这种或那种状态（即具有质料的）存在或不存在的（即具有质性的）东西。②

但由于这两个因素是意识的最基本成分，对它们无法再进行还原，所以这两个因素应当是各自独立的：存在设定不包含在对象构成之中，对象构成也不包含在存在设定之中。这是《逻辑研究》第五研究在意向本质分析上的一个基本结论。

这个结论与康德在存在问题上的观点是一致的。胡塞尔本人在第六研究中也暗示了他与康德的联系。康德所说的"存在不是一个实在的谓词"（《纯粹理性批判》B626）实际上可以看作是对胡塞尔意向本质规定的一个诠释。所谓"存在不是一个实在的

---

① 我也是在这个意义上理解梅洛－庞蒂的名言的第一部分："问题在于学会观察，人们是怎样将我们的东西看作是陌生的，又怎样将陌生的东西看作是我们的。"

② 倘若我们在这里想要进行海德格尔的所谓存在论差异的划分，那么前一个因素在某种程度上与"存在者"的说法相呼应，后一个因素则或多或少可以与"存在"的概念发生联系。

谓词"，在康德那里无非就是指，"它不是一个可以加在 个东西的概念之上的某种东西的概念。它只是设定一个东西，或者肯定地确定作为在其本身存在着的某种东西"，"所以，不管我们关于一个对象的概念所包含的是什么，而且也不管它所包含的是多少，如果我们要把存在归之于这个对象，我们就必须超出这个概念以外"（《纯粹理性批判》B626－627）。这也就是说，对象的构成是一回事，存在的设定是另一回事。

正是在这个意义上，胡塞尔也说："我可以看见颜色，但不能看见有颜色的—存在。我可以感受光滑，但不能感受光滑的—存在。我可以听见声音，但不能听见音响的—存在。存在不是处在对象中的东西，不是对象的部分，不是寓居于对象之中的因素；不是质性或强度，但也不是形态，不是内部的形式一般，不是一种构造标记，无论这标记被理解为什么。但存在也不是一个附在一个对象上的东西，正如它不是一个实在的内部的标记一样，它也不是一个实在外部的标记，因而在实在的意义上根本不是'标记'。"（《逻辑研究》II/2, A609/B$_2$137）

但存在究竟是什么呢？胡塞尔在这里是否也陷入了"否定的存在论"的泥潭：我们只知道存在不是什么，只能否定地规定它，除此之外我们便无法再做其他的事情？

对这个问题的回答是否定的，而且这个否定的回答必须分两步来完成。

我们首先限制在素朴的感性直观的领域中：虽然胡塞尔在第五研究中没有对存在设定（质性）的对应项"存在"作出进一步的规定，但在后面的第六研究第五章中，他实际上补上了这个规定：存在设定的相关项，即存在，就是"可以在相即性中被感知之物"（《逻辑研究》II/2, A598/B₂126，重点号为笔者所加）。这里的"相即性"用海德格尔的话来说是指在"intentio"（意指）和"intentum"（所指）之间的同一性（GA20, 58），用胡塞尔的话来说是指"在相即性中同时被意指和被给予的对象的同一性"（《逻辑研究》II/2, A598/B₂126）。具体地说，如果我意指某个东西，而我的这个意向又在直观中得到了充分的证实，此时我便已经涉及了存在，当然是以一种设定的方式。因此，胡塞尔说，"每一个现时的认同，或者说，每一个现时的认同或区分都是一个设定的行为"（《逻辑研究》II/2, A593/B₂121），即带有存在设定的行为。从这个角度来看，我们便可以理解，为什么质性与质料虽然是两个相互独立的因素，胡塞尔却仍然要强调，质性（存在设定的因素）最终还是奠基于质料（对象构造的因素）之中（参见《逻辑研究》II/1, A391/B₁416)：因为存在的设定取决于在感知行为中对象构造的合理与否、意指与所指的同一与否。

这个意义上的存在可以被还原为一种意识、一种信仰；所以存在设定、存在意识或存在信仰在胡塞尔那里是同义词。换句话说，存在论问题在这里被还原为认识论的问题和心理学的问题，"存在"在这里被等同于"真理"——胡塞尔和早期的海德格尔都将这种意义上的"存在"称之为"真实—存在"或"在真理意义上的存在"或"存在的真理特征"。[①]这可能也是导致胡塞尔在向超越论现象学突破的过程中干脆主张"存在消融在意识之

---

① 例如可以参见胡塞尔：《逻辑研究》II/2, A594/B₂122, A596/B₂124；海德格尔，GA20, 71; *Grundproleme der Phänomenologie*, GA24, Frankfurt a. M. 1989, S. 25, 33（以下简称：GA24）。

中"或" 切存在者都在意识主体性中被构造起来"的一个原因①。

几乎无须再强调,这种现象学存在观突破了近代哲学对自然存在与精神存在的二分,突破了主—客体的关系范式。这里需要注意的毋宁是:胡塞尔对真理的同一性或相即性的强调实际上将传统的真理定义带入主体性领域之中,真理以及真理意义上的存在仍然具有作为 (als) 的结构:某些东西被意指为某物。这个存在真理内在地植根于胡塞尔的意向性学说之中,植根于体验—对象的相互关系之中。所以海德格尔能够在许多年后批判说,"对于胡塞尔来说不言自明的是,'存在'意味着对象—存在。"(VS,116) 在海德格尔看来,这种意义上的存在仍然是"存在者的存在"。

然而我们接下来还要注意到胡塞尔的"存在问题"的另一个方面:在第六研究的第六章中,胡塞尔的意向分析超越出了感性直观的领域。这个超越首先意味着两方面的扩展:其一,意向分析的对象不再局限于素朴的意识行为,而是伸展到复杂的、多元的意识活动上。具体地说,如果在素朴的感知中构造的是对象"E",那么在复合的感知中构造的是对象性"这是一个 E","E 是蓝的","蓝的 E","所有的 E 是 P"等等。其二,这里的扩展还意味着:意向分析的对象不再局限于构造感性对象的意识行为中,而且也同时也伸展到那些构造着形式对象的意识行为上。似乎可以这样说,在一个多环节的意识行为中,除了那些能够在感性感知中显现出来的东西之外,多余下来的东西都属于与形式对象有关的东西。胡塞尔一再将形式的东西称之为"补充性的",意

---

① 参见瓦尔特·比梅尔:"编者引论",载《现象学的观念》,第 3 页。

思便在于此。而对这些多余的、未以感性感知的方式显现的组元，胡塞尔同样不认为只有通过否定的规定才能把握。

以胡塞尔的"纸是白的"为例（或以康德的"上帝是万能的"为例）。这里至少有两个对象环节被给予："纸"和"白"。这两个环节都在一定程度上直观地显现给我。至于"是"这个环节，康德认为它"并不增加什么谓词，而只用来肯定谓词对其主词的关系"（《纯粹理性批判》B627）。所以胡塞尔指出，在通常的意义上，"它在显现本身之中没有找到任何东西来证实自身"，故而"存在绝然是不可感知的东西"（《逻辑研究》II/2，A603/$B_2$131，A610/$B_2$138）。在这个意义上，"是"是一个在感性直观中无法直接达及的形式，但它却包含在感性直观之中。[①]

胡塞尔不仅涉及了作为系词的"是"，而且也涉及了"是"的另一个含义，即存有的含义。我们这里仍然以"白纸"为例：所谓"白的纸"，无非是指白地存在着的纸。整个对象显现为纸，同时，存在这个补充形式也隐含地显现出来，当然不是以感性的方式。

无论这里的"存在"是作为系词，还是作为存有，它们都以一定的方式被认识到，被涵盖在一个复合对象的显现之中。按照

---

① 胡塞尔在《逻辑研究》中所涉及的形式范畴远不只是作为系词的"是"。前面说过，所有那些不能以感性的方式在一个复合意识行为中显现出来的东西都可以看作是形式的，例如，"几个""和""或""所有"等等；甚至对前面例子里所说的"白"，胡塞尔还区分出局部地与显现对象的颜色因素相合的"白的部分"以及未能在感性直观中证实自身的剩余部分——后者便属于形式范畴。但我们在这里不去关注这些形式范畴，而将我们的目光仅仅集中在与"存在"有关的形式范畴上。

康德的看法，"存在"在这里并不能为"白"和"纸"这两个对象增添任何东西。他的一个著名的例子就是：实在的一百银币在概念上并不能比可能的一百银币多出一分一毫。

但这里有一个关节点："实在的一百银币对我的经济状况的影响与一百银币的纯然概念的影响却不相同"，也就是说，一个东西的存在与不存在是一个实实在在的认识，而且在某些情况下甚至是比关于这个东西本身的认识更重要的认识。康德最终还是将这种认识（感性事物存在）归诸于经验的规律。①

胡塞尔在方法领域所引起的革命便在于，他将这里的存在看作是一种无法通过感性直观、但却可以通过范畴直观而自身给予、自身显现的东西。

如果我们回到胡塞尔对意向本质的规定上，那么，质料和质性的区分在这里应当依然有效，因为复合的意识行为也是意识，也受意识的本质规律的制约，也含有对象构造和存在设定这两个基本因素。只是对这里的质料，胡塞尔需要做进一步的规定：它不仅是指作为感性材料的质料，而且还是指作为范畴形式的质料（《逻辑研究》II/2, §42）。

这意味着，在复合的行为中——用海德格尔的话说：在有层次的行为中——我们的意识能够以另一种方式构造对象，而且它事实上也一直是在以这另一种方式构造着对象，即形式的对象。这种构造不是间接的判断推理，而是可以在直观中得到证实的活动。换言之，作为范畴形式的"存在"和"不存在"、"某物"和

---

① 它有别于关于观念事物存在的认识，后者属于先天的规律（参见康德，《纯粹理性批判》, B629）。

"无物"（虚无），这些对立的形式都可以"不仅被思想，而且也被直观，或者说，被感知"（《逻辑研究》II/2, A615/B₂143）。

但细心的读者在这里会发现在胡塞尔对"存在"的规定中的两个貌似相互矛盾的陈述：在第二研究讨论"明见与真理"的第五章中，胡塞尔将"存在"定义为"可以在相即性中被感知之物"，而在讨论"感性直观与范畴直观"的第六章中，"存在"则成为"不可感知的东西"。这里所说的存在是同一个东西吗？抑或问题毋宁是：这里所说的感知是同一个东西吗？胡塞尔在这里是否处在一个两难的境况中？

三、作为无蔽的存在

我们在这里可以切入海德格尔的存在问题考察，首先是他对胡塞尔存在问题的理解，其次是他对自己的存在问题的展开。

海德格尔于1925年至1927年期间在存在问题上的思想发展主要包含在1925年的《时间概念历史导引》讲座、1926年完成的《存在与时间》文稿和1927年的《现象学基本问题》讲座中。对这三个思想发展阶段的研究应当可以说明海德格尔如何通过现象学态度的昭示而被带上存在问题的道路。[1]

在作为《存在与时间》初稿的《时间概念历史导引》讲座中，海德格尔明确地区分了胡塞尔《逻辑研究》中的两种存在

---

[1] 由于《时间概念历史导引》和《现象学的基本问题》都可以被看作是《存在与时间》的有机组成部分——前者是《存在与时间》的初稿，后者是《存在与时间》的续编——因此这里的讨论在很大程度上可以被看作是对《存在与时间》与《逻辑研究》关系的讨论。

理解：真理意义上的存在和系词的存在。海德格尔以"这椅子是黄的"为例，说明在这个被判断的事态上可以区分出双重的存在：当我们强调"黄的存在"时，我们所确定的是一个真实状态的存在：这椅子的确是黄的，即它是真实的："存在意味着：刚才所标示的真实状态是有的，即在被意指者和被直观者之间的同一性状态是有的。存在在这里就是指真理的存有，真实状态的存有，同一性的存有"（GA20, 71－72）；而当我们强调"黄的存在"时，我们确定的是一个关系的存在：这个椅子与黄的关系。因此，存在在这里意味着一个系词。海德格尔将这种关系定义为："谓词对主词的附加"——这里的"谓词"当然不是康德意义上的"实在的谓词"。

海德格尔据此而认为，在"这椅子是黄的"这个表达中可以区分出两个存在的概念："被解释为同一性存有的真理意义上的存在和被解释为实事状态本身结构因素的系词意义上的存在"（GA20, 72, 重点号为笔者所加）。

这样，胡塞尔的两个貌似相互矛盾的存在概念便得到了合理的说明：在素朴的综合行为中，系词意义上的存在是无法被感知的；但在另一类行为中，即在多环节的、有层次的行为中，这种存在则可以被感知到。用海德格尔的话来概括便是：关系行为所给予的东西永远无法通过素朴感知来把握（GA20, 87）。①

---

① 这里当然还有一个在阐释上的差异需要指出：在胡塞尔那里，第一个存在，即真理意义上的存在，可以在素朴的、单束的行为那里找到，只要在这个行为中发生了意指与所指的全适；第二个存在则只能在范畴的、多束的（有层次的）行为那里发现，因为这种作为连系词的存在至少必须涉及两个环节。而海德格尔为这两个存在概念所举的例子"这椅子是黄的"显然是对一

海德格尔认为胡塞尔的存在理解在两个方面突破了传统的存在观和传统的真理观。这里所说的"传统存在观和真理观"，首先应当是指表现在"真理是智慧与事物的相即性"这个托马斯定义中的存在观：存在在这里以"事物"的形式表达出来。这种存在观最终可以在古希腊人那里找到起源：真理在那里主要被理解为存在与它的显现方式的一致性或共属性。故而海德格尔指出经院哲学的真理定义"以迂回的方式回溯到希腊人那里"（GA20，73）。

传统存在观或真理观在海德格尔看来至少包含两方面的根本内涵：一方面，"真理这个标题……在传统上尤其被归诸陈述的行为，即被归诸谓词的、关系的行为"，这意味着，"真理"在这里被看作是一个系词。另一方面，"'存在'这个标题作为客体的规定性、实事本身的规定性被归诸非关系的、单束的行为"，也就是说，"存在"只被理解为一个实事（对象）的存在，而非一个实事状态（关系状况）的存在（GA20，73-74）。概而言之，传统上，真理与关系行为有关，存在则与非关系行为有关。

而胡塞尔的存在观的"突破"便涉及这两个方面，它表现为一种两方面的扩展：一方面，胡塞尔将他的真理概念扩展到非关系行为的相关项上，事物的"真实—存在"也是真理；另一方面，他又将存在概念扩展到关系行为的相关项上，事态的真实关系状况也是存在。

个多环节的行为对象的表达。但是，我们在这里还无法确定，这个差异是否会造成海德格尔对胡塞尔存在概念的根本歪曲以及是否会导致他们之间的本质分歧。因此我们在这里不再进一步追究这个问题，而是继续展开海德格尔对胡塞尔存在观的理解。

除此之外，我们在这里还可以参照《存在与时间》中的第44 节 a)"传统的真理概念及其存在论基础"。海德格尔在这里指出两个传统真理概念的基本特征：其一，真理的"场所"是在陈述之中；其二，真理的本质在于判断与其对象的"一致"。对于这两个命题来说，胡塞尔提出的两个存在概念是瓦解性的：一方面，真理意义上的存在表明，真理的本质是感知及其对象的一致；另一方面，系词意义上的存在表明，真理的"场所"也是在范畴感知之中。从这两方面看，"真实存在"的意义都可以说是得到更原本的把握。

这便是海德格尔所说的"对存在与真理的现象学阐释"(GA20, 74)，他认为，胡塞尔的现象学在最初形成时便获得了，并且在它的进一步发展中始终贯彻了这两个有宽义和窄义区分的真理概念，以及与此相应的存在概念。——看上去这像是一个非常微妙的游戏："存在"被扩展到"真理"上，"真理"被扩展到"存在"上。

海德格尔强调这个区分的重要性，因为现象学的存在阐释和真理阐释第一次赋予传统的真理定义"以一个可以理解的意义，并将这个定义从那些混乱的误解中提取出来"(GA20, 73)。可以相当清楚地看出，海德格尔正是借助于这个区分而在传统的存在、真理观与胡塞尔现象学的存在、真理观之间建立起一个贯通的联系，从而导致他日后对"存在意义这个根本问题"的提出(GA20, 73)。存在与真理的共属性——存在意义上的真理或真理意义上的存在——成为海德格尔以后坚持的基本立场。

但也正是在这一点上，海德格尔同时批评胡塞尔的现象学存在观的缺陷："它［现象学］没有特别地意识到，它由此而回溯到了真理概念的这样一个领域之中，在这里，希腊人——亚理士多德——也能够将感知本身以及对某物的素朴感知称作是真实的。由于现象学没有意识到它的回溯，因此它也就没有能够切中希腊的真理概念的原初意义。"(GA20, 73)

海德格尔在这里所说的"希腊的真理的原初意义"，就是他在随后的《存在与时间》中并且直至 1969 年始终坚持的"作为无蔽的真理"，即"Aletheia"。①这是《存在与时间》与《逻辑研究》的少数几个交接点之一。海德格尔在这里对胡塞尔真理概念和存在概念的继承表现在：首先，他和胡塞尔一样，将陈述行为看作是意向性的一种方式。如果一个陈述像存在者所是的那样指明存在者，那么这个陈述便是真实的；在这种情况下，"被意指的存在者如其自身所是的那样显示自身"(SuZ, 218)。这个论断与胡塞尔所说的"相即性意义上的存在"基本一致：存在意味着意指与所指的一致。所以海德格尔在前一页也谈及"相即的存在方式"。

这里的"如其"(So-Wie)被海德格尔加了重点号。它表明在存在者与它的显示之间还可以有距离。这种距离当然有可能完全消失，以致于我们可以说，这个陈述不仅指明如其所是的存在者，而且"它揭示存在者本身"；"陈述活动"，亦即胡塞尔意义上的意向性，在这里被定义为"一个向着存在着的事物本身的存在"(SuZ, 218)。海德格尔在这里不仅通过当页的脚注，而且通

---

① 1964 年，在《哲学的终结和思的任务》一文中，海德格尔承认："无论如何，有一点已经变得明晰了：追问 Aletheia，即追问无蔽本身，并不就是追问真理。因此把澄明意义上的 Aletheia 命名为真理，这种做法是不妥当的，从而也是让人误入歧途的"(海德格尔，SD, 77)。

过正义明确地指出了胡塞尔的《逻辑研究》第二研究第五章阐述对他的影响："通过感知得到验明的是什么呢？无非就是这一点：在陈述中被意指的东西就是存在者本身。"(SuZ, 218) 这里的"验明（Ausweisung）"，是一个海德格尔化了的意向现象学概念：他始终用它来定义胡塞尔的意向性意义上的"认同"，即确定在相即性中被意指之物和被给予之物是同一的，无论是在《时间概念历史导引》中，还是在以后的《存在与时间》或《现象学的基本问题》中。可以说，胡塞尔在那里所说的意向在直观中得到完全的充实，也就等于海德格尔在这里所说的陈述在感知中得到验明。

至此为止，如果胡塞尔式的存在概念在于：存在（陈述真理）是对存在者自身如其自身所是的揭示。那么海德格尔已经对这个理解做了一次简化：存在是对存在者自身的揭示。由于在前者中已经隐含了后者，所以这个简化在胡塞尔现象学的范围内是合法的。

但几乎是在同一页上，海德格尔从这种对胡塞尔存在—真理观的继承过渡到对它的发展上：他在这里几乎是以一种隐蔽的方式再次对前面的公式进行简化，以此而提出一个命题："陈述的真实存在（真理）必须被理解为揭示着的存在"或"真实存在（真理）就意味着揭示着的存在"（同上，218－219）。也就是说，存在就是揭示。这第二个简化同时意味着对存在真理的一个很大扩展：真理被理解为对存在者的揭示，无论它所揭示的存在者是否与它自身相符合。在以后直至1969年的发展中，海德格尔基本坚持这个真理概念：真理被理解为一种揭示（Entdecken）或去蔽

(Entbergen)。真理并不在于它揭示的是什么，而在于它在揭示着。[①]

很明显，这里讨论的问题实际上就是海德格尔在许多年以后回顾这一段思考时以概括的方式提出的一个现象学实质问题："实事本身……它是意识及其对象性？还是在无蔽和遮蔽之中的存在者之存在？"（SD, 87）至此为止，我们已经可以部分地看到海德格尔当时对此问题所做的回答：他用"揭示""敞开"来取代胡塞尔的"意向""相即"，将前者扩展到后者的范围以外。实际上芬克在 1959 年便对这个问题作出了一个与我们这里的分析结果相一致的说明："海德格尔对人的思索从根本上不同于胡塞尔。在他这里，第一性的问题不在于一个知识主体与周围事物的意向相关性，而在于人对于存在的在先开放性。"[②]——无论我们在这里是否可以将海德格尔的这个扩展理解为一种对胡塞尔哲学立场的彻底化以及对近代哲学基本意图的根本扭转，他们二人之间的一个主要的、关键性的分歧已经落实在一个点上：意向性在这里被改造成敞开性。它体现出海德格尔的基本哲学意旨：通过对真理概念的充分展开，克服（Verwindung）近代的主体反思

---

① 图根特哈特（E. Tugendhat）曾以另一种方式和角度论述过海德格尔《存在与时间》第 44 节 a）中所蕴含的三个真理层次之划分，他认为，正是在最后这一步上，"海德格尔偏离开胡塞尔，并且获得了他自己的真理概念"。此外他还指出，十分奇特的是，海德格尔在此关键性的一小步上没有作出进一步的阐释。参见：E. Tugendhat, „Heideggers Idee von der Wahrheit", in: O. Pöggeler (Hrsg.), *Heidegger. Perspektiven zur Deutung seines Werkes*, Weinheim 1994, S. 287–290, und *Der Wahrheitsbegriff bei Husserl und Heidegger*, Berlin 1970。

② E. Fink, „Welt und Geschichte", in: *Husserl und das Denken der Neuzeit*, hrsg.Von H. L. Van Breda et J. Taminiaux, Den Haag 1959, S. 296.

哲学,从而扭转自近代以来对知识确然性以及与此相关的理论责任性的过度弘扬趋向。

但是,正如后来海德格尔本人和一些解释者都或多或少看到的那样,这个意义上的真理既不是前哲学的希腊人(如荷马)或某些哲学的希腊人(如亚理士多德)所说的在"判断"和"一致"意义上的真理,也不是胡塞尔所说的在"相即"和"认同"意义上的真理,因为这后两种真理都是与正确性、确然性有关的陈述真理,或者说,与知识对象有关的理性真理。所以海德格尔以一种貌似对胡塞尔之前传统真理观、实则也囊括胡塞尔本人真理观的批判口吻声言:"真理因此根本不具有那种在认识与对象之间一致性的结构,即在一个存在者(主体)与一个客体的相似意义上的一致性"(SuZ, 218-219)。海德格尔的真理概念因此根本有别于传统意义上的真理。

这里有一个术语方面的问题需要澄清。虽然海德格尔在1953/1954年"关于语言的对话"中曾抱怨说:"伤脑筋的事情只是在于,人们把引起的混乱事后归咎于我本人的思想尝试。在我的思想尝试的道路上,我清楚地了解在作为'存在者存在'的'存在'与作为'存在'的'存在'之间的区别,后者是就其本身意义而言,也就是就其真理(澄明)而言的存在。"(US, 111) 但是,只要看一看海德格尔在此期间对存在真理的论述便可以得知,这种混乱的最终根源很可能就在海德格尔的思想本身之中。正如图根特哈特所言:"恰恰是因为海德格尔以这种方式使真理这个词成为他的基本概念,真理问题才被他越过了。他已经将敞开性自在和自为地命名为真理,这种做法的结果在于:敞开性不再与真理有关，而是在抵御真理问题。"①

海德格尔在此之后实际上接受了这个批评②，他在1969年的《哲学的终结与思的任务》一文中破例地承认，自己在《存在与时间》中尽管有了"决定性的洞见"却仍然有"偏误"（wegirren）发生（SD, 77）。作为补正，他在那里第一次明确地提出把"真理"与"Aletheia"明确地区分开来：前者应当是指"传统的'自然的'意义上的真理"，即"在存在者上被验明的认识与存在者的一致性"，它也就是我们前面所论述的胡塞尔意义上的"真理"存在，即"同一性"或"相即性"意义上的存在真理；它也是前哲学的希腊人和某些哲学的希腊人所说的真理③。而后者，即"Aletheia"，则是指"澄明意义上的无蔽"。海德格尔在这里再三强调："我们不能将Aletheia，即澄明意义上的无蔽，与真理等同起来。""自然的真理不是指无蔽"，"无蔽才保证了真理的可能性"（SD, 76–77）。这样，"真理"一词在海德格尔的后期也就不可能再成为他思想的中心概念，它应当建立在"无蔽性"或"敞

① E. Tugendhat, „Heideggers Idee von der Wahrheit", a. a. O., S. 296.

② 虽然他没有公开地加以承认。参见：海德格尔，SD, 77。对此还可以参见图根特哈特的说明：海德格尔是在读过图根特哈特关于《海德格尔的真理观念》一文手稿后才做出了一个他难得做出的修改，即上述对"无蔽"和"真理"的区分以及对希腊"Aletheia"概念的更正。但海德格尔没有勇气在这里提到图根特哈特的名字（参见：E. Tugendhat, *Philosophische Aufsätze*, Frankfurt a. M. 1992, S. 14）。

③ 海德格尔此时对他早期说法的另一个更正在于：他承认前哲学的"Aletheia"理解，如荷马所说的"alethes"（真的），就是自然的、确然性意义上的真理概念，但他仍然退而主张，在希腊的哲学中，"Aletheia"不是指自然的真理概念，而是指"无蔽"（参见：SD, 79）。

开性"的基础上。

得出这个思想的关键一步初看上去是在《存在与时间》第
44 节 a) 中躲躲闪闪地迈出的，但事实上，在《时间概念历史导
引》中，海德格尔对这个应当迈出的步骤已经成竹在胸：他在这
里把胡塞尔的"意向之物的存在"视之为"一个确定的存在者的
存在"，并且据而批评说，胡塞尔因此而违背了现象学的面对实
事的主旨，顺从了传统的存在理解，没有去询问存在的意义："因
此现象学在对它最本己的领域的规定这个基本任务中是非现象
学的！"（GA20，178）从海德格尔的角度看，只探讨存在者的存
在而"不根据其意义去澄清存在，甚至都不去探问存在"，这是
胡塞尔现象学的"基本损失"（同上）。

如果我们现在回顾一下已经完成的分析，那么以下结果可以
说是基本清楚的：海德格尔的存在者之存在以及存在真理是同一
个层面上的东西，它也是与胡塞尔的真理意义上的存在（意向之
物的存在）相一致的；而海德格尔的作为存在的存在以及澄明意
义上的无蔽在他看来是更高或更深层面上的东西，它也是海德格
尔存在论超出胡塞尔意向论的突破点。这个突破点与他的另一个
主张相一致：存在理解与哲学反思相比是更为原本的东西。在这
里，海德格尔式的超理性主义对传统理性主义的突破企图也得到
相当程度的体现：以希腊的方式将"Aletheia"经验为无蔽，而后
以超越出希腊的方式去思考对自身遮蔽的澄明（参见：SD，79）。

四、哲学作为关于存在的科学

在描述了海德格尔早期的真理概念以及相关的存在真理问

题之后,我们现在要将目光转向他的存在本身的问题以及与此相关的无蔽问题。在这里值得注意的是,海德格尔在 1969 年不只是在术语上修改了他对存在真理的理解;而且他同时还表露出一个基本主张,即:追问存在真理固然有意义,但那是已经为黑格尔和胡塞尔所追问过的问题,而真正的存在问题在他之前还没有被任何人接触到,这就是作为存在的存在（参见：SD, 77）。本文在开始时曾以这样一个对立的问题开始：为什么我们既可以说,胡塞尔接近了本真的存在问题,同时又可以说,在胡塞尔那里没有存在问题。对这个问题,现在可以有一个海德格尔意义上的答案：胡塞尔虽然提出了存在者存在的问题,但没有提出存在本身的问题,后一个问题是前一个问题的基础。

后面的论述将会表明,与存在本身的问题有关的是胡塞尔的另一个存在概念,即系词意义上的存在。但我们事先要论及的是胡塞尔的范畴直观。实际上我们在至此为止的分析中还没有讨论到,胡塞尔的范畴直观对海德格尔的影响究竟何在。

如前所述,当胡塞尔在谈及作为范畴直观对象的存在时,他指的是不再是真理意义上的存在,而是系词意义上的存在。这个意义上的存在是关系行为的意向相关项,而关系行为（两束以上的多束行为）奠基于素朴行为（单束的行为）之中,例如对"椅子是黄的"的实事状态感知奠基于对"椅子"的实事感知之中,这个情况决定了范畴直观必定奠基于素朴直观之中。

海德格尔在这里并不完全同意胡塞尔的观点。虽然他也谈到范畴直观在素朴直观中的奠基等等,但是,如果存在被理解为连系词,那么他的真正看法在于,"原本的东西是关系本身,通过这种关系,关系环节自身才得以明确",关系要比关系环节"更本真"(GA20, 86)。——当然，这还不是海德格尔和胡塞尔之间的真正分歧所在。

就系词意义上的存在概念而言，海德格尔在《时间概念历史导引》中似乎还没有明确地表露出他与胡塞尔的分歧。他在这里主要是赞同并引用胡塞尔的说法："实事状态和（系词意义上的）存在这两个概念的起源并不处在对判断或对判断充实的'反思'之中，而是真实地处在'判断充实本身'之中；我们不是在作为对象的行为之中，而是在这些行为的对象之中找到实现这些概念的抽象基础"。海德格尔对此阐释说，"'存在'……不是意识方面的东西，而是某些行为的相关项"。[1]将系词意义上的存在看作是某些行为(即范畴直观行为或关系直观行为)的相关项,这个表达以后在海德格尔那里难得一见。

可以说，在1925年《时间概念历史导引》中，海德格尔首先看到的是胡塞尔在存在问题上（作为系词的存在方面）的功绩，就像他在70年代回顾这一问题时所指出的那样："借助于那些范畴直观分析,胡塞尔把存在从它在判断上的固定状态中解放出来。"(VS, 115) 在胡塞尔之后，存在不再是判断的对象，而是可以直接感知到的东西："只有当某个存在现实地或想像地被置于我们眼前时,存在的概念才能够产生出来。"(《逻辑研究》II/2, A613/B$_2$141) 这里所说的"置于眼前"当然是指特殊的范畴感知。而海德格尔在这点上的主要获益在于，他"终于有了一个基地：'存在'不是一个单纯的概念，不是一个通过推论而产生的

---

① 参见海德格尔：GA20, S.79。——此外,胡塞尔在这里所说的"反思"并不是指现象学的反思，而是指洛克意义上的"内感知"。

纯粹的抽象"（VS, 116）。

如果我们这里想要对胡塞尔在存在问题上的整个功绩作一个简单的回顾总结，那么《存在与时间》中的第 44 节 a)"传统的真理概念及其存在论基础"可以提供一个支点。海德格尔在这里指出两个典型的传统真理概念：其一，真理的"场所"是在陈述之中；其二，真理的本质在于判断与其对象的"一致"。对于这两个命题来说，胡塞尔提出的两个存在概念是瓦解性的：一方面，真理意义上的存在表明，真理的本质是感知及其对象的一致；另一方面，系词意义上的存在表明，真理的"场所"也是在范畴感知之中。从这两方面看，"真实存在"的意义都可以说是得到更原本的把握。

但胡塞尔在"存在"问题上的漫不经心是显而易见的：在分析范畴直观的进程中，他在第六研究的第 44 节中虽然将存在概念作为第一分析范例，但"存在"在他那里充其量只是一个与其他范畴（如：一、多、全、数等等）相并列的范畴。存在与其他范畴一样，可以作为形式的含义因素被意指，并且可以在范畴感知中得到充实。而到第 46 节开始展开"对感性感知和范畴感知之间区别的现象学分析"时，"存在"已经不再成为话题。所以海德格尔有理由说，胡塞尔只是"触到了或擦过了存在问题"（VS, 111）。

前面所列出的海德格尔的较为明确的"说法"出自他在 70 年代所做的回顾。在 20 年代真正对系词意义上的存在进行集中讨论的是 1927 年的《现象学的基本问题》讲座，海德格尔将它看作是对《存在与时间》第一卷未竟部分（第三篇："时间与存在"）中心论题的展开阐释。

海德格尔对存在问题的关注从《现象学的基本问题》讲座的一开始便很明确，这里所说的"基本问题"虽然是复数，实际上毋宁说是单数，因为这里讨论的基本问题可以说只有一个：存在。故而哲学在这里被定义为"关于存在的科学"，哲学的基本问题就是，"探问存在的意义和根据"（GA24, §3u. §18）。在第一部分中，海德格尔列出并分析了关于存在的四个命题：1) 康德的命题：存在不是一个实在的谓词；2) 可以回溯到亚理士多德的经院哲学命题：存在者的存在状态可以区分为实存（existentia）与实质（essentia）；3) 近代存在论的命题：存在的基本方式是自然的存在（res exstensa）和精神的存在（res cogitans）；4) 最宽泛意义上的逻辑学的命题：所有存在者都可以在无碍其存在方式的情况下用"是"来言说——系词的存在。

最后一个命题显然与胡塞尔在《逻辑研究》中讨论的"系词意义上的存在"有关。海德格尔在这里也强调："只有胡塞尔才在其《逻辑研究》中又为逻辑学及其问题带来了昭示。"（GA24, 253）后面可以看到，实际上海德格尔也是从这个意义上的存在着手切入他的存在问题。

但在这里和在《存在与时间》中一样，海德格尔仅仅探讨作为系词的"是"。这是因为他不言自明地把"是"等同于系词，所以没有区分在逻辑学中"是"所具有的另外两个公认含义：存有和同一。这也被看作是海德格尔存在分析中的一个弱项。[①]但海德格尔对在逻辑学史上的系词"是"四种基本含义区分应当是他的一个强项：1) 某物—是（偶然的是）；2) 什么—是（必然的

---

① 参见：E. Tugendhat, *Philosophische Aufsätze*, a. a. O., S. 116, 120。

是）；3）如何—是；4）真实—是。而"存在者的存在就意味着：什么性（Washeit）、如何性（Wieheit）、真实性（Wahrheit）(GA24，291）。

如果我们现在来回顾一下海德格尔在《时间概念历史导引》中对两种存在概念的划分，那么可以看出，在《现象学基本问题》中，真理意义上的存在已经作为一个含义被包容在系词意义上的存在之中。而由于海德格尔将系词的存在只是视为思想史上四个存在命题之一，因而作为逻辑学命题的系词存在也只是各种已有的和可能的基本存在方式之一。从这个角度看，这几个概念的内涵由宽到窄的顺序应当是：存在的基本方式→系词存在→真理存在。

除此之外，我们还可以从另一个角度上来进行比较，海德格尔认为，通过对四个存在命题的讨论产生出四个存在论的基本问题：1）存在论的差异；2）存在的基本分节；3）存在的可能变异；4）存在的真理特征（参见：GA24，第二部分）。而这里的第四个问题与前面的第四个命题是相呼应的。从这个角度看，真理存在与系词存在是并列的，或者说，是对应的。

无论这两个角度中的哪一个角度更符合海德格尔的本意——这应当是另一篇论文的研究课题——我们现在都可以更清晰地看到海德格尔整个存在问题的纵（历史）横（系统）脉络，这对我们在大视域中进一步把握这个问题不无裨益。但海德格尔本人在《现象学基本问题》中还是没有完成对后三个存在基本问题的展开，而只是讨论了第一个基本问题，即存在论的差异：存在与存在者的区别。尽管如此，他在讨论存在问题时的思路总的说来仍然偏重于从陈述真理的真实存在入手。这里表露出海德格尔对待传统真理观的若即若离趋向：一方面他指出传统的真理观基于陈述（判断）真理，并要求克服传统另辟蹊径，另一方面他又一再试图以陈述真理为突破口。

这里的原因很可能在于，真理意义上的存在（真实存在）是进入和展开海德格尔基础存在论的必要前提。他对"此在"在存在论方面的优先地位之突出主要是借助于"真实存在"的范畴而进行的。

我们至少可以从两个角度来考察海德格尔对"此在"与"真实存在"之间关系的理解：一方面，在《时间概念历史导引》第17节里，这个关系主要表现为"存在问题与探问着的存在者（此在）的联系"；存在只有从此在出发才能得到理解（GA20, 198－202），因为，如他以后在《存在与时间》中所说，"真实存在作为揭示着的存在是此在的一个存在方式"（SuZ, 220），或者，像他在《现象学的基本问题》中所说，"陈述的真实存在就在于它的结构，因为陈述自身是此在的一种状态"（GA24, 309）；海德格尔据此而可以说，"唯当真理在，才'有'存在——而非存在者。而唯当此在在，真理才在。"（SuZ, 230; GA24, 25）概言之，从"此在"到"真实存在"再到"存在"，这可以说是一个"认识论的"解释方向。

另一个可能的解释角度则可以命名为"存在论—生存论的"方向：这个解释的前提在于把海德格尔的"存在"理解为世界；而此在则与此相关地是"在世存在"，或者说，是"在中存在"（In-Sein）。世界的敞开性使此在的"揭示"（敞开性）得以可能，或者说，使此在的"绽出"得以可能："揭示的生存论—存在论基础才指明着最原初的真理现象"。在这个意义上，海德格尔可以说，"此在是'在真理之中'"（SuZ, 220－221）。从这个方向上依次可把握到的环节是存在（世界）、真实存在（世界的敞开或"绽露"①）、此在（揭示着的存在以及被揭示状态）(SuZ, 220)。

五、结语

让我们再回到 1973 年采林根研讨课上去：9 月 6 日讨论课的结尾问题是："意识（Bewußtsein）与此在（Dasein）——在这两个词中都含有'存在'（Sein）这个动词。"因此，"存在在意识和此在中具有什么意义？"（VS, 118）就意识中的存在而言，胡塞尔会回答：存在在意识之中；而就此在中的存在而言，海德格尔的回答是："此在中的存在必须保证一个'外面'（Draußen）"，也就是说，它"意味着生存的绽出"，或者用他后期的话来说，意味着"澄明的急迫性"（VS, 122）。但联系上面对《存在与时间》前后的海德格尔的分析来看，无论他的本意如何，"存在"事实上是一座桥，海德格尔借助它而"离开意识，达到此在"（VS, 124），从意识现象学过渡到此在现象学。这个过渡也被海德格尔称之为"思的场所革命"或"场所移置"（VS, 125），而且这个过渡是以完全现象学的方式进行的。此外，其所以将"存在"称之为"桥"，同

---

① 在《现象学的基本问题》中，海德格尔还从术语上对"真实存在"作了一个值得注意的更动："真实存在"被重新命名为"绽露"（Enthüllen），它不仅包含着《存在与时间》中所说的"揭示"（Entdecken），而且还包含着"敞开"（Erschließen）：前者是自然的绽露，后者是此在的绽露（GA24, 307）。在这个意义上的"真实存在"应当无异于海德格尔所说的"最原初的真理"现象。

时也是因为海德格尔在这个时期最终没有能够切回到存在问题
之中。这也可以解释，为什么海德格尔在后期要对《存在与时
间》中的主体性趋向作出自我批判。①至于"存在是桥"的命题
是否也适合于后期的、亦即总体的海德格尔，这个问题已经超出
了本文的论述范围。②但从目前海德格尔存在问题所引发的效果
来看，我们无疑可以把海德格尔在许多年前概括胡塞尔意向性分

---

① 参见：Heidegger, *Nietzsche*, Bd. II, Neske 1989, S. 194；孙周兴：《编
者引论：在思想的林中路上》，载《海德格尔选集》，上海：上海三联书店，1996
年，上卷，第6页。

② 虽然海德格尔本人不会承认"存在"只是手段而非目的，因为"存
在"，即存在一般，应当将意识和此在都包容在自身之中，而通过他的此在分
析最终应当可以进而把握到存在一般，然而，海德格尔一生讨论最多的是此
在存在以及时间性的问题，而不是存在一般以及时间的问题。无论是从早先
的作为此在的存在者方向，还是以后的撇开所有存在者的虚无方向，海德格
尔对存在一般问题的切入显得是一条死胡同，屡行屡阻，远不如用它作桥向
此在过渡来得顺当。

从严格的意义上看，《逻辑研究》的第六研究（第二卷，第二部分）是
残篇：因为胡塞尔不满意它的第一版，但又没有完成对它的第二版的修改。他
之所以仍然出版它的第二版，乃是因为不得不"屈从本书的朋友们的急迫愿
望"（《逻辑研究》II/2, B₂IV）；多年来一直处在编辑中的胡塞尔第六研究的修
改稿，由于各种原因至今尚未在《胡塞尔全集》中发表，或许它可以向我们
表明胡塞尔的疑虑和犹豫的理由所在。与此相比，海德格尔的《存在与时间》
更是残篇：它没有能够完成哪怕是第一卷的论述。而此后无论是在"现象学
基本问题"标题下，还是在"形而上学"或"人文主义"标题下的有关论述，都
已与海德格尔的存在问题初衷相距甚远。不仅如此，即使是在"转向"后的
努力，包括在"时间与存在"中的尝试，也没有能够真正解决一般存在的问
题，而只是将此在的存在问题推进了一步。

析结果时所说的话也用在他自己的存在分析上：

> 存在这个表达即使在今日也仍然不是一个口令，而是一个中心问题的称号。

下篇

> 逻辑理性的火炬必须高举，这样才能使那些在情感领域和意愿领域中隐藏在形式和规范上的东西展露出来。

——胡塞尔

一、引论

在关于"胡塞尔与海德格尔的存在问题"的上篇讨论中，笔者主要是从海德格尔意义上的存在问题出发，首先确定胡塞尔在《逻辑研究》（主要是在第六研究，第 5、6 章）中于何种程度上接近了本真的存在问题，但最终又没有提出存在问题的事实。而后，整篇文章的论述偏重于说明，在《存在与时间》时期，海德格尔如何在两方面借助于胡塞尔的启示而提出自己的存在问题：一方面，在研究方法的层面上，海德格尔通过胡塞尔系词意义上的存在概念的分析获得了对本质直观可能性的认识，并将这种本质直观扩展到非对象性的存在理解上。另一方面，在研究课题的层面上，他从胡塞尔停滞的地方起步，将胡塞尔的真理意义上的存在概念理解为"意向之物"的存在，理解为"一个确定的存在者"而非"存在本身"，并且随之提出他自己的"存在问题"或"存在本身的问题"，以此来避免胡塞尔现象学的"基本损失"（《全集》XX，178)。海德格尔的基本思路大致可以归纳为：他在早期主要强调存在与存在者的存在论差异，后期则强调存在本身和存在者之存在的存在论差异。他把存在者或存在者之存在与存在真理看作是同一个层面上的东西，它也是与胡塞尔的真理意义上的存在（意向之物的存在）相一致的；而他的作为存在的存在以及澄明意义上的无蔽在他看来是更高或更深层面上的东西，它也是海德格尔存在论超越胡塞尔意向论的突破点。这个突破点在总体上表现为：无蔽性与意向性相比，存在理解与哲学反思相比，前者是更为原本的东西。在这里，海德格尔式的超理性主义对传统理性主义的克服（Verwindung）企图得到了相当程度的体现。他虽然没有完成他在存在问题上的总体设想，但他在从此在出发，在基本存在论的视域内已经揭示出一个与主—客体模式思维或对象性思维相比更为原本的基本情绪领域，从而为人类的哲学思考指明了一个新的探索方向和途径。

　　但是，笔者的前一篇论文基本上是一个对胡塞尔的海德格尔式解读，它实际上留下了一个尚待回答的问题：为什么胡塞尔本人没有能够进一步去追问"存在"，而始终停留在"存在者"的层面上。本文试图追索和解释这个问题。

二、客体化行为与非客体化行为的奠基关系

　　在《逻辑研究》中，胡塞尔将所有意识行为区分为两类：客体化的行为和非客体化的行为。"客体化行为"在胡塞尔的意向分析中是指包括表象、判断在内的逻辑—认识的智性行为，它们是使客体或对象得以被构造出来的行为；而"非客体化行为"则

意味着情感、评价、意愿等价值论、实践论的行为活动，它们不具有构造客体对象的能力。胡塞尔强调，在这两种行为之间存在着奠基关系："非客体化行为"奠基于"客体化行为"之中："任何一个意向体验或者是一个客体化行为，或者以这样一个行为为'基础'"（《逻辑研究》II/1, A458/B₁494）。这个对客体化行为之奠基性的确定论证了意识的最普遍本质，亦即意识的意向性，它意味着：意识必定是关于某物的意识。

在"客体化行为"的范围内，胡塞尔还进一步区分表象和判断两种行为，从语言分析的角度来看，它们也被称作"称谓行为"与"论题行为"：表象（称谓行为）构造出作为实事（Sache）的客体或对象，而判断（陈述行为）则构造出作为事态（Sachverhalt）的客体或对象性（Gegenständlichkeit）。正是这两种行为，并且也唯有这两种行为才使意识具有意向性的特征，即指向对象并构造对象的功能，从而使意识有可能成为"关于某物的意识"。

"非客体化的行为"，如情感行为、意愿行为等等，在对象或客体的构造上无所贡献。然而，由于任何意识行为都必定朝向对象，都必定是关于某物的意识，因此，"非客体化行为"原则上必须依赖于那些通过"客体化行为"而被构造出来的对象才能成立。在这个意义上，"非客体化行为"必须以"客体化行为"为基础。例如，在逻辑上，首先要有对可能被爱的对象的表象，然后才会有爱的情感行为，如此等等。

胡塞尔的意向分析进一步表明，非客体化行为之所以必须奠基于客体化行为之中，乃是因为非客体化行为并不具有自己的质料。换言之，非客体化行为的本质就在于，它不具有与一个对象的关系，但是，胡塞尔认为，"在这个本质中建立着一个观念规律的关系，这个关系就是：这样一个质性特征没有补充的'质料'就不可能存在；只有带着这个'质料'，那种与对象的关系才能进入到完整的意向本质之中并因此而进入到具体的意向体验本身之中。"（《逻辑研究》II/1, A409－410/B₁436）也就是说，与对象的关系是在质料中被构造出来的。但由于只有客体化行为才具有自己的质料，所以非客体化行为必须奠基于客体化行为之中并且借助于客体化行为才能获得质料，从而使自己得以作为意识行为而成立。这便是客体化行为其所以具有奠基功能的根本原因之所在（对此还可以参见《逻辑研究》II/1, A458－459/B₁494）。

　　当然，以上对客体化行为和非客体化行为的划分，以及在客体化行为范围内对"表象"与"判断"的划分，都只是通过一个方面的划分，即通过行为质料方面的划分，而得出的区别。除此之外，胡塞尔还在另一个方面对客体化行为和非客体化行为作出区分，即在行为的质性方面的区分。[①]"通过质性的分异而得出对设定性行为……与不设定行为……的划分"（《逻辑研究》II/1, A449/B₁481）是《逻辑研究》的另一个重要贡献。所谓"设定性行为"是指对客体的存在或不存在执态的行为，而"不设定行为"则是对此不执态的、中立的行为。胡塞尔首先将所有客体化行为都划分为设定的和不设定的行为，而后在这个基础上进一步将这个质性的划分伸展到非客体化的行为上。

　　胡塞尔认为，在第一性的客体化行为那里，所有不设定对象

---

　　① 因为，正如笔者在前面的分析中已经说明的那样，意识的意向本质是由质料和质性共同构成的。

存在的行为必定都奠基于相关的、具有存在设定的行为之中；例如对一个事物的单纯想象必定奠基于对一个事物的现实感知之中。而在第二性的非客体化行为那里，这种奠基关系则不存在。"有些第二性的行为完全需要认之为真［设定］，例如喜悦和悲哀；对于其他行为来说，单纯的变异［不设定］便足矣，例如对于愿望、对于美感来说便是如此。"（《逻辑研究》II/1，A459/B$_1$494）

三、存在设定与价值设定

在《逻辑研究》发表后不久，胡塞尔于1906年在他的笔记本中写道：他在《逻辑研究》中没有陈述出"一个重要的思想"，尽管他在写作过程中已经做过考虑，但仍然未敢将这个想法纳入到书中，这个思想是指："将判断［设定行为］向'单纯表象'［非设定行为］的变化转用到愿望和其他行为上"，因为"我看到巨大的困难［……］，它们阻止我得出结论"。①

胡塞尔在这里所指的是这样一个问题：存在设定，例如以"价值设定"形式出现的存在设定，在非客体化行为中起着什么样的作用。

---

① E. Husserl, „Persönliche Aufzeichnungen", hrsg. von W. Biemel, in: *Philosophy and Phenomenological Research* XVI, No. 3, 1956, S. 293－302. 这里要附带指出的是，由此可以看出布伦塔诺对胡塞尔的影响是相当深远的：尽管胡塞尔在《逻辑研究》中已经形成了自己的术语系统，他在私下的表述中还是习惯于使用布伦塔诺的术语。这里的"判断"和"单纯表象"都是在布伦塔诺意义上使用的概念。方括号中相应的胡塞尔本人术语则为笔者所加。

我们以带有"价值设定"的行为为例：所谓"价值设定"，可以说是一种"认之为有价"（Für-wert-Halten）的行为特征。当我们通过客体化行为而构造出对象（赋予质料）并且设定了对象的存在（赋予质性）之后，我们在许多情况下会进一步去设定这个对象的价值。例如，认为一张摆在教室里的椅子是有用的，认为一张风景照片是美的，一个助人为乐的行为是好的，如此等等。

从原则上说，在客体化行为的范围内，胡塞尔所说的质性包含两个含义：一是指对被表象的对象的存在设定，即对这个对象的认之为在（Für-seiend-Halten）；二是指对被判断的事态的真实设定，即对这个事态的认之为真（Für-wahr-Halten）。由于胡塞尔在《逻辑研究》第六研究的第五章中完成了在现象学存在观方面的"突破"——即在两个方面的扩展：一方面，胡塞尔将他的真理概念扩展到非关系行为的相关项上：事物的"真实—存在"也是真理；另一方面，他又将存在概念扩展到关系行为的相关项上，事态的真实关系状况也是存在。——因此，"认之为在"和"认之为真"实际上已经被看作是基本同义、可以互换的质性特征。

只有当质性概念伸展到客体化行为的领域以外，即伸展到非客体化行为的领域上时，它的含义才有所变化：从"认之为在"或"认之为真"过渡到"认之为善"或"认之为美""认之为有价值"等等。而且，需要注意的是，在客体化行为的质性和非客体化行为的质性之间并不存在奠基关系，例如一个被认之为美的艺术形象并不一定要首先被认之为在或被认之为真。

四、理论理性与实践理性

尽管胡塞尔此后在《观念》I（1913 年）中已经触及这个课题，因为他把"存在设定"的概念扩展到了所有的行为领域并且因此而谈及好感设定、愿望设定、意愿设定等等（《观念》I, 234），但他在那里也仍然没有提供对此问题的深入分析。我们在此书中所能发现的毋宁是一些相互对立的说法。

对此问题最为系统的展示是在胡塞尔于 1914 年所做的关于伦理学和价值论的讲座中。胡塞尔在那里特别指出在"逻辑学与伦理学之间的相似性"并且谈及与此相关的"原则性困难"：一方面，"逻辑理性的全统性"和"全能性"是不可否认的。因此，只有一个理性，它进行判断并且论证判断。"不同理性种类的区别只能与不同判断领域的质料分殊有关"（《全集》XXVIII, 59）。但另一方面又有这样一个问题存在：是否每一种理性本身都是逻辑理性。由于在胡塞尔看来，各个理性种类的相似性的"根源"或"根据"是在各个行为的基本种类的相似性之中，并且最终是在作为"相似的最终源泉"的信仰执态之基本种类的相似性之中（《全集》XXVIII, 59, 62），由此可以明显地看出，为什么胡塞尔在他笔记中会把"将判断［设定行为］向'单纯表象'［非设定行为］的变化转用到愿望和其他行为上"这个思想称作是"重要的思想"。

胡塞尔在 1914 年的讲座中以带有存在设定的行为或信仰行为为出发点，它们具有认识领域（逻辑理性）的特征，并且占有"中心的位置"。从属于这类行为的执态是"认之为在"或"认之为真"的执态，它们是基本的执态，"所有其他的行为都只是信仰行为的变异"（《全集》XXVIII, 59）。但胡塞尔认为，在情感行为和意愿行为那里出现了新的基本执态种类，例如是以"认之为善"和"认之为美"的形式，它们与信仰类的存在意指是相似的。在实践理性中，这种"认之为"的新执态是奠基性的："只有在那些进行美或善的评价的情感行为之基础上才有可能建立起一个判断［存在意指］；一个信仰的执态得到进行"（《全集》XXVIII, 60）。据此而存在着一种无信仰的评价，即一种"不顾及存有或不存有"的评价（《全集》XXVIII, 154）。在情感行为和意愿行为中的执态在这里要求具有奠基的原本性。

胡塞尔的这个观点当然会引发一批问题。他在《逻辑研究》中所确定的在客体化行为和非客体化行为之间的整个关系，包括它们之间的奠基关系，在这里都受到质疑。

五、价值问题的困惑

从所有迹象来看，胡塞尔在笔记本中所提到的那些困难一直在妨碍着他，尽管他一再地试图克服它们。与这些困难密切相关的是所谓价值客观性或价值客体化的问题：虽然胡塞尔在《逻辑研究》中强调，只有客体化行为才具有质料，而非客体化行为，如评价和愿望只有奠基于客体化行为之中才能获得其意向性（《逻辑研究》II/1, A459/$B_1$494）；价值在那里始终意味着一个客体的价值或一个客体的特性，而客体则构成价值的基础，或者说，客体被看作是价值的载者。也就是说，在客体成立之前，它的价值是不可想象的。价值始终是指有价值的东西。在《观念》

I 中，胡塞尔似乎坚持这个看法："一切都建基于这个事实之上：每一个设定的行为特征一般（每一个'意向'，例如好感意向、评价的、意愿的意向，好感设定、意愿设定的特殊特征）按其本质都在自身中带有一个以某种方式与它自己'相合的'种属特征：意见的设定。只要有关的行为意向是非中立化的，或者是中立化的意向，那么在意向之中所包含的意见设定便也是如此——这种意见设定被看作是原设定。"（《观念》I, 264）但我们在这里已经听到了另一种口吻：胡塞尔将"价值"定义为"评价行为的完整意向相关项"；"价值"和"单纯的事实"被理解为"在双重意义上的意向客体"（参见《观念》I, 66）。这个双重的意义也出现在前面所说的胡塞尔 1914 年关于伦理学和价值论的讲座中。胡塞尔在这里相当明确地说："可惜我们在这里不具有一些与真、假这些词相应的词。'有价值的'这个词是多义的；我们将对象称作是有价值的，而且我们将质料也标识为有价值的，随这里的情况不同，'有价值的'这个词在变更它的含义。在智识领域中，我们将真理与质料相关联，并且就对象说，它们存在，就事态说，它们存有，在价值论的领域中，我们面临复杂的情况：我们必须区分两个方面：一方面是那些具有价值的并且有可能被设定为存在或不存在的对象，另一方面是价值本身。"[1]胡塞尔的努力根本在于，将他对客体化行为的本质结构分析转用于非客体化的行为

---

① 胡塞尔：《全集》XXVIII, 89, 注 1。关于这个问题的较新研究成果主要可以参见：U. Melle, „Objektivierende und nicht-objektivierende Akte", in: S. Ijsseling (Hrsg.), *Husserl-Ausgabe und Husserl-Forschung*, Dordrecht u. a. 1990, S. 35 – 49; und Ch. Spahn, *Phänomenologische Handlungstheorie. Edmund Husserls Untersuchungen zur Ethik*, Würzburg 1996, S. 74ff。

（参见《全集》XXVIII，第 3、5 节等）。因此，他也在评价行为那里区分行为、内容和对象以及区分作为行为内容的质料和作为行为样式的质性。梅勒（U. Melle）曾将这里产生出来的问题描述为："客体化行为与非客体化行为之间的区别究竟如何坚持，这个问题仍然存在，即使非客体化行为也是给出对象的行为。非客体化行为虽然不朝向理论对象意义上的客体，而是指向价值与品质，但在这些行为中有某种东西被给予，它在充实的明见性中表明自身是客观存在的对象性。"[①]与一般客体化行为的情况不同，在这种客观存在的对象性（价值、品质）中所表明的事实上并不是质性和质料的统一，而是它们的同一：质料在这里同时就是质性；价值、品质本身在这里被理解为客观存在的并且同时被设定。实际上，如果胡塞尔使存在本身成为对象的话，那么这个问题在客体化行为的领域中便会出现。

在实践理性的领域中，胡塞尔试图以下列方式来回答这个问题："逻辑理性的火炬必须高举，这样才能使那些在情感领域和意愿领域中隐藏在形式和规范上的东西显露出来。但逻辑行为只能照亮其中并使那些在此的东西被看到。它们只能构造逻辑形式，而不能构造在这些形式中被把握到的相似的理性领域的特殊理性内涵。"（《全集》XXVIII, 69）

在这里所要表达的任务因而是双重的：一方面需要"从最深刻的理由出发去理解，意见的行为以及更高的逻辑行为如何能够做到那些需要它们去做的事情"；另一方面，问题又在于，"从最

---

① Melle, „Einleitung des Herausgebers", in: 胡塞尔:《全集》XXVIII, XXXVII。

深刻的理由出发去理解,情感行为是那些对它们来说特殊的理性价值的原本源泉,这些理性价值可以在以后得到逻辑的把握和规定"。胡塞尔在这里再次承认:"这需要在意识的普遍本质结构领域中作出极为困难的指明。"(《全集》XXVIII, 69)

这个问题在以后的发生现象学分析中再次出现。在《经验与判断》中,胡塞尔曾对感知这个原初的、最终奠基的行为进行发生分析。他在这里以"价值／无价值""感情"和"兴趣"为开端。类似的表达在《纯粹现象学与现象学哲学的观念》第一卷中便已出现。胡塞尔在这里区分"行为进行"和"行为引发",并且认为后者在时间—发生上要优先于前者,因为,"当我们尚未'生活于'好感设定或恶感设定、欲望,甚至决定之中时,当我们尚未进行真正的思(cogito)时,当自我尚未判断地、好感地、欲望地、意愿地'证实自身'时,这些好感设定或恶感设定、欲望,甚至决定便已经是活跃的了。"(《观念》I, 236) 由此可见,在"前思—思"(Vorcogito-Cogito)问题中,起决定性的作用的不是客体化行为和非客体化行为之间的对立,而是行为引发和行为进行之间的对立。因此,胡塞尔在这里提供了对价值设定问题的另一个解释。

最后需要注意的是,从总体上看,胡塞尔趋向于他较为原初的观点,即趋向于他在《逻辑研究》中的观点。如果我们关注一下他后期对此问题的看法,例如在《经验与判断》中的看法,那么这一点便会更为清楚:"实践活动、价值设定、评价行为是一种在现有对象上进行的评价和活动,这些对象恰恰已经在信仰确然性中作为存在着的东西站立在我们面前,并且被我们当作存在着的东西来对待。所以,被动意见的领域、被动存在信仰的领域、这个信仰基地的领域不仅仅是每一个个别的认识行为和每一个认识朝向的基础，对存在者的评判的基础，而且也是每一个在存在着上进行的个别评价和实践活动的基础，也就是说，所有那些人们在具体的意义上称之为'经验'和'经验活动'的东西的基础。"①

六、结语

总地说来，如果我们将海德格尔的存在问题理解为对更为原本的实践领域的把握，那么阻碍胡塞尔将他的探讨推进到存在问题的因素：一方面在于实际的问题，即胡塞尔在逻辑理性基础上建立起来的意向分析系统使他无法顺利地突入到"非客体化的"意识行为之中；另一方面，他所受的柏拉图、康德的传统人类认识系统构想的影响也妨碍了他对理论理性与实践理性的顺序作出革命性的变革。在这个意义上可以说，胡塞尔是最后一位传统意义上的哲学家。

---

① 胡塞尔：《经验与判断》，第53页。

附　录

附录一　何谓现象学精神

——《中国现象学与哲学评论》第一辑代序

我们在这里探寻现象学精神。

但"现象学是什么？"——这已是一个我在十多年的学、教生涯中自问和被问了无数遍的问题。除非你压根不想反思，不想问个究竟，否则，你时常会觉得最熟悉的东西反倒是最陌生的，譬如哲学之于哲学家，数学之于数学家；再如每个人的自我之于每个人。

然而问题总得回答，无论答案现下能否清楚。现象学，尤其是胡塞尔的现象学一向以反思能力见长，自然对其自身的反思更是无可回避。但我在这里所探寻的不是现象学本身，而是现象学精神。因为现象学本身是一个极为复杂而多义的概念。它可以是指胡塞尔的意识现象学，也可以是指舍勒的本体现象学，也可以是指海德格尔的此在现象学。在现象学的标题下甚至还包含着感知现象学、想象现象学、现象学自我学、交互主体现象学、生活世界现象学、社会现象学、宗教现象学以及其他等具体学科，甚至包括现象学经济学和现象学建筑学。而我在这里并没有对各种意义上的现象学进行专门研究的意向。任何具体现象学的分析内涵和直观结果在这里都应当——用一个现象学的术语来说——"被加上括号"，"被排斥"在我们的视域之外，唯有那些贯穿在所有这些学说和学科之中，从而使它们得以成为现象学的东西，才作为它们共同拥有的形式财富留存下来。我们的目光关注于它。——这可以算是对现象学的一个主要方法，即对"现象学还原法"的一个通俗的、然而并不庸俗的运用。

狭义上的现象学，亦即胡塞尔的现象学与 20 世纪同龄。它随胡塞尔 1900/1901 年《逻辑研究》的发表而问世。而现象学精神之形成，则是在若干年之后，具体地说是在 1913 年。德国尼迈耶出版社在这一年出版了由胡塞尔主编的《哲学与现象学研究年鉴》的创刊号，它很快便成为当时德国最重要的哲学刊物。尽管这份刊物在 30 年代便因二次大战的迫近而告结束，但在 82 年后已接近世纪末的今天，只要我们对林林总总的世界哲学文献略做回顾便可看到，本世纪最重要的哲学刊物无疑当属《哲学与现象学研究年鉴》：在这份杂志上发表的最重要著作有胡塞尔本人的《纯粹现象学与现象学哲学的观念》第一卷、《形式的和先验的逻辑》和《内在时间意识现象学讲座》，舍勒的《伦理学中的形式主义与质料伦理学》和《同情的本质与形式》，海德格尔的《存在与时间》等等。它们如今已成为公认的现代哲学经典。20 世纪西方哲学最重要的哲学思潮"现象学运动"正是通过《哲学与现象学研究年鉴》而得以滥觞，所谓"现象学精神"也正是通过这份刊物而得以体现。它的确像胡塞尔所期待的那样，没有成为"各种含混、猎奇之随想的嬉戏地"，而是成为"严肃、科学之研究的工作场"①。

这里所说的现象学精神，无疑是指那种将现象学运动各成员
维系在一起的东西。胡塞尔将它称之为一种"思维态度"，舍勒
将它称之为一种"观点"，海德格尔将它称之为一种"趋向"或
"路标"，梅洛－庞蒂将它称之为一种"风格"。在《哲学与现象
学研究年鉴》的出版预告以及创刊号的卷首上，这种精神曾得到
过具体的文字体现："将各个编者联合在一起并且甚至在所有未
来的合作者那里都应当成为前设的东西，不应是一个学院系
统，而毋宁说是一个共同的信念：只有通过向直观的原本源泉以
及在此源泉中汲取的本质洞察的回复，哲学的伟大传统才能根据
概念和问题而得到运用，只有通过这一途径，概念才能得到直观
的澄清，问题才能在直观的基础上得到新的提出，尔后也才能得
到原则上的解决。"②胡塞尔，尤其是以后的海德格尔也将这种精
神概括为"面对实事本身！"的现象学座右铭。它很快成为现象
学运动的各成员的共识。如汉娜·阿伦特所言："胡塞尔和他'面
对实事本身'的号召……首先是为舍勒，稍后又为海德格尔提供
了某种依据。这里的共同之处在于——用海德格尔的话来说——
他们能够'在一个被传授的对象和一个被思考的实事之间'做出
区分，并且，对他们来说，被传授的对象是无关紧要的。"③这种
排斥任何间接的中介而直接把握实事本身的要求无疑是现象学

---

① Edmund Husserl, *Aufsaetze und Vortraege* (1911－1921), Hua XXV, Dortrecht u. a., 1987, S .64.

② 同上，S. 63f。

③ Hannah Arendt: „Martin Heidegger zum 80. Geburtstag" .In: *Merkur 10* (1969). 转引自：Walter Biemel: *Martin Heidegger*, Hamburg 1984, S. 11－12.

精神的一个重要内涵，无论这中介是来自权威，还是源于习性。作为一种思维态度，它使现象学能够有别于哲学史上任何一个其他的哲学流派和思潮。

也许我们在思想史上可以找到与现象学精神相类似的态度，例如在马丁·路德那里：他所提出的排除教会中介，直接面对上帝本身的主张与现象学排除传统和权威的中介，直接面对实事本身的座右铭是一而二，二而一的。从历史上看，在马丁·路德之后有近五百个新的新教流派产生，马丁·路德很快便成为历史。但任何人都不会怀疑，新教的精神至今仍在。胡塞尔的意识现象学如今也像哲学史上的其他学说一样，或多或少地被看作是一个已被超越的学说，在他之后形成的各种现象学流派已不计其数。而这也恰恰表明现象学的精神至今还能够在社会思想生活中产生着活的效应。几十年前，卢卡奇曾以现象学流派的杂多纷繁来质疑它的统一方法的合理、合法性。如今看来，这一指责并非建立在对现象学的实质性把握的基础之上。在现象学近一个世纪的发展中，我们显然可以感受到一个一以贯之的气脉——现象学精神：它"肯定不是一个整体的团块，更不是一个基本命题或方法手段的仓库"；而是某种能够"赠予我们以道路之可能性的东西"，是"随时代而变化并仅因此才得以持存恒久的思之可能"，它"代表着一种灵活的看和问的方式，它具有各种不同的方向，始终进行着新的尝试而不是僵化为一个固定的同一"。①

---

① 引自：Martin Heidegger, *Zur Sache des Denkens*, Tuebingen 1988, S. 90; Bernhard Waldenfels, *Der Spielraum des Verhaltens*, Frankfurt am Main 1980, S. 8。

但现象学精神显然还不止于此。在胡塞尔那里，在舍勒那里，在海德格尔，尤其是在早、中期的海德格尔那里，我们都可以发现一种探讨方式上的相似性。他们都不是体系哲学家，无力也无愿通过体系的折叠而将世界装入自己口袋之中。他们不做惊世骇俗的壮举，不以救世主自居，而是一步一步地进行踏实的"工作哲学"（Arbeitsphilosophie）的基础研究，并且为向前迈出的每一步都感到由衷的喜悦。"现象学要求现象学家们自己放弃建立一个哲学体系的理想，作为一个谦逊的研究者与其他人一起共同地为一门永恒的哲学而生活。"①哲学史上的"大纸票"被撇在一边，取而代之的是概念分析和实事描述的"小零钱"。这里没有为那些虚无漂渺、由上而下地做出的哲学奇想留下位置，因为现象学研究充满了各种脚踏实地、自下而上地进行的扎实的人生体验之反思、宇宙直观之解析。"这种研究如果能使对现象学感兴趣的人感到有所帮助，那是因为它不仅仅提供一个纲领（更不是那种高高在上的纲领，哲学总是被视为这样一种纲领），而是提供了现实进行着的、对直接直观到和把握到的实事的基础研究尝试；这种研究是批判地进行的，它自己没有在对立场的解释中丧失自身，而是将最后的发言权留交给实事本身和对实事的研究。"②

现象学之所以能够吸引众多的哲学研究者聚拢在它的旗帜之下，其关键的原因不外乎，它为那些厌倦了浮夸的虚构、偶发

---

① Edmund Husserl, *Phänomenologische Psychologie*, Hua IX, Den Haag 1968, S. 301.

② Edmund Husserl, *Logische Untersuchungen*, Bd.I, BX.

的机智、空泛的话语、虚假的问题的人们提供了一个可以进行严肃对话和讨论的共同基础。在这里，一切都可能并且也应当是清楚而明晰的。熟悉现象学操作的行家甚至会认为，真正现象学的东西在某种程度上是可证伪的。一旦进入到现象学的领域之中，人们便可以发现，这里的分析，有目可以共睹，有案可以共缉，有据可以共依。学院式的研究和信仰式的宣传在这里泾渭分明。现象学迫使人们去严格地思维和精确地描述，它"用本质概念和规律性的本质陈述将那些在本质直观中直接被把握的本质和建立在这些本质中的本质联系描述性地、纯粹地表达出来。"[①]这种风格体现在胡塞尔的《逻辑研究》和《内在时间意识的现象学》中，体现在舍勒的《伦理学中的形式主义与质料伦理学》和《同情的本质与形式》中，体现在海德格尔的《存在与时间》和"马堡讲座"中，体现在梅洛–庞蒂的《感知现象学》和《行为的结构》中。我们甚至在伽达默尔的《真理与方法》中也可以浓烈地嗅到这种现象学的气息（尽管它往往也参杂其他的，例如思辨的风格）。正是这种东西，它才使我们每次在谈到"现象学"时都可感受到一个在此语词中蕴含着的深远的人文背景视域，众多的超文化、超民族、超地区的思之努力都可以融入到这个视域之中。

如何使各种不同的思维视域或文化背景得以交融，这是一个古老而现实的精神努力之趋向。我们至此为止在文化比较和交流中最常用的方法还是曾为汤用彤先生详加论述的"格义"方法：它意味着概念的对等；亦即用原本中国的观念来对比外来的思想观

---

① Edmund Husserl, *Logische Untersuchungen*, Bd.II/1, A2/B2.

念——以便通过熟习的中国概念逐渐达到对陌生的学说之领悟和理解的方法。①这与当代解释学所主张的"视域融合"相符合。在此之前,歌德所言"你无法获得不是流自自身心灵的泉水"②,威廉·洪堡所称"为了理解,人们必须首先在另一种意义上已经有所理解"③,阐述的也是同一个在交互文本和交互文化方面的哲理。由此可见,文化比较的出发点全然在于寻求共同的对话基础。

但"格义"作为文化交流的起点或突破点仅只是手段而非此过程的最终目的:既然在完全不同的视域之间不存在交流的可能性,那么,力求把握不同视域的最佳切合点便势在必然;而一旦这个切合点被发现,比较研究的进一步任务就应在于寻求不同,并化陌生为本己。否则,视域的扩展就无从可言,更不用说作为整个比较、交流过程之最终目标的文化互补了。简言之,"求同"乃方法手段,"致异"才是终极目的。人类至此为止的各种文化交流就是在这种不断重复的"求同致异"过程中进行的。

现象学精神与中国人文传统之间的切合点并不难寻找。一千三百多年前,玄奘所推崇的探讨、传布佛理之方式以及他所弘扬的"法相唯识"之学说,无论在探讨方式上,还是在探讨对象上均与今日现象学有许多应合之处。玄奘以其毕生所求,为陌生文化与本己文化之交流提供了一个范例,同时也为现象学精神与中

---

① 汤用彤:《理学、佛学、玄学》,北京:北京大学出版社,1991 年,第 282–294 页。"格义"一词,原先显然带有贬义。这里取其褒义而用之。对此概念和方法,作者将另外撰文论述。

② Johann Wolfgang von Goethe, *Faust*, Der Tragoedie Erster Teil, Nacht. In einem hochgewoelbten engen gotischen Zimmer.

③ Willhelm von Humboldt, *Werke*, Bd.I, Darmstadt 1966, S. 597.

国人文精神之交融展示了一个同类的前例。

关于唯识论在中国之命运，学术界和文化界已多有议论。例如陈寅恪先生曾认为："是以佛教学说，能于吾国思想史上，发生重大久远之影响者，皆经国人吸收改造之过程。其忠实输入不改本来面目者，若玄奘唯识之学，虽震动一时之人心，而卒归于消沉歇绝。近虽有人，欲然其死灰，疑终不能复振。其故匪他，以性质与环境互相方圆凿枘，势不得不然也。"①此论如今看来似有失偏颇。姑且不论玄奘的为学与所学究竟是否完全做到了"忠实输入不改本来面目"，也不论陈寅恪在同一处亦反对那种"随其一时偶然兴会，而为之改移""呼卢成卢，喝雉成雉"的治学方法，因而其对唯识论复兴的批评是否意在言外；无论如何应当指出的是：一方面，一门学说自身的理论内涵及其恒久意义显然不能用社会实践方面的"振""沉"效应来衡量。如哈贝马斯所言："学院哲学的漫长节奏与论题和学派的急快变化是不同步的。"②任何一种思想学说都可以具有双重意义上的影响和效果：它的理论（学院）效应和它的实践（社会）影响；判断前者的标准唯在其影响的持久深远，而广泛普及只能是测量后者的依据；另一方面，陈寅恪先生此时（1933 年）应当已经能够看到，唯识学在中国的引进与复兴虽然始终未曾得到佛徒大众的普遍回应，但其潜在的作用业已昭然。葛兆光先生对此曾出色地概括为：唯识论的复兴，"消除了佛教体验的'颟顸笼侗'，造就了一批思维缜密、

---

① 陈寅恪：《陈寅恪史学论文选集》，上海：上海古籍出版社，1992 年，第 511 页。

② Juergen Habermas, *Nachmetaphysisches Denken*, Frankfurt am Main 1988, S. 11.

注重逻辑、长于分析的佛教研究家"。[1]唯识论的学院效应如今已经超越出佛学研究的领域之外,在整个学术研究领域促成了一种特殊的问学风气,这已是许多人的共识;而且明眼人不难看出,它的影响还会远久地持存下去。

现象学在中国的命运又将会如何?

1995 年 9 月

---

[1] 参阅葛兆光:《运化细推知有味》,载《读书》,1994 年第 7 期,第 62－70 页。

附录二　现象学在中国[*]

随赫胥黎《天演论》和卢梭《民约通义》中译本 1898 年的出版，西方哲学的重要著作开始陆续被引入汉语世界，其中也包括许多现代西方哲学流派的著作，如意志主义和生命哲学以及实用主义和分析哲学等等。相比之下，现象学哲学在中国的译介和传播则开始得较迟，并且从总体上看是相对缓慢的。

就当时东西方文化交流的历史而言，早在 20 和 30 年代期间，从邻国日本就有相当大一批年轻日本学者来到德国，跟随胡塞尔和海德格尔等人学习哲学，并因此而将现象学引入到日本，使它有可能在西田几多郎这样的东方思想家那里引起共

　　* 本文由耿宁和倪梁康合作完成。其英文的第一稿和德文的第二稿曾分别以 Iso Kern 和 Ni Liangkang / Iso Kern 的名义发表在：*Encyclopedia of Phenomenology*, ed. by L. Embree (Dordrecht u. a. 1997)，以及：*Phänomenologische Forschungen*, hrsg. von E. W. Orth / K. -K. Lembeck, (Nr. 2, 1997)。中文稿现由倪梁康在两次外文稿的基础上翻译、修改，并做了较大程度的补充。（补记：此处的文字，由笔者于 2008 年 11 月做了补充和修改。除了纪事方面的补充以外，其余的增改都标明为"补记"。）

鸣①。现象学成为日本西方思想研究界的主要关注点。相对于日本而言，当时中国在德国研究现象学的学者则较少。至此为人所知的只有三个人，他们在中华人民共和国成立之前就在德国接触过现象学：沈有鼎，归国后在清华大学任教；熊伟，归国后先在南京大学、后在北京大学任教；萧师毅，他在 1946 年期间曾帮助海德格尔翻译过老子《道德经》中的部分章节，②归国后执教于台湾辅仁大学。严格说来，这三位学者所接触的基本上是早期海德格尔的现象学思想。而对于现象学创始人胡塞尔的思想，他们似乎没有提供任何文字介绍和论述。③

　　虽然根据目前一些学者的研究和考证，在 20 年代至 40 年代，国内的一些思想家如张东荪就已开始零散地提及胡塞尔的一些基本思想；其间也有其他学者发表的少量对现象学较为系统的阐释。④但这些介绍所依据的很有可能是日本的现象学研究，而

---

　　① 西田几多郎在 1916 年便已经开设关于胡塞尔《逻辑研究》的讲座。

　　② 参阅：Paul Hsiao, „Wir trafen uns auf dem Holzmarktplatz", in: G. Neske (Hrsg.), *Erinnerung an Martin Heidegger*, Pfullingen 1977。

　　③ 补记：靳希平的《沈有鼎与胡塞尔的现象学》一文，提供了沈有鼎回国后在书信、课程和文章中对胡塞尔的介绍与研究的详细情况（载于：《云南大学学报（社会科学版）》，2004 年第 5 期）。因而笔者的上述说法需要得到纠正。后面还会再次涉及沈有鼎所具有的胡塞尔现象学背景。

　　④ 例如可以参阅：张东荪《新实在论的论理主义》，载于：《东方杂志》，第十九卷第十七号，1922 年；张东荪《宇宙观与人生观》，载于：《东方杂志》，第二十五卷第七一八号，1928 年；张东荪《一个雏形的哲学》，载于：《新哲学论丛》，南京，1928 年；杨人楩《现象学概论》，载于：《民铎杂志》，第十卷，第一号，1929 年；倪青原《现代西洋哲学之趋势（上、下）》，载于：《学原》，第一卷，第三、四期，1947 年。（以上资料部分基于黄见德的《现象学

非直接来源于德国本土的现象学阵营。[①]基本可以确定的是：无

研究在我国述评》一文，载于：《哲学动态》，1998 年第三期，页 25－26，注 2－3；其他则由张祥龙信函提供。笔者对照原出处做了若干修正。）在这里最值得注意的是杨人楩 1929 年的《现象学概论》与倪青原 1947 年的《现代西洋哲学之趋势》这两篇文字。前者用 11 页的篇幅介绍"傅赛尔"（胡塞尔）的现象学，其中包括："一、序说，二、何谓现象学，三、现象学之创始者，四、现象学之概念，五、现象学之要点"，并且涉及"逻尔妈"（Noema）和"逻尔昔斯"（Noesis）等胡塞尔现象学特有概念；后者则用专门一节共 7 页的篇幅介绍"虎适尔"（胡塞尔）的"现象论学派"，其中涉及现象学的"还原法和构成法""还返物之本真"（即"面对实事本身"）等基本范畴，胡塞尔的《论道集》（即《纯粹现象学与现象学哲学的观念》第一卷）、《逻辑研究》《经验与判断》等著作，并且阐释了整个现象学运动的基本特征。

　　① 当时在德国留学的中国学生较少，而学习西方哲学的则更少。有可能随胡塞尔本人学习过现象学的中国学者仅有一人见诸于文字：捷克的著名现象学家让·帕托契卡（Jan Patočka）在回忆他于 1933 年与胡塞尔的初次会面时，曾见到胡塞尔家中的"一个日本人和一个中国人"，"他们显然与芬克[E.Fink, 现象学家、胡塞尔当时的助手——笔者]早已有学术交往"，而且"芬克以后还谈到他们的精神特性"（参阅：帕托契卡，„Erinnerungen an Husserl"，in: W. Biemel (Hrsg.), *Die Welt des Menschen. Die Welt der Philosophie. Festschrift für Jan Patoćka*, Den Haag 1976, S. IX）。可惜帕托契卡因事隔多年已经记不得他们的名字，因此这个中国人是谁还有待考证。如果他曾发表过有关胡塞尔现象学的文字，那么这个中国人从文章内容上看最有可能是杨人楩，他不仅谙熟胡塞尔现象学的内涵以及现象学运动的较为详细背景资料，而且显然通晓德语。但他的文章发表于 1929 年，要早于 1933 年。而从年代上看，这个人则较有可能是倪青原。因为倪青原在 40 年代发表的文字也提供了胡塞尔现象学的概论和对现象学运动的一般发展情况的介绍；他甚至还提到了当时未公开发表的胡塞尔对现象学运动之基本评价："举世汶汶，实鲜知音"，以及如此等等。只要考虑到当时中国的相对封闭状态，我们就很难想象

论当时是否有人在德国本土研究过并在汉语领域译介过胡塞尔的现象学以及他开创的现象学运动,现象学与现象学运动在汉语领域中很长时间都没有得到关注。

此后直到 60 年代,现象学方面的中文著述才开始出版。但对现象学的研究首先是从对法国存在主义的介绍开始的。1963年,在北京出版了对萨特《辩证理性批判》的部分中译。同一年,在由中国社科院(北京)出版的《存在主义哲学》文集中收入了对海德格尔《存在与时间》的部分中译以及萨特《存在主义是一种人道主义吗?》的中译。仍然是在 1963 年,瑞士现象学家耿宁(Iso Kern)的文章《胡塞尔哲学中通向先验还原的三条道路》由何愚(梁志学)翻译成中文发表在《哲学译丛》第三期上。在这一期上还摘译了对荷兰哲学家卢依本(W. A. Luijpen)所著《生存现象学》(*Existential Phenomenology*, Pittsburgh 1960)一书的介绍。此外值得注意的是,这一年在台湾已经出版了李贵良的专著《胡塞尔现象学》①。一年后,在洪谦主编的《西方现代资产阶级哲学论著选集》中收入了对海德格尔

这两位作者会在没有去过德国本土的情况下写出这些文字。[补记:根据靳希平的新近研究,"沈有鼎曾经在弗赖堡从胡塞尔学习并同胡塞尔本人有过私人交往",而且是在胡塞尔退休之后(参见靳希平《沈有鼎与胡塞尔的现象学》,同上)。这意味着,帕托契卡 1933 年在胡塞尔家中遇到的那位中国人极有可能是沈有鼎。沈有鼎于 1934 年回国,并开设过胡塞尔现象学的课程。]

①　李贵良:《胡塞尔现象学》,台湾:1963 年,师大教育研究所。此后,李贵良还在 1971 年翻译了 H. 施皮格伯格的《现象学运动史——一个历史的导引》(《现象学史》上、下册,诗锟戈博[H. Spiegelberg]著;李贵良译,台北:正中书局,1971 年初版,1975 年二版)。

《存在与时间》与萨特《存在与虚无》的节译。

然而，这些对萨特、海德格尔、胡塞尔著作的翻译介绍在大陆并未产生重要影响，因为随后在1966年便开始了"文化大革命"运动，对非马克思主义哲学的讨论在此后的十多年中已不可能。北京的学者李幼蒸在此期间仍然还在北京图书馆中私下研究由卢汶胡塞尔文库主任梵·布雷达（H. L. Van Breda）赠送的《胡塞尔全集》著作，并成为在"文革"以后首批介绍现象学的学者之一。

＊　＊　＊

现象学在中国大陆的较为广泛的传播是在1978年以后。首先是在杂志上发表了一些由中国学者和西方学者撰写的现象学论文。罗克汀所著《胡塞尔现象学是对现代自然科学的反动》的论文可能是自1964年以后首次发表的关于现象学的文字，载于1978年《哲学研究》第三期。在关于现代西方哲学的参考资料以及大学教科书中也载入了关于现象学和存在主义的介绍文字，例如在杜任之主编的《现代西方著名哲学家述评》（北京，1980年）中，关于胡塞尔的一章由李幼蒸撰写，关于海德格尔与萨特的两章由熊伟撰写。在该书的续篇（北京，1983年）中也刊载了关于舍勒和梅洛－庞蒂的介绍，分别由王炳文和刘放桐撰写。此外，在夏基松、刘放桐各自主编的关于现代西方哲学的大学教科书中也载有对胡塞尔、海德格尔、舍勒等人的介绍和批判。

而对现象学经典著作的中文翻译则一直到80年代中后期才真正得以开始，例如由倪梁康翻译的胡塞尔《现象学的观念》（上海，1986年），由陈宣良、杜小真等人翻译的萨特《存在与虚无》（北京，1986年），由陈嘉映和王庆节翻译、熊伟校对的海德格尔

《存在与时间》（北京，1987 年），由李伯杰翻译的舍勒《人在宇宙中的位置》（贵州，1989 年）以及其他等等。

在此之后的几年里，一批较有份量的现象学研究专著和现象学研究文集也陆续问世。①这些研究中的绝大部分是对现象学本身及其历史背景和现实效应的把握、阐释与评价，它们为现象学在中国的初步接受和深入展开提供了可能。另一方面也可以看到，中国的现象学研究在近几年里已经开始逐步参与国际现象学界的问题讨论。②如果说这个方向上的研究所面对的主要是"现象学是什么"的问题，那么另一方向上的研究便可以说是在以各自的方式回答着"现象学有什么用"的问题。这方面的研究，例如张祥龙近年来的努力，虽然在整个现象学研究中所占比例并不很大，却也引起了学界的关注。它意味着将现象学研究与中国哲学研究内在地结合在一起的尝试。所有这些研究成果都基本上反映了大陆地区现象学的研究现状。

自 1994 年以来，汉语领域的现象学研究界还共同策划出版了一份集刊《中国现象学与哲学评论》。该《评论》设有一个学

---

① 关于现象学中文文献近二十年来的详细出版状况可以参阅由张祥龙整理的《现象学中文文献》，载于：《中国现象学与哲学评论》第二辑，《现象学方法》，上海：上海译文出版社，1999 年，第 416－422 页。该文献目录所收集的主要是大陆地区译者和作者出版的著译作品，按"甲：译著、乙：论著、丙：传记"三个部分以及各自的出版年代顺序编列。（补记：此后的各辑《现象学与哲学评论》，都载有对前一年出版的现象学文献目录。）

② 例如可以参阅：E. W. Orth/C. -F. Cheung (ed.), *Phenomenology of Interculturality and Life-world*, Phänomenologische Forschungen. Sonderband, Freiburg München 1998; Ni Liangkang, *Seinsglaube in der Phänomenologie Edmund Husserls*, Phänomenologica 153, Dordrecht u. a. 1999, 以及其他等等。

术委员会，由海峡两岸暨香港、澳门现象学研究的基本代表组成。《评论》的第一辑《现象学的基本问题》已于1995年出版。此后，《评论》一直维系不断。①而由中国现象学专业委员会策划和实施的《现象学文库》书系，分三家出版社出版，至此已出版6部专著和译著。②近期在该系列中还会陆续出版一批新的专著和译著。

目前在汉语文化圈中的一些重点大学的哲学系中均开有现象学的课程，并已经培养出一批以现象学为主要研究方向的硕士生和博士生。大陆地区的大学现象学课程首先由一些较为年轻的、曾在西方受过教育的学者承担，例如，北京大学的靳希平、杜小真、王炜、张祥龙、陈嘉映等，复旦大学的张汝伦、张庆熊，南京大学的倪梁康，浙江大学的孙周兴等。此外，中国社会科学院的叶秀山、海南大学的张志扬、武汉大学的邓晓芒、浙江大学的庞学铨、西安交通大学的张再林等，在这个领域的研究也极有建树，培养出一批硕士和博士。如今，已有越来越多的新生的教学力量和研究力量参与到汉语现象学的传播和发展工作中。

这个状况同样适用于台湾和香港地区：在台湾、香港的主要大学中，也有一批受过西方教育的学者在讲授现象学课程，例如香港中文大学的关子尹、张灿辉、刘国英、王庆节、姚治华等，台湾大学的陈荣华，台湾政治大学的蔡铮云、汪文圣、蔡美丽、罗丽君，台湾辅仁大学的丁原植，台湾"清华大学"的黄文宏、吴俊

---

① 由上海译文出版社自1995年起出版，至此已经出版共九辑，此外还有两个纪念特辑。

② 详细书目可参见中国现象学网：http://www.cnphenomenology.com/0809104.htm。

业，台湾"中山大学"的游淙祺，如此等等。

1994 年 10 月，第一届全国现象学研讨会在南京召开，由东南大学中西文化研究交流中心与东南大学德国哲学研究所举办。会议的议题为"现象学的基本问题"。在此次会议上成立了中国现象学学会（中国现象学专业委员会）。该学会由一批较为年轻的西方哲学研究者所组成，代表了中国西学研究界的一支重要力量。这个迹象同时表明，现象学研究在中国已成为西方哲学研究中的一个极为重要的趋向。《评论》的第一辑《现象学的基本问题》便是此次会议的文集。

在此之后，全国性的现象学研讨会一直以每年一至两次的频率不定期地举行。第二届全国现象学研讨会于 1995 年 9 月在合肥召开，会议议题为"现象学的方法"，由北京大学外国哲学研究所、北京大学哲学系与中国现象学学会共同举办。

中国现象学学会还与德国现象学研究会及香港中文大学哲学系合作，于 1996 年 4 月在香港举办了以"交互文化与生活世界"为题的国际现象学暨第三届全国现象学研讨会。此次会议吸引了一批来自德国、美国、法国、比利时、日本等地的国际著名现象学家前来参加，它标志着中国现象学学会在现象学研究的国际合作方面迈出了重要的一步。

第四届中国现象学研究年会于 1997 年 10 月在上海召开，由现象学学会与复旦大学哲学系现代哲学研究所共同组织，讨论议题为"解释学与现象学"。这两次会议的报告收在《评论》的第二辑《现象学方法》中出版。此后在 1998 年 5 月，浙江大学文学院与中国现象学学会合作，在杭州／绍兴召开了"现象学翻译研讨会"，专门讨论在日趋增多的现象学中译文献中出现的翻译问题。

接下来，在 1998 年 12 月，现象学学会又与海南大学社会科学研究中心合作举办第六届现象学研究年会，讨论议题为"现象学与语言学"。会后出版了《评论》的第三辑：《现象学与语言》。

1999 年 10 月，北京大学哲学系主办了题为"现象学与现代性"的工作会议暨研讨会，在此基础上出版了《评论》第四辑《现象学与社会理论》。第七届以"现象学与中国文化"为题的现象学研讨会是由北京大学哲学系与中国现象学学会以及香港现象学学会共同组织，于 2001 年 10 月在北京大学哲学系召开，这次会议同时也是北京大学现象学文献与研究中心的成立大会。会议文集以《现象学与中国文化》为题，作为《评论》的第六辑出版。与该次会议同时进行的是"现象学与中国文化：胡塞尔《逻辑研究》发表一百周年国际会议"。这次国际会议的文集作为《评论》的《特辑》出版，题为《现象学在中国》。

2002 年 10 月，中国现象学学会与中国美术学院、浙江大学合作，在中国杭州中国美术学院召开第八届现象学年会，专门讨论"艺术现象学"的问题。这次会议的报告已经结集，分别以"艺术现象学"和"现象学与艺术"为题发表在《中国现象学与哲学评论》第六辑与《视觉的思想》中。

2003 年 10 月，第九届现象学年会在武汉召开。此次与中国现象学学会合作的举办单位为武汉大学哲学系和华中科技大学哲学系，主要讨论"现象学与生存哲学"问题。

第十届中国现象学的年会于 2004 年 10 月在广州中山大学举行，题目为"现象学与伦理（Ethos)"。会议邀请了世界各地的现象学学者参与。会议的文章以同名标题收录在第七辑的《中国现象学与哲学评论》中。

2005 年 4 月，同济大学德国哲学与文化研究所在浙江安吉举办了现象学题为"经典与翻译"的工作会议暨学术研讨会。同年 12 月，海南大学社会科学研究中心组织在海口组织召开了国内现象学界与分析哲学交流会，讨论议题为"意向性：现象学与分析哲学"。

2006 年的第十一届年会于 10 月在西安召开，由中国现象学学会与西安交通大学人文学院合作举办，讨论议题为"现象学与纯粹哲学"。此次会议的文章发表在同名的《中国现象学与哲学评论》第九辑上。

此后，浙江大学人文学院在 2007 年 11 月在杭州举办了"现象学与政治哲学"为题的现象学年会。此次会议的文献将于 2008年以同名标题发表在《中国现象学与哲学评论》第十辑上。

特别值得提及的是，2008 年 4 月，现象学学会与建筑界《时代建筑》杂志社合作，于苏州召开了一次现象学界与建筑学界的对话、合作与讨论的会议。这次会议的文献将以《现象学与建筑》为题结集于近期出版。

2008 年的第十二届现象学年会即将在香港中文大学召开。2009 年的现象学年会计划由现象学学会与湖北大学合作举办。

从机构上看，目前大陆地区以现象学为名的研究机构已有多所。北京大学现象学文献与研究中心成立最早：2001 年。此时也正值现象学与现象学运动诞生一百周年。此后，中山大学现象学研究所、中国美术学院艺术现象学中心等机构先后成立。

除此之外还特别需要提到的是，在 1996 年的香港会议上，香港现象学学会已经正式成立，并由此而开始了在香港现象学学会与中国现象学学会之间的多年密切合作。香港中文大学于 2002 年和 2005 年前后成立了"现象学与人文科学研究中心"和"现象学与当代哲学资料中心"，并已连续出版《现象学与人文科学》与《现象学与当代哲学》集刊以及《现象学与人文科学》丛书。

＊　＊　＊

对迄今为止中国现象学研究的一般发展趋向可以做如下简述：

在现象学家中，萨特在中国现象学研究的早期是最具影响的。究其原因大致有两个方面：一方面是因为萨特与马克思主义的关系相对而言较为密切，另一方面的原因显然与萨特的自由观念有关，它在 1978 年之后始终是中国知识分子的关注焦点。但萨特本人的影响在 90 年代已受到相当的削弱，取而代之的是不断增长的海德格尔思想效应。[①]

海德格尔思想在中国的传播首先要归功于熊伟，他长期任教于北京大学外国哲学研究所，逝世于 1994 年。在海德格尔研究的初期，人们主要是对早期的海德格尔感兴趣。其原因首先在于，此时在中国的各个图书馆中还不具备关于海德格尔后期思想的第一、二手资料。因此，在"文革"期间，研究者们没有可能掌握西方哲学研究的最新发展动向。自 80 年代以后，人们才开始逐渐熟悉陆续出版的《海德格尔全集》，并将其中的一些翻译成中文。值得注意的是孙周兴在后期海德格尔思想的翻译方面所

---

① 关于萨特和海德格尔等人的"存在哲学"在中国的影响，可以参阅由杜小真所做的相关详细论述。

付诸的努力。尽管海德格尔的第一个中译本是《存在与时间》,但较之于早期海德格尔,后期海德格尔如今在中国,或者说,在中国的知识阶层,尤其是在文学界,要更为普及和知名。这可能是因为,在后期海德格尔与传统中国哲学之间存在着一种在思维方式和表达方式方面的平行性,它使中国的海德格尔研究者和接受者容易对海德格尔产生一种亲近感。

胡塞尔的现象学在中国也逐渐引起相当大的兴趣,甚至可以说是受到了普遍的关注。当然,正如一些学者所说,"讲坛哲学家胡塞尔的晦涩文体从一开始就无法像存在哲学那样以易于表达的方式适合于公众讨论。"[1]因此,虽然第一个胡塞尔著作的中译本《现象学的观念》仅在大陆便于两年内发行了十三万册;然而更确切地看,对胡塞尔的这种兴趣与其说是直接由他本人的具有浓烈学院风格的思想所引发,还不如说是间接地通过其他一些处在胡塞尔影响圈中,并与胡塞尔的思想发生这样或那样分歧的当代哲学家(例如舍勒、海德格尔、伽达默尔、哈贝马斯、梅洛-庞蒂、萨特、列维纳斯、德里达等等)的作用而导致。无论如何,对胡塞尔哲学的研究今天在许多中国学者那里已被看作是研究当代西方哲学,尤其是人本主义哲学的必要前提。

自 1990 年以来,随着宗教兴趣的增长,舍勒的哲学、神学和价值伦理学思想受到了一定的关注。通过刘小枫的努力,在最近几年内有一批舍勒的著述陆续得以翻译和出版。由于中国传统哲学主要立足于伦理学,因此可以预想,舍勒的哲学和伦理学以后

---

[1] 黑尔德(K.Held):"编者导言",载胡塞尔:《现象学的方法》,倪梁康译,上海:上海译文出版社 1994 年,第 2 页。

在中国还会引起更多的注意。

随着法国哲学思潮在近年来的兴起，汉语哲学界对法国现象学的兴趣也不断增长。这主要是因为，当代法国哲学是在黑格尔、胡塞尔和海德格尔的影响下形成的。因此，向德国现象学的回溯研究便成为完整而深入地理解当代法国哲学的一个重要前提和重要手段。此外，法国现象学本身提供的"第三次法国现象学浪潮"，也是引起哲学研究者注意的一个重要因素。[①]

从总体上看，现象学目前在中国还处在接受期，尽管已经是接受的后期。与日本、韩国相比，在中国现象学研究的领域中还有许多空白尚待填补。但可以期待，中国的现象学研究在不远的将来会提供一批富有创意和独具特色的成果，尤其会在现象学与中国传统哲学的结合点上拓展出新的视域。

* * *

通常人们都会把现象学理解为一种意识哲学。这与胡塞尔在创建它时所具有的基本意图有关。这种意图不仅使现象学与欧洲哲学史上的传统内在哲学和精神哲学的学说建立起传承关系；而且，对于东方学者来说尤为重要的是，在现象学与东方文化中的佛学唯识论以及儒学心学之间的基本沟通成为可能。现象学与唯识学之间的比较研究越来越受到关注。尤其是在 20 世纪初，现象学的诞生与唯识学的复兴运动几乎是同步进行的。虽然现象学运动的口号在于面对实事本身，而唯识学复兴运动的口号在于回到文本或佛意，然而它们对意识问题的严谨细致的思考表明，在不同的人类文化和不同的思维方式中可以找到共同的理论兴趣

---

① 这一段落的文字为笔者于 2008 年 11 月所做补记。

和相似的分析结果。正因为此,一些学者,当然也包括欧洲和日本的现象学家,日益关注现象学与唯识论之间的关系分析。[①]

但现象学在东方文化圈中最具有吸引力和影响力的还是它的方法特色:现象学的"回到实事本身"的主张符合哲学对原创性思维的基本要求;现象学作为一种贴近地面工作的哲学能满足在哲学研究中对一个最基本讨论平台的期望;现象学所倡导的直接直观的审视可以避免在哲学研究中出现过多大而空乏的概念范畴;现象学的"严格"和"审慎"之治学态度可以促使研究者不再以真理的缔造者或拥有者去发布纲领、构建体系,而是面对具体问题进行含有实事的描述分析。所有这些,都为现象学在东方文化中找到同道提供了可能。台湾的蔡铮云曾在"台湾现象学宗旨"的标题下将这种可能性概括为:"籍由观察描述与还原沟通之方式,带动文化的检讨,以期在存在与周遭的实际互动中,避免固步自封的消极批判:于建构与发展理论模式时,破除特定主张造成的学术专断。"[②]在这里,即使不是所有的、至少也是大部

---

① 例如,耿宁希望能够通过现象学来"补充"唯识学中的"时间"分析(参阅:耿宁《从现象学的角度看唯识三世》,载于:《中国现象学与哲学评论》第一辑,上海,1995 年);陈荣灼试图以现象学来"仲裁"唯识论中的"有我"和"无我"之争(参阅:陈荣灼《唯识宗与现象学中之"自我问题"》,载《鹅湖学志》,第十五期,台北,1995 年);张庆熊则想通过对熊十力新唯识论与胡塞尔现象学关系的研究而更清楚地理解"中国哲学和西方哲学的基本特征"(参阅张庆熊《熊十力的新唯识论与胡塞尔的现象学》,上海,1995年),如此等等。当然,从总体上看,对现象学与唯识学、心学的比较研究还没有得到充分展开。(补记:近年来,原任职香港浸会大学、现任职台湾"中研院"的吴汝钧发表了多部带有现象学标题的专著。)"

② 蔡铮云:《台湾现象学》前言,梅洛‐庞蒂读书会,台北,1997。

的东方现象学兴趣业已得到了扼要的概括。

回顾现象学近百年的历史以及它在汉语领域的被接受状况，我们可以看出，现象学，尤其是胡塞尔的现象学，它的学院风格从一开始就决定了它不可能在社会思潮中产生广泛的影响，遑论是在一个与它的思维方式大相径庭的文化圈中。但它潜含的方法特征和理论效应如今正在这里逐步地证明着自己的超时代和超地域的传承力量。现象学在汉语领域被接受的过程似乎再次应合了叔本华的那句老话："流传久远和发迹迟晚成正比"[①]。

耿宁（Iso Kern），瑞士伯尔尼大学哲学系

倪梁康，南京大学哲学系

---

① A. Schopenhauer, *Sämtliche Werke*, Bd.I, *Die Welt als Wille und Vorstellung* I, Stuttgart und Frankfurt a. M. 1987, S. 27.

附录三　纯粹逻辑学观念与心理主义批判

——《逻辑研究》第一卷译后记

胡塞尔的《逻辑研究》一书共分两卷，第一卷"纯粹逻辑学导引"发表于 1900 年；第二卷"现象学和认识论研究"发表于 1901 年，由六项研究组成，前五项研究构成第二卷的上册，第六项研究单独构成第二卷的下册。全书的德文原版共有一千三百多页。1913 年，在经胡塞尔本人做了较大程度的修改之后，《逻辑研究》又发行了第二版。

海德格尔和胡塞尔本人都将《逻辑研究》称之为现象学的"突破性著作"[①]。直至今日，这部著作始终被公认为是胡塞尔现象学的最重要著作并且被普遍看作是哲学自近代以来最重要的创作之一。其原因在于，这部著作不仅在很大程度上规定了胡塞尔的同时代人如海德格尔、舍勒、尼古拉·哈特曼、萨特、梅洛－

[①] 参阅：M. 海德格尔，*Sein und Zeit*, Tübingen [13]1979, S. 38（中译本，北京，1987 年，第 48 页）；E. 胡塞尔：《逻辑研究》第一卷，"第二版前言"。

庞蒂、英加尔登、古尔维奇、舒茨等一大批重要哲学家的思维方向，而且它的作用已经远远超出了哲学领域。用比利时卢汶大学胡塞尔文库的教授、著名现象学家 R. 贝耐特博士的话来说："这部著作的影响几乎是无法界定的：从新康德主义、现象学基础本体论和早期结构主义语言学，到当今语言哲学和认知心理学所提出的问题上，它的影响无处不在。"① 所以，如果说这部著作提供了理解 20 世纪西方哲学或西方思维的基础，那么这绝非是一种夸张。就目前而言，西方哲学界一方面有愈来愈多的人看到了现象学分析和当代语言分析哲学之间所具有的亲和力，另一方面有愈来愈多的现象学家和非现象学家开始拒绝在胡塞尔后期思想中所形成的现象学唯心主义，在这种情况下，胡塞尔的这部早期著作所引起的兴趣和关注便愈来愈大。

与他的哲学研究一样，胡塞尔在发表著述方面对自己也要求极严。他生前发表的著作与他一生写下的手稿相比可以说是微乎其微的。② 并且，除了《逻辑研究》之外，其他著作几乎都是现象学的引论性著作。③ 与其他著作相比，《逻辑研究》在这样两个方面表现得最为清晰：一方面是胡塞尔的特殊思维方式，另一

---

① R.Bernet, *Wörterbuch der philosophischen Werke*, Stuttgart 1988, S.425.

② 即使加上在他去世后由一批现象学家根据其手稿整理发表的、现已出至第二十八卷的《胡塞尔全集》，目前我们所能看到的胡塞尔著述也只占他写下的全部手稿的极小一部分。

③ 由海德格尔整理出版的《内时间意识现象学讲座》（哈雷，1928 年）是一个例外。而按照胡塞尔的意图、由胡塞尔的助手 L. 兰德格雷贝根据胡塞尔手稿整理并由胡塞尔本人审阅过的《经验与判断》（布拉格，1939 年），虽然也是一部非引论性著作，但可惜却未能在胡塞尔去世前问世。

方面是他的具体操作方法。换言之，《逻辑研究》一方面可以引导人们进入胡塞尔的思维体系，另一方面，它又以极为具体的方式表现了胡塞尔的"工作哲学"；因此，在这两方面，尤其在后一个方面，《逻辑研究》的作用是胡塞尔生前发表的其他著作所无法比拟的。

这里发表的是《逻辑研究》第一卷的中文译本："纯粹逻辑学导引"。此卷的前十章主要是胡塞尔对当时在哲学领域占主导地位的心理主义（这也是他自己过去的立场）各种表现形式的批判。胡塞尔在这里反对任何从心理学的认识论出发来对逻辑学进行论证的做法。这些批判在当时结束了心理主义的统治，而且在今天，无论人们把逻辑定理看作是分析的还是综合的，这些批判仍然还保持着它们的有效性。可以说，随着这一卷的发表，心理主义这种形式的怀疑论连同有关心理主义的讨论在哲学史上最终被归入了档案。

第十一章"纯粹逻辑学的观念"是联结《逻辑研究》第一卷和第二卷的关键。只要认真研究这一章，那种认为第一卷和第二卷相互矛盾的假象便会被消除。这种假象甚至连海德格尔在初读《逻辑研究》时也未能避免："这部著作的第一卷发表于1900年，它证明关于思维和认识的学说不能建立在心理学的基础上，以此来反驳逻辑学中的心理主义。但在次年发表的、篇幅扩充了三倍的第二卷中，却含有对意识行为的描述，这些行为对于认识构成来说是根本性的。因而这里所说的还是心理学。……由此看来，随着他对意识现象所进行的现象学描述，胡塞尔又回到了恰恰是他原先所反驳的心理主义立场上去。"①每一个初次接触胡塞尔思想的人，如果他不是特别关注第十一章的内容，恐怕都会得出这种印象。

当然，胡塞尔在《逻辑研究》第一版发表时的思想还不十分成熟，这从第一版和第二版的差异中可以看出，因而他的阐述在某种程度上导致了这种假象的形成。在《逻辑研究》的"第二版前言"中，有两点须特别注意：1）胡塞尔认为，"导引"的第一版"无法完全把握'自在真理'的本质"，"'自在真理'的概念过于单一地偏向于'理性真理'"；2）胡塞尔指出，《逻辑研究》第一版的第二卷"未能充分顾及'意识活动'与'意识对象'之间的区别和相应关系"，"只是片面地强调了意识活动的含义概念，而实际上在某些重要的地方应当对意识对象的含义概念做优先的考察"。这两个说明当然也涉及到"导引"第十一章中的内容。

尽管如此，胡塞尔思想发展的整个脉络是不难把握的：在《逻辑研究》第一卷所做的心理主义批判中，胡塞尔一方面指出心理主义的最终结果是怀疑论，另一方面则说明心理主义的根本问题在于混淆了心理学的对象——判断行为和逻辑学的对象——判断内容，因而，对于心理主义来说，判断内容的客观性"消融"在判断行为的主观性之中，换言之，"真理消融在意识体验之中"，这样，尽管心理主义仍在谈论客观的真理，"建立在其超经验的观念性中的真理的真正客观性还是被放弃了。"②这里须

---

① 海德格尔：《我的现象学之路》，载于：*Zur Sache des Denkens*, Tuebingen ³1988, S. 81（中译文，载《现代外国哲学》，第 5 期，北京，1984年，第 318 页）。

② 参阅《逻辑研究》第一卷，第 39 节中对西格瓦特的批判。

注意胡塞尔对真理概念的规定：真理是建立在超经验的观念性中的东西。因此，胡塞尔在这里所反对的是心理主义用体验的经验实在的主观性来取代在观念可能性意义上的真理客观性的做法。但他并没有因此而否认意识体验、判断行为的"真理"可以具有客观性。恰恰相反，胡塞尔一再强调的意识行为与对象的"相应性"，这也就是在传统哲学意义上的"事物与智慧的一致"。甚至他还批评心理主义者说："这些人相信能区分纯主观的和纯客观的真理，因为他们否认有关自身意识体验的感知判断具有客观性特征：就好象意识内容的为我的存在并不同时也是自在的存在一样；就好象心理学意义上的主观性与逻辑学意义上的客观性是相互对立的一样！"①以为意识内容的为我的存在并不同时也是自在的存在，这种做法取消了意识对象所依据的客观的观念可能性，取消了自在的、客观真理，这是心理主义的过失之一；主张心理学意义上的主观性与逻辑学意义上的客观性相互对立，这种做法又抹煞了意识行为所依据的客观的观念可能性，取消了意识行为的自在、客观真理，这是心理主义的过失之二。只要我们看到，判断行为的真理客观性和判断内容的真理客观性完全可以达到一致，因为它们都是独立于经验实体的观念可能性，那么心理主义的谬误便不会再有市场。胡塞尔在第十一章中所陈述的便是这个思想："一方面是实事之间的联系，这些实事意向地关系到思维体验（现实的和可能的思维体验）；另一方面是真理之间的联系，在这种联系中，实事的统一本身获得其客观有效性。前者

---

① 参阅《逻辑研究》第一卷，第 35 节中的第 1 个注释。

与后者是一同先天地被给予的,是相互不可分开的。"①可以说,作为认识行为的实事构成纯粹心理学这门本质的（或先天的、观念的）科学的对象,作为认识对立面的真理构成最广泛意义上的纯粹物理学这门本质的（或先天的、观念的）科学的对象。而对所有这些观念可能性的形式进行研究的学说就可以被称之为"纯粹逻辑学",它"最普遍地包含着一般科学可能性的观念条件"②。在《逻辑研究》第一版第二卷中,胡塞尔甚至偏重于研究判断行为的真理客观性,偏重于纯粹心理学的研究,这也就是他后来所说的对意识活动的含义概念的"片面强调"所在。但这里所说的"纯粹心理学"已经不是指有关人的实在心理本质的学说,而是一门关于纯粹意识活动的观念可能性的学说,一门"现象学的心理学"了。

胡塞尔对《逻辑研究》第一版的反思是在十三年之后,这期间他的思想已由"现象学心理学"发展到"先验现象学"。显然是在先验现象学的立场上,他才认为,在《逻辑研究》第一版中,"自在真理"的概念过于单一地偏向于"理性真理","意识活动的含义概念"相对于"意识对象的含义概念"得到了过多的强调。因为在《逻辑研究》第一卷发表后的六七年中,关于"构造"的想法就已趋成熟,"对象在意识中的构造"问题已经进入胡塞尔思想的中心。在这种情况下,他对《逻辑研究》第一版的上述感觉便不足为奇了。胡塞尔这时所考虑的不仅仅是意识活动的观念性或客观性,而且更多地是作为意识活动之结果的意

---

① 参阅《逻辑研究》第一卷,第62节的开始部分。
② 参阅《逻辑研究》第一卷,第72节开始部分。

向对象的观念性或客观性。这样，借助于先验还原的方法，一个包容整个意识活动（意识的实项内容）和意识对象（意识的意向内容）于一身的先验观念主义体系便建立了起来。智慧与事物的相应性在先验现象学中表现为在意识之中意识活动与它所构造的意向对象的一致性。主观性和客观性的对立则表现为心理体验的经验实在性与纯粹意识的观念可能性之间的对立。从这个角度上来看，胡塞尔这时倒比《逻辑研究》第一版第二卷更象是回到了心理主义的立场，以致于他这时所主张的看起来恰恰是他原先在《逻辑研究》第一版第一卷中所反对的，即"存在在意识中消融"，"客观性在现象中显现出来"[①]；以致于科隆大学胡塞尔文库主任伊丽莎白·施特雷克教授甚至问道："先验现象学本身是否终究还是一门心理学，即一门对心理之物的构造所做的先验研究，并且最后是对先验意识的自身构造的先验研究？"[②]当然，在经过上述对胡塞尔思维发展的反思之后，我们可以看出，他的思路不是一种回复，而是一种向更高层次的迈进，或者至少可以说是一种向更高层次迈进的企图：由《逻辑研究》第一版第一卷（1900 年）对判断行为和判断内容两者的观念可能性或客观性的强调，到《逻辑研究》第一版第二卷（1901 年）对意识活动的观念可能性的关注和偏重，最后达到在与《纯粹现象学与现象学哲学的观念》(1913 年）处于同一层次的《逻辑研究》第二版（1913 年）中对一种构造着意识对象的意识活动所具有

① 参阅 W. 比梅尔："出版者前言"，载胡塞尔《现象学的观念》，倪梁康译，上海：上海译文出版社，1986 年，第 2、4 页。

② E. 施特雷克：《现象学与心理学——它们在胡塞尔哲学中的关系问题》，载德国《哲学研究杂志》，第 37 期，1983 年，第 19 页。

的先验观念性的主张。这时的"纯粹"概念不只是指相对于经验事实而言的观念性，而且还意味着相对于实在世界而言的先验性。胡塞尔这时才达到了他所希望达到的彻底性：一种绝对的观念主义，一种彻底的反心理主义和反人类主义（反种类怀疑主义）。

1992 年 2 月于南京

附录四　一本书与一个世纪

——《逻辑研究》第二卷译后记

　　1997 年末到 1998 年初，连着大大地舒了两口气：舒第一口气是因为 1997 年 10 月完成了集十多年之辛苦的《胡塞尔现象学概念通释》之文稿，其中选胡塞尔现象学常用概念 600 余个，逐一翻译、解释。写此书的主要奢望一是在于为现象学圈内关于现象学中译名之统一的讨论准备一个原始的起点，二是在于为现象学圈外的爱智者进入胡塞尔的巨大思维视域提供一条可能的通道。当然这些意图是否可以实现以及在何种程度上实现，又当别论。此处不提也罢。

　　而能舒第二口气是因为终于在 1998 年的寒假里将两卷本的胡塞尔《逻辑研究》中译收尾。此项作业实可算是一大工程：全书分两卷，第二卷再分两个部分，外文原版达 1000 页，中译本近一百万字。再加上在翻译中还有第一版（1900/1901 年 A 版）和第二版（1913/1920 年 B 版）的差别需要顾及和标出，其困难程度可想而知。以分四卷出版的日译本《逻辑研究》（东京，1968 － 1974 年）为例，主译立松弘孝，其间还有另外二人参与，且未标出 A、B 版之差异，而从第一卷到第四卷的出版前后尚用八年之久。故而在译第一卷时，上海译文出版社的编辑刘建荣便曾打趣说："译完《逻辑研究》，你就可以安心退休了。"言下之意，纵使一生碌碌无为，一旦译出此书，亦足可自慰了。

当然，我舒一口气的原因并不在此，至少不完全在此。《逻辑研究》的翻译从 1990 年开始，其间因各种原因一再地断而又续。对我来说，能在 1998 年将它全部译出，这首先意味着很有可能在它问世一百年之际，亦即在 2000 年出版它的中文本。虽说已经很迟，总还不算太迟。故我可先舒一口长气，既对在九泉之下的原作者，也对关心此书的陌生的与熟悉的朋友们有个交待。接下来当然还要看出版社的。

＊　　＊　　＊

《逻辑研究》在双重意义上是"划时代"的：一方面自然是因为它与 20 世纪同龄，它的第一版发表于 1900/1901 年，可以说是本世纪的一声开门礼炮；而 20 世纪的结束也就意味着《逻辑研究》百年效果史的完成。另一方面，《逻辑研究》的发表意味着哲学史上一个新的时代之开辟，狄尔泰甚至将它誉为"哲学自康德以来所作出的第一个伟大进步"[①]。波亨斯基在 50 年代曾将《逻辑研究》看作是"对 20 世纪哲学的最大丰富"[②]，这在今天来看也不能算是夸张。海德格尔虽然对其老师时有批评，但他始终承认对《逻辑研究》之研究构成他哲学的一个关键出发

[①] Th. Rentsch, *Martin Heidegger. Das Sein und der Tod*, München/ Zuerich 1989, S. 19.

[②] I. M. Bochenski, *Europaeischen Philosophie der Gegenwart*, ²1952, S. 143.

点，他的"现象学之路"绝大部分是围绕这部著作展开；他对此书的迷恋，或者说，从此书中发出的"魔力"甚至"一直延伸到它的版式和扉页这些外在的东西上"①。——似乎各种风格的哲学家都在《逻辑研究》中找到了他们所要寻求的东西。无论如何，随《逻辑研究》发表而形成的欧洲大陆现象学运动无疑可以被看作是本世纪最重要的哲学思潮。因而《逻辑研究》观其左右足可以与《数学原理》论高低，视其前后更能够与《存在与时间》相呼应。试图为 20 世纪哲学撰写历史的哲学史家们甚至已经开始将本世纪的哲学发展归纳为："从胡塞尔到海德格尔"（这是 K. Wuchterl 于 1995 年所著《一门 20 世纪哲学史的基石》一书的副标题。②）——细想下来，这种大而统之的归纳虽然与现象学的风格相悖，却也有其一定的道理：一门 20 世纪哲学史必须从胡塞尔的《逻辑研究》开始，就像 20 世纪心理学史可以从 1900 年的《梦的阐释》开始一样。而这个世纪的哲学虽不能说在海德格尔 1976 年逝世之后便截止，但至今似乎还没有人能超越出他的巨大身影之外，20 世纪哲学的尾声终究弥漫着海德格尔的余音。——例如罗蒂去年在阿姆斯特丹又出语惊人，他认为 20 世纪后半世纪的哲学都是对海德格尔各种回答，就像 19 世纪的哲学可以看作是对黑格尔的回答一样。

尽管胡塞尔本人与海德格尔都曾将《逻辑研究》称作"现象学的突破性著作"③。但他们二人用"突破"一词所表达的并

---

① M. Heidegger, *Zur Sache des Denkens*, Tübingen ³1988, S. 47, 82.

② K. Wuchterl, *Bausteine einer Geschichte der Philosophie der 20.Jahrhunderts. Von Husserl zu Heidegger: Eine Auswahl*, Bern/Stuttgart/Wien 1995.

③ 参阅胡塞尔：《逻辑研究》第一卷，BVIII; Heidegger, GA20, S. 98。

不一定是同一个意思。就胡塞尔而言，他要想说的首先是：《逻辑研究》集"十年艰辛、孤独之劳作"[①]，决定着他本人作为哲学家之精神生活的"成功与不成功、幸福与不幸福"，甚至是"存在，还是不存在"；而在此之前，如胡塞尔自己在信中所述，"我始终是在一个绝望到另一个绝望、一个重振到另一个重振之间生活。最后……终于有了一个开端——《逻辑研究》，它从此为我提供了支点与秩序。"[②]因而《逻辑研究》的突破，首先可以是指胡塞尔在个人哲学信念上的突破。以后的解释者们也将这个"突破"浓缩为从心理主义到反心理主义的转折。——早些年前人们曾认为胡塞尔的这个转变要归功于弗雷格的批判。近年的研究结果表明，连弗雷格本人也不知道，早在他撰写《算术哲学》之书评的三年前，胡塞尔便已脱离以前的立场并开始起草《逻辑研究》，因而他批判的已经是过去的胡塞尔。[③]

　　当然，胡塞尔用"突破"一词所想表达的最主要还是这样一个意思："《逻辑研究》是一部突破性著作，因而它不是一个结尾，而是一个开端。"[④]他在此书发表几年之后便开始从描述现象学转向先验现象学。因此当海德格尔开始进入现象学时，他已经发现，"大师本人当时对他这部在世纪之交出版的著作已经不再

---

① 参阅：Hua XVIII, S.XXIII。

② 参阅：Husserl, *Husserl-Dokumente* Bd.IX, S. 136, Husserl-Dokument Bd. IV, S. 22。

③ 参阅：R.Bernet/I.Kern/E.Marbach, *Edmund Husserl: Darstellung seines Denkens*, Hamburg 1989, S. 12ff。

④ 胡塞尔：《逻辑研究》第一卷，BVIII。

有很高的评价了"。①诚然，这种对自己以往著作的轻视恰恰体现着胡塞尔本人的思维特点，他力求不断的发展，为此不惜一再地否定自身，以求达到最终的确然性。但这并不妨碍胡塞尔在二十年后回顾道："我相信可以说，此书中那些纵然不尽成熟，甚至带有失误的东西也是值得深思熟虑一番的。因为这里面的所有一切都产生于那种真正切近实事本身、纯粹朝向其直观自身被给予性的研究之中，尤其是产生于那种朝向纯粹意识的本质现象学之观点的研究之中，而唯有这种研究才能为一门理性理论带来成效。"②事实上，《逻辑研究》其所以影响绵延不断，恰恰是因为它所提供的不仅仅是对现象学精神的概论，而且是这精神本身。正是这种精神，才使狄尔泰为之一振，认为在《逻辑研究》中发现了精神科学不同于自然科学之"说明"的"描述—分析方法"，故而在"认识论领域中开辟了一个时代"③。此后在胡塞尔本人生前出版的著作中，唯有《逻辑研究》和《内时间意识现象学讲座》带有现象学具体操作的成分。它们也被胡塞尔称作"贴着地面的工作"④。固然，自 1950 年起陆续出版的《胡塞尔全集》目前已达三十卷，而且根据卢汶胡塞尔文库 1997 的年终报告还有其他十卷已在编校之中并待出版，而这些卷帙浩繁的著述包容了胡塞尔在实事研究方面大量具体而微的分析；但是，《逻辑研究》毕竟是开山之作，且经在出版方面以严谨乃至苛刻著称

---

① 海德格尔：《走向语言之途》，孙周兴译，台北，1993 年，第 79 页。

② 胡塞尔：《逻辑研究》第二卷第二部分，B_2535。

③ W. Dilthey, *Der Aufbau der geschichtlichen Welt in den Geisteswissenschaften*, ^{8}1992, S. 14, Anm.

④ 参阅：Husserl, *Husserl-Dokumente* Bd.I, S. 20。

的胡塞尔本人两次审定，其作用和地位实非其他各卷所能取代。

我在 1980 年前后初识现象学多属机遇。当时瑞士学者耿宁（Iso Kern）先生恰好在华做佛学唯识研究，他成为我的现象学入门向导，并由此而引出已持续了十几年的指导与扶携。耿宁本人曾在卢汶大学的胡塞尔文库任职多年，在胡塞尔研究方面著有经典文献《胡塞尔与康德》和《哲学的观念与方法》，并主编《胡塞尔全集》第 13 至 15 卷，系统地出版了胡塞尔在"交互主体性现象学"方面的研究手稿，在学术界颇有影响。他那时为我开的书单首先是胡塞尔 1916 年在弗赖堡的就职讲座"纯粹现象学及其研究领域和方法"（《哲学译丛》1994 年，第 5 期），然后是《现象学的观念》（上海译文出版社，1987 年）和《哲学作为严格的科学》（商务印书馆，1999 年），再下来是《纯粹现象学和现象学哲学的观念》第一卷（商务印书馆，1992 年），最后才是《逻辑研究》（上海译文出版社，1994 年起）及其他等等。这个进入现象学的通道现在看来是一条由一般概论到具体分析的道路。其精要在于，首先纵观现象学广厦之全貌，而后才登堂入室，逐一审视其中的各间宅舍，最后掌握现象学各个细微砖块乃至它们具体的砌切方法。

在沿着这个方向完成硕士论文之后，我于 1985 年到弗赖堡大学作哲学博士生，当时的导师是现任弗赖堡大学胡塞尔文库的主任让克（Bernhard Rang），曾著有《因果性与动机说明》和《胡塞尔的自然哲学》，主要从胡塞尔现象学的角度讨论自然科学的基础。我在弗赖堡所听的第一堂课便是他的"《逻辑研究》研讨"。记得他上课时特意带了一个木质的圆球，在或明或暗灯光的照射下用这个道具来向低年级的学生们解释胡塞尔意向分析中的一个核心概念："映射"（Abschattung）；由此而引出胡塞尔对一切意向对象的两种被给予方式的划分：事物性对象以映射方式被给予，体验性对象以反思方式被给予。而让克为现象学初学者所指的通道恰恰与耿宁的相反：首先读《逻辑研究》，然后读 1913年的《纯粹现象学和现象学哲学的观念》第一卷，最后再去理解 1916 年的就职讲座以及其他等等。这条入门之径自然也有其所长：它与胡塞尔本人的思路历程是平行的。如果前一条耿宁之路可以说是沿系统线索行进的话，后一条让克的道路则是顺应了发生的走向。

　　发生的道路自有其特长。远的不去说，海德格尔本人便是沿此道路进入现象学的。他在许多年后回顾说："那时候我是胡塞尔的助手，每周一次与几位日本同行一道研读胡塞尔的第一部主要著作，就是《逻辑研究》。……我偏爱《逻辑研究》是为了入现象学之门。"[1]海德格尔一再声言，《逻辑研究》是他哲学的出发点[2]，并将《逻辑研究》称作是一部"带有七个，甚至更多的印记"的著作[3]。他将自己日后与其老师的思想分歧归诸于胡塞尔未能抗拒当时的哲学气氛，屈从于新康德主义，从而在《逻辑研究》后的《哲学作为严格的科学》(1910/1911 年）与《纯粹现象学与现象学哲学的观念》(1913 年）中放弃了现象学的原则。——当然海德格尔对胡塞尔还有另一个批评：胡塞尔缺乏与

---

　　① 海德格尔：《走向语言之途》，孙周兴译，台北，1993 年，第 79 页。

　　② 参阅：Heidegger, *Sein und Zeit*, Tübingen [13]1979, S. 38; *Unterwegs zur Sprache*, Pfullingen [9]1990, S. 90f; *Zur Sache des Denkens*, Tübingen [3]1988, S. 47, 83。

　　③ 参阅：Heidegger, GA58, S. 16。

历史的任何活的联系。[1]这两个批评都有待深究。但前一个批评的随意性似乎较为明显：胡塞尔在《逻辑研究》发表后身处两大阵营之间，为何没有选择日趋兴盛的狄尔泰生命哲学，却偏向已显衰败迹象的先验哲学[2]，其中必然另有原委。况且若屈从生命哲学也不见得就维护了现象学的原则。但胡塞尔迈出的这一步导致了现象学运动的分流却是事实。几乎他当时的所有弟子都曾期望他将其精湛的分析能力运用于人类生存状态的研究上。然而胡塞尔偏偏认为这会导致人类主义的泛滥，因而在他研究手稿中虽然早已含有此类分析，但他始终将大量精力放在先验的奠基之上。如今已经很难想象，倘若胡塞尔此后一生始终沿着《逻辑研究》的方向行进，现象学运动今日会以何种面目展现于世人。

海德格尔本人对《逻辑研究》的解读方式与他对整个哲学史的解读方式一致：他是用他的问题来考问被解读的对象。一方面，他在早期《存在论》（1923年）的讲座中指出，胡塞尔的《逻辑研究》"扭断了"主—客体的虚假问题的"脖子"，而在此之前"任何对此模式［主—客体模式］的沉思都没有能够铲除这个模式的不合理性"；故而《逻辑研究》曲高和寡，始终不会成为"公众废话"的论题[3]。在逐步弄清了海德格尔本意的今天，我们的确可以从他提供的这个角度来探讨《逻辑研究》：胡塞尔在《逻

---

[1] 参阅：Heidegger, *Zur Sache des Denkens*, a. a. O., S. 47。

[2] 如普莱斯纳所言，胡塞尔1916年去弗赖堡继任新康德主义代表人物李凯尔特的教椅，表明新康德主义后继无人，表明它"连同其圈内圈外人在当时已经走到了尽头"。（H. Plessner, *Zwischen Philosophie und Gesellschaft*, Frankfurt a. M. 1979, S. 45）

[3] 参阅：Heidegger, GA63, S. 82。

辑研究》中的分析在某种程度上可以被看作是用意向分析来澄清主—客体的模式的初步努力。但就胡塞尔本人的思想内在发展而言，则更应当说他是在《逻辑研究》之后才看清了这个"虚假问题"，并试图通过发生分析来不断地向这个问题的真正起源深入。而为海德格尔所反对的向先验现象学的转向，完全就是在这个发展过程中的必然一步。——这里当然无法再说开去。

　　另一方面，海德格尔在早期和后期都一再强调，胡塞尔在《逻辑研究》中，首先是在第六研究中，已经切入了存在问题①（以后也曾有人专门以此课题做博士论文）。海德格尔研究最多的是其中的第六研究，尤其是第五章"明见与真理"和第六章"感性直观与范畴直观"，其中包含着胡塞尔对真理问题以及范畴直观问题的论述。故而海德格尔所说的《逻辑研究》之"突破"主要是指胡塞尔在通过"范畴直观"而向存在问题的突破——对范畴直观的指明可以为我们揭示存在的起源，或者用布伦塔诺—海德格尔的话来说，可以揭示"对存在者的多重含义的规定"。这两章实际上也是胡塞尔本人最为关注的章节。但胡塞尔恰恰认为，理解了这两章也就可以理解他在此后的思想发展："关于'感性直观与范畴直观'的一章连同前一章准备性的阐述为从现象学上澄清逻辑明见性（当然随之还包括对它在价值论领域和实践领域的平行项的澄清）开辟了道路。如果人们关注了这一章，那么某些对我《纯粹现象学与现象学哲学的观念》的误解就会是不可能的。"②胡塞尔的这种想法，今天看来实在是与诠释学的主张

---

① 参阅：Heidegger, *Zur Sache des Denkens*, a. a. O., S. 47。

② 胡塞尔：《逻辑研究》II/2, B₂534。

无缘，已近乎奢望或苛求了。话说回来，两位大师至少在第六研究的第五章和第六章上有过短暂的聚合，交会之后似乎便又按着各自的轨迹行走下去。现在来回顾这个交叉点实在是很有趣的思维游戏。

值得一提的是：在胡塞尔逝世 50 多年、《逻辑研究》诞生近一百年之后，终于有一本用胡塞尔母语写成的《胡塞尔传》（法兰克福／纽约，1995 年）得以出版。它的开首第一句便是："胡塞尔是 20 世纪的一位重要哲学家——而只有最少数的人才知道，为什么。"《逻辑研究》的中译本的出版是否能使更多的中国读者知其然更知其所以然，我还不能肯定。在以"后哲学时代"为标记的今天，胡塞尔所做的那种对自然主义和相对主义的批判往往与流行意识相背，而他对确然性之苦苦追求更是被视为不明生活形式和价值系统之杂多与间断的真谛。大概正是在这个意义上，传记的作者也将胡塞尔称作"最后的哲学家"。但我相信，纵使退一万步说，胡塞尔以其毕生之努力至少还可以为我们提供与"坏的怀疑论"相抗衡的另一个极点，因而永远不会在思的事业中过时。

1998 年 2 月 6 日于杭州

引用文献索引

一、胡塞尔原著

A.《逻辑研究》

【德文本】

[1] Gesammelte Werke (Husserliana) Band XVIII, *Logische Untersuchungen*. Erster Band. „Prolegomena zur reinen Logik". Text der 1. und 2. Auflage. Hrsg. von Elmar Holenstein. Den Haag: Martinus Nijhoff, 1975.

[2] Gesammelte Werke (Husserliana) Band XIX/1, *Logische Untersuchungen*, Zweiter Band, Erster Teil, „Untersuchungen zur Phänomenologie und Theorie der Erkenntnis", Text der 1. und 2. Auflage. Hrsg. von Ursula Panzer, The Hague/Boston/Lancaster: Martinus Nijhoff Publishers, 1984.

[3] Gesammelte Werke (Husserliana) Band XIX/2, *Logische Untersuchungen*, Zweiter Band, Zweiter Teil, „Untersuchungen zur Phänomenologie und Theorie der Erkenntnis", Text der 1. und 2. Auflage. Hrsg. von Ursula Panzer, The Hague/Boston/Lancaster: Martinus Nijhoff Publishers, 1984.

（说明：胡塞尔《逻辑研究》两卷本原著为德文，由德国Max Niemeyer 出版社出版，1900/1901 年初版，1913/1921 年修改后再版，1975/1984 年由荷兰Martinus Nijhoff Publishers 出版该书的考证版，作为《胡塞尔 全集》的第十八、十九卷。）

【中译本】

[4] 《逻辑研究》两卷三册，倪梁康译，上海：上海译文出版社，初版 1994/1998/1999 年，修订版 2006 年；北京：商务印书馆，修订第三版 2015（"现象学文库"简装）/2017（"胡塞尔文集"精装）；繁体版：台北：时报出版公司，1999 年。

【英译本】

[5] *Logical Investigations*, Volumes 1 and 2, Eng. trans. J. N. Findlay, London: Routledge & Kegan Paul, 1970.

B.《胡塞尔全集》其余各卷（出版地：海牙，或者多德雷赫特／波士顿／兰卡斯特）

[6] 第一卷:《笛卡尔式的沉思和巴黎讲演》，编者：B. 施特拉塞尔，1950 年。
Band I: *Cartesianische Meditationen und Pariser Vortraege*. Hrsg. von St. Strasser, 1950.
中译本：简体版：张廷国译，北京：华夏出版社，1995 年；繁体版：张宪译，台北：桂冠出版社，1995 年（北京：人民出版社，2008 年简体修订版）。

[7] 第二卷:《现象学的观念（五篇讲座稿）》，编者：W. 比梅尔，1950 年。
Band II: *Die Idee der Phänomenologie* (Fünf Vorlesungen). Hrsg. von W. Biemel, 1950.
中译本：倪梁康译，简体版：上海：上海译文出版社，1986 年初版，北京：人民出版社，2008 年修订版，北京：商务印书馆，2015/2017 年修订第三版；繁体版：台北：南方出版社，1987 年。

[8] 第三卷／1:《纯粹现象学和现象学哲学的观念》第一卷，第一册，《纯粹现象学通论》，编者：K. 舒曼，1976 年。
Band III/1: *Ideen zu einer reinen Phänomenologie und phänomenologischen Philosophie. Erstes Buch: Allgemeine Einfuehrung in die reine Phänomenologie*. Text der 1.－3. Auflage. Neu hrsg. von K. Schuhmann, 1976.
中译本：李幼蒸译，简体版：北京：商务印书馆，1995 年；繁体版：台北：联经出版公司，1995 年。

[9] 第六卷:《欧洲科学的危机与超越论现象学。现象学哲学引论》,编者: W. 比梅尔，1954 年。

Band VI: *Die Krisis der europäischen Wissenschaften und die transzendentale Phänomenologie. Eine Einführung in die phänomenologische Philosophie.* Hrsg. von W. Biemel, 1954.

中译本：王炳文译，北京：商务印书馆，2001 年。

[10] 第九卷:《现象学的心理学。1925 年夏季学期讲座稿》,编者: W. 比梅尔，1968 年。

Band IX: *Phänomenologische Psychologie. Vorlesungen Sommersemester 1925.* Hrsg. von W. Biemel, 1962.

[11] 第十卷:《内时间意识现象学（1893－1917）》,编者: R. 波姆，1966 年。

Band X: *Zur Phänomenologie des inneren Zeitbewusstseins* (*1893－1917*). Hrsg. von R. Böhm, 1966.

中译本:《内时间意识现象学》,倪梁康译，北京：商务印书馆，2009 年。

[12] 第十一卷:《被动综合分析。1918－1926 年讲座和研究手稿》,编者: M. 弗莱舍尔，1966 年。

Band XI: *Analysen zur passiven Synthesis. Aus Vorlesungs-und Forschungsmanuskripten* (*1918－1926*). Hrsg. von M. Fleischer, 1966.

[13] 第二十三卷:《想象、图像意识、回忆。直观当下化的现象学。1898－1925 年手稿》,编者: E. 马尔巴赫，1980 年。

Band XXIII: *Phantasie, Bildbewußtsein, Erinnerung. Zur Phänomenologie der anschaulichen Vergegenwärtigungen. Texte aus dem Nachlaß* (*1898－1925*). Hrsg. von E. Marbach, 1980.

[14] 第二十四卷:《逻辑学与认识论导论。1906/1907 年讲座稿》,编者: U. 梅勒，1984 年。

Band XXIV: *Einleitung in die Logik und Erkenntnistheorie. Vorlesung 1906/1907.* Hrsg. von U. Melle, 1984.

[15] 第二十五卷：《文章与讲演（1911－1921）》, Th.奈农、H. -R. 塞普，1986 年。

Band XXV: *Aufsätze und Vorträge* (*1911－1921*). Hrsg. von Th. Nenon und H. R. Sepp, 1986.

中译本：《文章与讲演》，倪梁康译，北京：人民出版社，2009 年。

[16] 第二十六卷：《含义学说讲座。1908 年夏季学期》，编者：U. 潘策尔，1986 年。

Band XXVI: *Vorlesungen über Bedeutungslehre. Sommersemester 1908.* Hsrg. von U. Panzer, 1986.

[17] 第二十七卷：《文章与报告（1922－1937)》，Th. 奈农、H.－R. 塞普，1989 年。

Band XXVII: *Aufsätze und Vorträge* (*1922－1937*). Hrsg. von Th. Nenon und H. R. Sepp, 1989.

[18] 第二十八卷：《伦理学和价值论讲座（1908－1914)》，编者：U. 梅勒，1988 年。

Band XXVIII: *Vorlesungen über Ethik und Wertlehre* (*1908－1914*). Hrsg. von U. Melle, 1988.

C.《胡塞尔全集》以外的著述和资料

[19] 《经验与判断——逻辑谱系学研究》，编者：兰德格雷贝，汉堡，1985 年。

Erfahrung und Urteil. Untersuchung zur Genealogie der Logik, redigiert und hrsg. von L. Landgrebe, Hamburg 1985.

中译本：邓晓芒、张廷国译，北京：三联书店，1999 年。

[20] 《现象学的方法（胡塞尔文选第一部分)》，K. 黑尔德主编并加引论，斯图加特，1985 年。

Phänomenologische Methode. Ausgewaehlte Texte Husserls I, hrsg. von K. Held, Stuttgart 1985.

中译本：倪梁康译，上海：上海译文出版社，1994 年。

[21] 《生活世界的现象学（胡塞尔文选第二部分)》，K. 黑尔德主编并加引论，斯图加特，1986 年。

Phänomenologie der Lebenswelt. Ausgewaehlte Texte Husserls II, hrsg. von K. Held, Stuttgart 1986.

中译本：倪梁康、张廷国译，上海：上海译文出版社，2003 年。《哲学作为严格的科学》，法兰克福·美茵，1965 年。

[22]　《哲学作为严格的科学》，法兰克福·美茵，1965 年。

　　　Philosophie als strenge Wissenschaft, Frankfurt a. M.1965.

　　　中译本：倪梁康译，北京：商务印书馆，1999 年。

[23]　1903 年 7 月 9 日致霍金信（Brief an E. Hocking vom 9. Juli 1903）。

[24]　"私人笔记"，比梅尔（编），载于：《哲学与现象学研究》，第三期，1956 年。（"Persoenliche Auf zeichnungen", hrsg. von W. Biemel, in: *Philosophy and Phenomenological Research* XVI, No.3, 1956）

[25]　倪梁康选编：《胡塞尔选集》两卷本，上海：上海三联书店，1997 年。

二、其他引用文献

[26]　R. 艾姬蒂：《维特根斯坦对于经验的现象学再现》，徐英瑾译，载《世界哲学》，2004 年第 1 期，第 48 – 56 页。

[27]　H. U. Asemissen, *Strukturanalytische Probleme der Wahrnehmung in der Phänomenologie Husserls*, Köln 1957.

[28]　R. Bernet, „Derrida-Husserl-Freud. Die Spur der Übertragung", in: H.-D. Gondek, B. Waldenfels (Hg.), *Einsätze des Denkens. Zur Philosophie von Jacques Derrida*, Frankfurt a. M. 1997.

[29]　R. 贝耐特：《胡塞尔的Noema概念》，倪梁康译，载《论证》第一辑，赵汀阳编，沈阳：辽海出版社，1999 年。

[30]　R. Bernet/I. Kern/E. Marbach, *Edmund Husserl: Darstellung seines Denkens*, Hamburg 1989.

[31]　瓦尔特·比梅尔："出版者序言"，载《现象学的观念》，倪梁康译，上海：上海译文出版社，1986 年。

[32]　F. Brentano, *Psychologie vom empirischen Standpunkt*, Bd.I, Hamburg 1955.

[33]　达米特：《分析哲学的起源》，王路译，上海：上海译文出版社，2005 年。

[34]　笛卡尔：《哲学原理》，德文本：*Das Prinzip der Philosophie,* übersetzt von

A. Buchenau, Hamburg 1992.

[35] ——《方法谈》，德文本：*Von der Methode*, übersetzt von L. Gäbe, Hamburg 1971.

[36] 邓晓芒："中译者前言"，载胡塞尔：《经验与判断——逻辑谱系学研究》，邓晓芒、张廷国译，北京：三联书店，1999 年。

[37] J. 德里达：《声音与现象——胡塞尔现象学中的符号问题导论》，杜小真译，香港：社会理论出版社，1994 年；德文本：*Die Stimme und das Phänomen. Ein Essay über das Problem des Zeichens in der Philosophie Husserls*, übersetzt von J. Hörisch, Frankfurt a. M. 1979.

[38] ——《胡塞尔〈几何学的起源〉引论》，方向红译，南京：南京大学出版社，2004 年。

[39] E. Fink, „Welt und Geschichte", in: *Husserl und das Denken der Neuzeit*, hrsg. Von H. L. Van Breda et J. Taminiaux, Den Haag 1959.

[40] M. S. 弗林斯：《舍勒思想评述》，王梵译，北京：华夏出版社，2003 年。

[41] H. -G. Gadamer, *Wahrheit und Methode II. Ergänzungen*, II, Tübingen 1986.

[42] 汉斯－格奥尔格·伽达默尔：《哲学生涯》，陈春文译，北京：商务印书馆，2003 年。

[43] 高新民、储昭华编：《心灵哲学》，北京：商务印书馆，2002 年。

[44] W. R. Boyce Gibson, "From Husserl to Heidegger. Excerpts from a 1928 Freiburg Diary by W. R. Boyce Gibson", ed. by H. Spiegelberg: *The Journal of the British Society for Phenomenology*, 2 (1971).

[45] J. W. Goethe, *Faust*, Berlin und Weimar 1984.

[46] 苏姗·哈克：《逻辑哲学》，罗毅译，北京：商务印书馆，2003 年。

[47] 马丁·海德格尔：《面向思的事情》，陈小文、孙周兴译，北京：商务印书馆，1999 年。

[48] ——《存在与时间》(*Sein und Zeit*)，陈嘉映、王庆节译，北京：三联书店，2000 年。

[49] ——"编者前言"，载《内时间意识现象学》，《胡塞尔全集》第十卷。

[50] ——《什么叫思想？》，孙周兴译，载"中国现象学网站"(http: //philosophy. sysu. edu. cn/phänomenologie/wk/wk01/3305. htm)

[51] ——《路标》，孙周兴译，北京：商务印书馆，2000 年。

[52] ——《海德格尔选集》，两卷本，孙周兴选编，上海：上海三联书店，1996 年。

[53] M. Heidegger, *Grundprobleme der Phänomenologie* (1919/1920), hrsg. von H. -H. Gander. GA58. Frankfurt a. M., Vittorio Klostermann, 1993.

[54] —— „Vorbemerkung des Herausgebers", in: E. Husserl, Husserliana Bd.X: *Zur Phänomenologie des inneren Zeitbewusstseins* (1893 – 1917), Den Haag: Matinus Nijhof, 1966.

[55] ——*Prolegomena zur Geschichte des Zeitbegriffs* (1925), GA20, Frankfurt /Main, Vittorio Klostermann, 1979.

[56] ——*Vier Seminare*, Frankfurt/Main, Vittorio Klostermann, 1977.

[57] ——*Die Grundprobleme der Phänomenologie* (1927), GA24, Frankfurt/ Main, Vittorio Klostermann, 1975.

[58] ——*Logik. Die Frage nach der Wahrheit*, GA21, Frankfurt a. M., Vittorio Klostermann, 1995.

[59] ——*Metaphysische Anfangsgründe der Logik*, GA26, Frankfurt a. M., Vittorio Klostermann, 1978, 2. Auflage, 1990.

[60] ——*Sein und Zeit*, Tübingen 1979.

[61] ——*Unterwegs zur Sprache*, Pflingen 1990.

[62] ——*Nietzsche*, Bd. II, Neske 1989.

[63] 洪谦：《论逻辑经验主义》，北京：商务印书馆，2005 年。

[64] I. Kant, *Kritik der reinen Vernunft*, Hamburg: Felix Meiner Verlag, 1993.

[65] 康德：《自然的形而上学基础》，邓晓芒译，上海：上海人民出版社，2003 年。

[66] 卡尔纳普：《世界的逻辑构造》，陈启伟译，北京：上海译文出版社，1999 年。

[67] 克拉夫特：《维也纳学派——新实证主义的起源》，李步楼、陈维杭译，北京：商务印书馆，1999 年。

[68] 兰德格雷贝："编者前言"，载胡塞尔《经验与判断——逻辑谱系学研究》，邓晓芒、张廷国译，北京：三联书店，1999 年。

[69] 刘国英:《福柯与胡塞尔的〈逻辑研究〉: 意想不到的法国联系》, 载《中国现象学与哲学评论》特辑《现象学在中国: 胡塞尔〈逻辑研究〉发表一百周年国际会议》, 上海: 上海译文出版社, 2003 年。

[70] 卢卡西维茨,《亚里士多德的三段论》, 李真、李先焜译, 北京: 商务印书馆, 1991 年。

[71] U. Panzer, „Einleitung der Herausgeberin", in: *Logischen Untersuchungen* II/1.

[72] U. Melle, „Objektivierende und nicht-objektivierende Akte", in: S. Ijsseling (Hrsg.), *Husserl-Ausgabe und Husserl-Forschung*, Dordrecht u. a. 1990, S.35 − 49.

[73] —— „Einleitung des Herausgebers", in: Hua XXXVII.

[74] 梅洛－庞蒂:《感知的首要地位及其哲学结论》(*La Primat de la perception et ses consequences philosphiques*, 1946), 王东亮译, 北京: 商务印书馆, 2002 年。

[75] 倪梁康:《胡塞尔现象学概念通释》, 北京: 三联书店, 1999 年初版, 2007 年修订版; 北京: 商务印书馆, 2016 年修订第三版。

[76] ——《图像意识的现象学》, 载许江（主编）:《人文视野》, 杭州: 中国美术出版社, 2002 年, 第 12 − 31 页。

[77] ——《现象学及其效应——胡塞尔与当代德国哲学》, 北京: 三联书店, 1994 年初版, 2005 年再版。

[78] ——《自识与反思——近现代西方哲学的基本问题》, 北京: 商务印书馆, 2002 年。

[79] ——《Transzendental: 含义与中译》, 载《南京大学学报》, 2004 年, 第三辑。

[80] ——《胡塞尔时间分析中的"原意识"与"无意识"——兼论J. 德里达对胡塞尔时间意识分析的批评》, 载《哲学研究》, 2003 年第 6 期。

[81] E. W. Orth: *Bedeutung, Sinn, Gegenstand. Studien zur Sprachphilosophie E. Husserls und R. Hönigswalds*, Bonn 1967.

[82] Platon, *Sämtliche Werke*, übersetzt von F. Schleiermacher, Bd.4, Hamburg 1986.

[83] ——《巴曼尼德斯篇》，陈康译，北京：商务印书馆，1982 年。

[84] 钱捷：《Vouloir-dire: 创意还是误读？》，《哲学研究》，1998 年第 2 期。

[85] 罗素：《人类的知识——其范围与限度》，张金言译，北京：商务印书馆，1983 年。

[86] ——"罗蒂的元哲学思想"栏目，载《世界哲学》，2003 年第 3 期。

[87] 山口一郎：《追问时间的佯谬》，方向红译，载《中国现象学与哲学评论》，第六辑，上海：上海译文出版社，2004 年。

[88] M. Scheler, *Der Formalismus in der Ethik und die materiale Wertethik*, Bern und München 1980. 中译本：《伦理学中的形式主义与质料的价值伦理学》，上下册，倪梁康译，北京：三联书店，初版 2004 年；北京：商务印书馆，修订版 2010/2018/2019 年。

[89] M. Schlick, *Allgemeine Erkenntnislehre: Naturwissenschaftliche Monographien und Lehrbücher*, I. Band, Berlin: Verlag von Julius Springer 1918, ^{2}1925.

[90] Th. Seebohm, „Perspektiven des Lingualismus: Heidegger und Quine", in: Albert Raffelt (Hrsg.), *Martin Heidegger weiterdenken*, München/Zürich 1990, S.10 – 11.

[91] Ch. Spahn, *Phänomenologische Handlungstheorie. Edmund Husserls Untersuchungen zur Ethik*, Würzburg 1996.

[92] H. Spiegelberg, „The Puzzles of Wittgenstein's Phänomenologie (1929—?)", in: H. Spiegelberg, *The Context of Phenomenological Movement*, Den Haag: Martinus Nijhoff 1981. 中译文：《维特根斯坦的"现象学"之谜》，李云飞译，载《多维视野中的维特根斯坦》，张志林、程志敏选编，郝亿春、李云飞等译，上海：华东师范大学出版社，2005 年。

[93] E. Ströker, E. „Phänomenologie und Psychologie. Die Frage ihrer Beziehung bei Husserl", in: *Zeitschrift für philosophische Forschung* 37（1983），S.3 – 19.

[94] E. Tugendhat, *Der Wahrheitsbegriff bei Husserl und Heidegger*, Berlin 1970.

[95] ——„Heideggers Idee von der Wahrheit", in: O. Pöggeler (Hrsg.),

Heidegger. Perspektiven zur Deutung seines Werkes，Weinheim1994，S.287－290.

[96] ——*Philosophische Aufsätze*, Frankfurt a. M. 1992.

[97] 徐英瑾:《维特根斯坦的现象学之谜》，载《复旦学报》(社科版)，2004年第1期，第78－86页。

[98] ——《维特根斯坦面向"现象学"的哲学转型——从〈逻辑哲学论〉到〈略论逻辑形式〉》，载《哲学门》，总第十一辑，北京：北京大学出版社，2005年，第114－146页。

[99] ——《维特根斯坦：大打字稿》，载《中国学术》，刘东主编，北京：商务印书馆，2004年，第一辑，第310－324页。

[100] 维特根斯坦:《哲学研究》，陈嘉映译，上海：上海人民出版社，2001年。

[101] L. Wittgenstein, *Wittgenstein und der Wiener Kreis*, Gespräche, aufgezeichnet von Friedrich Waismann, Frankfurt am Main 1984.

[102] 渥德尔:《印度佛教史》，王世安译，北京：商务印书馆，1995年。

[103] 张祥龙:《胡塞尔的〈逻辑研究〉与德里达的〈声音与现象〉》，载《世纪之窗》，2000年，第一辑。

[104]《面对实事本身——现象学经典文选》，倪梁康编，北京：东方出版社，2000年。

[105]《多维视野中的维特根斯坦》，张志林、程志敏选编，郝亿春、李云飞等译，上海：华东师范大学出版社，2005年。

[106]《旧约圣经》。

[107]《新约圣经》。

第三版后记

不觉光影荏苒，本书的初版已近二十年，修订版也有十多年！对此次的第三版，文中《逻辑研究》的中译文，笔者依商务印书馆出版的修订第三版做了修改，而其他内容没有做实质性的改动。

这里要感谢崇文书局梅文辉编辑的邀请，将已售罄多年的本书纳入"崇文学术文库"出版！

倪梁康

2023 年 4 月于浙江大学

崇文学术文库·西方哲学

1. 靳希平　吴增定　十九世纪德国非主流哲学——现象学史前史札记
2. 倪梁康　现象学的始基：胡塞尔《逻辑研究》释要（内外编）
3. 陈荣华　海德格尔《存有与时间》阐释
4. 张尧均　隐喻的身体：梅洛-庞蒂身体现象学研究（修订版）
5. 龚卓军　身体部署：梅洛-庞蒂与现象学之后 [待出]
6. 游淙祺　胡塞尔的现象学心理学 [待出]

崇文学术文库·中国哲学

1. 马积高　荀学源流
2. 康中乾　魏晋玄学史
3. 蔡仲德　《礼记·乐记》《声无哀乐论》注译与研究
4. 冯耀明　"超越内在"的迷思：从分析哲学观点看当代新儒学
5. 白　奚　稷下学研究：中国古代的思想自由与百家争鸣 [待出]
6. 马积高　宋明理学与文学 [待出]
7. 陈志强　晚明王学原恶论 [待出]
8. 郑家栋　现代新儒学概论（修订版）[待出]

唯识学丛书（26种）

禅解儒道丛书（8种）

徐梵澄著译选集（4种）

西方哲学经典影印（24种）

西方科学经典影印（7种）

古典语言丛书（影印版，5种）

出品：崇文书局人文学术编辑部·我思

联系：027-87679738, mwh902@163.com

我
思

敢于运用你的理智

崇文学术译丛·西方哲学 [待出]

1.〔英〕W.T.斯退士 著，鲍训吾 译：黑格尔哲学
2.〔法〕笛卡尔 著，关文运 译：哲学原理 方法论
3.〔美〕迈克尔·哥文 著，周建漳 译：于思之际，何者入思
4.〔美〕迈克尔·哥文 著，周建漳 译：真理与存在

崇文学术译丛·语言与文字

1.〔法〕梅耶 著，岑麒祥 译：历史语言学中的比较方法
2.〔美〕萨克斯 著，康慨 译：伟大的字母 [待出]
3.〔法〕托里 著，曹莉 译：字母的科学与艺术 [待出]

崇文学术译丛·武内义雄文集（4种）

1. 老子原始　2. 论语之研究　3. 中国思想史　4. 中国学研究法

中国古代哲学典籍

1.〔明〕王肯堂 证义，倪梁康、许伟 校证：成唯识论证义
2.〔唐〕杨倞 注，〔日〕久保爱 增注，张觉 校证：荀子增注 [待出]

萤火丛书

1. 邓晓芒　批判与启蒙